Ursula Naumann

Geträumtes Glück
Angelica Kauffmann und Goethe

Mit zahlreichen Abbildungen

Insel Verlag

© Insel Verlag Frankfurt am Main und Leipzig 2007
Alle Rechte vorbehalten,
insbesondere das der Übersetzung, des öffentlichen Vortrags
sowie der Übertragung durch Rundfunk und Fernsehen,
auch einzelner Teile.
Kein Teil des Werkes darf in irgendeiner Form
(durch Fotografie, Mikrofilm oder andere Verfahren)
ohne schriftliche Genehmigung des Verlages reproduziert
oder unter Verwendung elektronischer Systeme verarbeitet,
vervielfältigt oder verbreitet werden.
Druck: Freiburger Graphische Betriebe, Freiburg
Printed in Germany
Erste Auflage 2007
ISBN 978-3-458-17368-7

1 2 3 4 5 6 - 12 11 10 09 08 07

Im Gedenken an den Maler Wolfram Brillat
1944-2006

I ask what they talk about, they say art. Do you believe it? Well, you may mix art with many things.

Virginia Woolf an Lady Robert Cecil, 2. Dezember 1906.

Inhalt

Die Ankunft eines Fremden

Die Rührung eines weiblichen Gemüts durch die
Ankunft eines Fremden, als das schönste Motiv,
ist nach der Nausikaa gar nicht mehr zu unternehmen.
Goethe an Schiller, am 12. Februar 1798

Sichtbar unsichtbar

Was sein Futter angeht, war Minotaurus ausgesprochen wählerisch. Jedes Jahr forderte Minos, König der Kreter, von den Athenern je sieben der schönsten Jünglinge und Jungfrauen aus edelstem Geschlechte, die dem Ungeheuer zum Fraß ins Labyrinth geschickt wurden. Mit Hilfe der Königstochter Ariadne, die sich in ihn verliebt hatte, machte Held Theseus dem Spuk ein Ende, erschlug Minotaurus, fand durch den Ariadne-Faden eines Wollknäuels aus dem Labyrinth heraus und floh mit der Geliebten nach Naxos. Doch weil der Gott Bacchus Ariadne begehrte, mußte Theseus ihm den Platz räumen und sich davonmachen, was man auch als mythologische Verklärung von Untreue lesen kann. *Nachdem [Theseus] aber selbige entführet, ließ er sie solcher Wohltat vergessend, auf der Insul Chios sitzen; zuletzt hat sie der Bacchus noch geheiratet,* heißt es lakonisch in einem »Frauenzimmer-Lexikon« von 1715.

Ein wohl Anfang der 1770er Jahren entstandenes Gemälde Angelica Kauffmanns zeigt die verlassene Ariadne in fahles Licht getaucht, wie sie dem schon fernen Schiff des Geliebten nachblickt, schockiert, fassungslos, aufgelöst, halb entblößt, die Arme erhoben zu einer Gebärde ohnmächtiger Verzweiflung.

Unglückliche, trauernde, schwermütige Frauen waren en vogue in der Kunst des 18. Jahrhunderts und eine Spezialität von Angelica Kauffmann, der Malerin des *gebeugten Nackens*, wie Oscar Sandner sie genannt hat. Gewöhnlich allerdings sind ihre Bilder auf einen elegischen, verhaltenen Ton gestimmt. Das Pathos der Ariadne ist eine Ausnahme in ihrem Schaffen und sehr wahrscheinlich biographisch, in einem katastrophal endenden Liebes- und Ehedrama begründet, dessen nähere Umstände im dunkeln liegen.

Fast zwei Jahrzehnte später die zweite große Erschütterung ihres Lebens. *Ihr Abschied von uns durchdrang mir Herz und Seele. … Mir traumte vor ein paar Nächte ich hätte Briefe von Ihnen empfangen und war getröstet und sagte, es ist gut daß er geschrieben s o n s t wär ich bald aus Wehmut gestorben. … Ich glaube wirklich, ich bin an dem äußersten Rande der Unklugheit von der wir manches Mal gesprochen.*

Aus den Briefen, die Angelica Kauffmann nach Goethes Abreise aus Rom an den Dichter schrieb, läßt sich ein expressives Klagelied formen, gewissermaßen die Ariadne ihrer schriftlichen Hinterlassenschaft. Die Briefe, die sich sonst von ihr erhalten haben, sind meist von äußerster Verschlossenheit. Das alte »rede, daß ich dich sehe« kehrte sie in ihr Gegenteil um. Sie redete, sie schrieb, um nicht gesehen zu werden. Daß ihre Briefe an Goethe erhalten sind, ist eher ein Zufall. Wenn Goethe sie Angelica zurückgegeben hätte, hätte sie sie verbrannt. Auch er hat viele Briefe vernichtet, ihre aber bewahrte er auf. Zeitweilig dachte er sogar daran, sie zusammen mit anderen Freundesbriefen zu veröffentlichen, und ließ seinen Sekretär Eckermann ein Gutachten dazu anfertigen! Angelica wäre diese Vorstellung ein Horror gewesen.

Furchtsamkeit sei ihr vorherrschender Charakterzug gewesen, meinte ihr Schwager. Äußerst verletzlich, panzerte sie sich in Konventionalität, der beste Schutz für eine Frau, die ganz unkonventionell in einem Männerberuf arbeitete. Angelica verschwand hinter dem Bild sanft beseelter Weiblichkeit, das sie von sich kreierte. In Selbstporträts, die eine sensible, feine, ernsthafte Frau von schlichter Eleganz und schwer zu bestimmendem Alter zeigen, nicht schön, aber überaus anziehend. Und in den daraus stilisierten mythologischen und allegorischen Frauengestalten, für die ihr Name bald stand wie ein Markenzeichen. Angelica war Mode, sie machte Mode im klassisch angehauchten Stil. Junge Mädchen frisierten sich *nach der Sitte* griechischer Jungfrauen, so wie

> *sich selber die Muse Angelika malet.*
> *Hinten das lockere schöne Geflecht, das, in Wellen sich*
> *blähend,*
> *Mit nachlässiger Schwingung zurück auf die Scheitel*
> *gerollt war …*

Im Leben trat sie so auf, wie ihre Bilder und ihr Name es erwarten ließen. Engel Angelica! Fast jeder, der sie kennenlernte, fand sie sympathisch, liebenswürdig, hilfsbereit, sanft, gefühlvoll und bescheiden, und viel mehr sollte auch die Nachwelt von ihr nicht wissen. Ihr erster Biograph, der römische Schriftsteller Giovanni Gherardo de Rossi, war ein guter Bekannter, der sich seine pietätvolle Darstellung von ihr und Familienangehörigen »vorschreiben« ließ. Dokumente und Briefe hat sie zum größten Teil vernichtet, auch die Briefe, die Goethe während und unmittelbar nach seiner Italienreise a n s i e schrieb. Für ihre Biographen (meist Frauen) war und ist das frustrierend und der Grund dafür, daß die Urteile über sie sehr unterschiedlich ausfallen. Angelica habe nicht sehr tief empfunden, lesen wir zum Beispiel, aber auch, daß sie alles andere als oberflächlich gewesen sei. *Für eine Frau, die zu ihrer Zeit so bekannt war wie sie, gab sie sich enorme und geradezu perverse Mühe, anderen jede Hilfe zur Deutung ihrer Person zu verweigern*, schreibt Angelica Goodden in ihrer 2005 erschienenen Kauffmann-Biographie, die wieder einmal »Miss Angel« heißt.

Dieser Titel und Name hat in England Tradition. Er geht zurück auf einen Tagebucheintrag des berühmten Malers Sir Joshua Reynolds, der seine junge Kollegin nach ihrer Über-

Angelica Kauffmann.
Selbstbildnis, nach Joshua Reynolds, 1794

siedlung nach London protegierte und vielleicht auch hofierte, wie das Gerücht wissen wollte. Es wäre sonderbar, wenn eine erfolgreiche, junge, hübsche Frau nicht scharf und eifersüchtig beobachtet worden wäre. Der Klatsch blühte, und manches davon ging in die Tagebücher und Briefe ihrer Zeitgenossen ein. Es gibt reichlich Stoff für Spekulationen und kaum gesicherte Fakten über Angelicas Liebesleben, über ihre Freundschaften, die Beziehung zu ihren Eltern, zum Vater, mit dem sie den größten Teil ihres Lebens verbrachte. Romanautoren freuen sich über diese Lizenz zum Erfinden. Schon im 19. Jahrhundert entstanden etliche Angelica-Romane (darunter Anne Thackereys »Miss Angel« von 1875), und das hält bis heute an. Wer sich an die Fakten halten will, hat es schwerer. Für lange Lebensstrecken bleibt nichts als der Katalog, die Aufzählung, Beschreibung, Wertung von Bildern. Wen oder was malte sie wann in wessen Auftrag? Das ist nicht eben aufregend. Kein Wunder, daß ihre Biographen erleichtert aufatmen, wenn sie zum Kapitel »Angelica und Goethe« kommen. Endlich fließen die Quellen reichlicher. Da sind ihre Briefe. Und da ist die »Italienische Reise«, aus der sie Erzählstoff schöpfen können. Bei Lichte besehen fällt die Beute allerdings eher mager aus. Und meist ist ihnen gar nicht bewußt, wie unzuverlässig und interpretationsbedürftig dieses Werk ist.

Chamäleon

Wie Angelica, so hat auch Goethe sich versteckt, dabei aber den entgegengesetzten, männlichen (?) Weg gewählt. Während sie sich bemühte, in verschiedenen Kostümen doch immer die gleiche zu bleiben, eine Ikone schöner Weiblichkeit, hieß sein Zauberwort Verwandlung. *Er ist beinah wie ein Chamäleon*, schrieb (im August 1788) Caroline Herder ihrem Mann. *Bald bin ich ihm gut, bald nur halb. Er will sich auch nie zeigen, und nimmt sich vor jeder Äußerung in acht daraus man Schlüsse machen könnte; darum ändert er auch, glaube ich, so oft die Reden.* Die Welt war ihm eine Bühne, auf der er seine Existenz in wechselnden Rollen spielte. Aus seinem Leben machte er Poesie, aus Poesie Leben, offenbarte sich in Fiktionen und verbarg sich in seinen autobiographischen Schriften, die in vieler Hinsicht weniger »wahr« sind als seine Dichtungen. Die »Italienische Reise« ist dafür das beste Beispiel.

Fluchtartig und heimlich war Goethe am 3. September 1786 aus Karlsbad, wo er zur Kur gewesen war, nach Italien abgereist. Zwar hatte ihm sein Herzog Carl August auf unbestimmte Zeit Urlaub gegeben, sein Ziel aber kannte vorläufig nur sein Diener und Hausverwalter Philipp Seidel. Weder seinen engsten Weimarer Freunden, dem Ehepaar Herder, Karl Ludwig von Knebel, dem Dichter Wieland, hatte er etwas von seinen Reiseplänen verraten, noch seiner geliebten Freundin Charlotte von Stein. Mehr als zwei Monate mußten sie auf Nachricht von ihm warten. Der erste Teil des Reisetagebuchs, das er unterwegs für Charlotte führte, ging erst nach seiner Ankunft in Rom an sie ab, und seit dieser Zeit schrieb er auch wieder an die Freunde und den Herzog. Ende Februar 1787 reiste er nach Neapel und von dort nach Sizilien. Im Juni kehrte er nach Rom zurück, wo er bis zum April des nächsten Jahres blieb. Nach seiner Rückkehr im Juni 1788 veröffentlichte er einige kleinere Zeitschriftenartikel, die auf Reiseaufzeichnungen zurückgehen, und eine Schilderung des »Römischen Carnevals«.
Jahrzehnte später komponierte Goethe unter Mitarbeit eines Redaktionsteams aus seinem »italienischen Bestand« von Briefen, Tagebüchern, Notizen, Aufsätzen etc. ein Buch. 1816 und 1817 veröffentlichte er die ersten beiden Teile der »Italienischen Reise« als Band 4 und 5 seiner Autobiographie »Dichtung und Wahrheit«. Erst 1829, also drei Jahre vor seinem Tod, erschien als letztes Stück der Bericht über seinen »Zweiten Römischen Aufenthalt«, in den auch einige Briefe und Abhandlungen von Freunden eingearbeitet sind.

Aus der ersten römischen Zeit hat sich eine Reihe von »benutzten« Briefen erhalten – aber wie! Ein Albtraum für einen Philologen wie Erich Schmidt: *Mit einer Objektivierung des Vergangenen, die beim ersten Anblick etwas Erschreckendes hat und ohne welche doch ein Leben und Wirken wie das Goethesche undurchführbar wäre, hat er diese Blätter, zum größten Teil Botschaften der Liebe, als Rohmaterial für ein zu schreibendes Buch behandelt, sie auseinandergerissen und manchmal in Streifen zerschnitten, über der Zeile mit Stift oder Feder Änderungen eingetragen, fast alle Seiten diagonal durchgestrichen und, mit diesem Zeichen der Erledigung oder Ausscheidung nicht zufrieden, sehr oft Zeile für Zeile ausgemerzt.*

Wegredigiert wurde vor allem das, was nur oder zu rein persönlich schien. Wie weit der Erzähler vor allem des letzten Teils der Reiseerzählung vom erlebenden Subjekt Goethe entfernt ist, hat er selbst im Gespräch mit Eckermann angedeutet. Die Briefe, die er während seines zweiten Aufenthalts in Rom geschrieben habe, *seien nicht der Art, um davon vorzüglichen Gebrauch zu machen.* Er hat sie, wie auch die Briefe aus Neapel und Sizilien, verbrannt, soweit er ihrer habhaft werden konnte.

Aber die Bearbeitung griff weit mehr in die Vorlagen ein, als das Ziel der Objektivierung verlangt hätte. Der alte Goethe mischte sich in das Leben des jüngeren Goethe ein, überschrieb ihn, unterschob ihm spätere Einsichten. Er wollte die Deutungshoheit über sein Lebens-Werk behalten und sich nicht in die Karten schauen lassen. Änderte Daten und die Chronologie der Ereignisse, retuschierte, glättete, ergänzte, strich, dichtete um, verwischte und legte Spuren. Manches hatte er sicher auch nur falsch in Erinnerung.

Zum Programm der Entprivatisierung und Objektivierung gehört, daß Goethe in seinem Reisebuch nur wenig von den

Menschen erzählt, mit denen er in Italien umging. Oft nennt er nur Namen, aber auch die Menschen, die ihm nahestanden und nützlich waren, werden nicht lebendig, er beschreibt sie nicht, charakterisiert sie nur ansatzweise, schmückt sie reichlich mit individuell abgemessenem Lob, läßt selten auch einmal Unzufriedenheit mit ihren Leistungen merken (*da Tischbein nicht so einschlug wie ich hoffte*). Es ist, als werde Goethe als Sonne von lauter vortrefflichen, ihm ergebenen, dienstbaren Geistern umkreist, die er mit niemandem teilen will. Sie sind nur für ihn da, er behält sie im Guten wie im Bösen für sich.

Das gilt auch für Angelica Kauffmann. Zwar weist er ihr in der Hierarchie seiner italienischen Freunde den höchsten Rang zu und erwähnt sie ziemlich oft, fast immer lobend (*Angelica war, wie sie immer ist, verständig, gut, gefällig, zuvorkommend*), im übrigen wahrt er vornehme Diskretion. Der Leser erfährt nur, daß Goethe intim mit der Malerin befreundet war.

Wie nahe sie einander standen, zeigen ihre Briefe an ihn. Eine Frau, die so ängstlich und vorsichtig war wie sie, hätte sie nicht geschrieben, wenn sie nicht sicher gewesen wäre, daß ihre Gefühle erwidert wurden. Goethes Biographen allerdings, die ohnehin mit einer kaum zu bewältigenden Fülle von Material kämpfen müssen, haben sich darüber kaum Gedanken gemacht. Wenn er in Angelicas Leben Epoche gemacht habe, für ihn sei sie allenfalls eine Episode gewesen. *Goethe besaß die seltene Gnade, über alles Vergangene zur jeweiligen Gegenwart fortzuschreiten.* Entsprechend knapp wurde sie traditionell von ihnen abgefertigt, neben anderen römischen Freunden und gern mit dem Hinweis, was von ihr als Künstlerin zu halten sei: *Er lebt zusammen mit mittelmäßigen deutschen Malern wie Bury, Lips, Hackert und der Malerin Angelica Kauffmann.* (Georg Brandes) *Als solche Freunde erscheinen Angelika Kauffmann, die gütige, freundliche, reiche und bildungswillige Malerin, deren Talent er, dadurch bestochen, überschätzte, die er nützte auch als Kennerin und Sammlerin.* (Friedrich Gundolf) Erst neuerdings schenken ihr bedeutende Goethe-Forscher wie Nicholas Boyle, Norbert Miller und Roberto Zapperi mehr Aufmerksamkeit.

Dabei hat Goethe in der »Italienischen Reise« seine Leser eben dazu verlocken wollen. Weshalb sonst zeigte er sich ihnen in einer Kutsche mit der *prima pittrice del secolo*, der berühmtesten Malerin des Jahrhunderts? Wenn er sich über die Art seiner Beziehung zu Angelica ausschwieg, so machte er zugleich Andeutungen und verstreute Indizien, die zur Enthüllung des Verhüllten beitragen können. Ein Stück weit jedenfalls. Er liebte solche Spiele. Geheimnisse wollen entdeckt, Rätsel gelöst werden. Und dann läßt sich das »nur Private« eben doch nicht so einfach wegschneiden. Das verschwiegene Leben steckt im erzählten Leben und färbt es ein. Manchmal ist etwas davon versehentlich stehengeblieben, manchmal hat Goethe es bewußt stehenlassen.

Maler Möller

Mit der italienischen Reise inszenierte Goethe seine Verwandlung zum Klassiker und seine Wiedergeburt als Künstler, ein Programm, das er seinem Publikum – erst den Freunden, später den Lesern – in einer Kette selbstbespiegelnder Äußerungen eingeschärft hat. Er hatte diese Reise lange aufgeschoben, wie man sich eben einen besonderen Genuß aufspart. Seit seiner Kindheit sehnte er sich nach Italien. Er war mit den Bildern und Erinnerungen aufgewachsen, die sein Vater von einer 1740 unternommenen Italienreise mitgebracht hatte. *Innerhalb des Hauses zog meinen Blick am meisten eine Reihe rö-*

mischer Prospekte auf sich, mit welchen der Vater einen Vorsaal ausgeschmückt hatte, gestochen von einigen geschickten Vorgängern des Piranesi, die sich auf Architektur und Perspektive wohl verstanden. Hier sah ich täglich die Piazza del Popolo, das Coliseo, den Petersplatz, die Peterskirche von außen und innen, die Engelsburg und so manches andere. Diese Gestalten drückten sich tief bei mir ein, und der sonst sehr lakonische Vater hatte wohl manchmal die Gefälligkeit, eine Beschreibung des Gegenstandes vernehmen zu lassen. Seine Vorliebe für die italienische Sprache und für alles, was sich auf jenes Land bezieht, war sehr ausgesprochen. Eine kleine Marmor- und Naturaliensammlung, die er von dorther mitgebracht, zeigte er uns auch manchmal vor, und einen großen Teil seiner Zeit verwendete er auf seine italienisch verfaßte Reisebeschreibung, deren Abschrift und Redaktion er eigenhändig, heftweise, langsam und genau ausfertigte.

So Goethe in seiner Autobiographie »Dichtung und Wahrheit«, die bis zu einem Lebenskreuzweg im Herbst 1775 reicht. Damals hatte er sich, vor die Wahl gestellt, der Berufung an den Weimarer Hof zu folgen oder eine Bildungsreise nach Italien zu unternehmen, für Weimar entschieden. Sehr zum Unwillen des Vaters, der ihm schon einen Reiseplan entworfen hatte und nicht verstehen konnte, daß ein Sohn der freien Reichsstadt Frankfurt in den Dienst eines Duodezfürsten trat. Nun, elf Jahre später (und sieben Jahre nach dem Tod des Vaters) floh Goethe von Weimar nach Italien. Er konnte und wollte nicht so weiterleben wie bisher.

Nach außen hin stand er glänzend da, als in den Adelsstand erhobener Freund des Herzogs Carl August, einer der höchsten Regierungsbeamten des Landes, Mitglied des Geheimen Consiliums, Kammerpräsident … Aber längst hatte er erkennen müssen, daß sein Einfluß begrenzt war und ihm die administrative Arbeit in verschiedenen Kommissionen nicht lag. Er war der Zwänge des Hoflebens überdrüssig und hatte keine Lust mehr, die Rolle als *maître de plaisir* der Gesellschaft weiterzuspielen. Und privat? Frustration, verbotene Begierden, quälende Gewissensbisse. Seit zehn Jahren hing er nun in verehrender Liebe an einer verheirateten Frau, die ihm vertraute Freundin, Schwester, Erzieherin war. Charlotte von Stein, die Hofdame der Herzoginmutter Anna Amalia, hielt streng auf ihren guten Ruf. In Weimar war man der Überzeugung, daß ihre Beziehung zu Goethe *untadelig* war. Höchst tadelnswürdig, nämlich nicht nur väterlich, waren dagegen Goethes Gefühle für Charlottes dreizehnjährigen Sohn Fritz, den er vor drei Jahren zu sich ins Haus genommen hatte.

Das schlimmste aber war für den Dichter, daß seine poetische Produktivität ins Stocken geraten war. Für das Lesepublikum war er immer noch der Verfasser des »Werther« von 1774! Mehrere große epische und dramatische Projekte lagen angefangen in der Schublade, »Faust«, »Egmont«, »Tasso«, »Wilhelm Meister« ... Auch um sich selbst zu ihrer Fertigstellung zu zwingen, hatte er mit dem Verleger Göschen den Kontrakt für eine achtbändige Ausgabe seiner Schriften abgeschlossen. Er brauchte also dringend einen Arbeitsurlaub. Er brauchte neuen Lebensstoff. Er brauchte ein neues Leben.

Goethes skizzenhaftes Resümee der Vorgeschichte seiner italienischen Reise notierte sein Sekretär Eckermann am 10. Februar 1829: *Das poetische Talent in Konflikt mit der Realität, die er durch seine Stellung zum Hofe und verschiedenartige Zweige des Staatsdienstes zu höherem Vorteil in sich aufzunehmen genötigt ist. Deshalb in den ersten zehn Jahren nichts Poetisches von Bedeutung hervorgebracht. Fragmente vorgelesen. Durch Liebschaften verdüstert. Der Vater fortwährend ungeduldig gegen das Hofleben. Flucht nach Italien, um sich zu poetischer Produkti-*

vität wiederherzustellen. Aberglaube, daß er nicht hinkomme, wenn jemand darum wisse. Deshalb tiefes Geheimnis.

Wenn die Wiedergeburt als Dichter Goethes wichtigstes Reiseziel war, so doch längst nicht sein einziges. Was will er nicht alles, spielen und lernen, ungestraft *seinem kindischen Wesen* folgen dürfen, und ein besserer Mensch werden (*gewiß ich hoffe auf dieser Reise ein paar Hauptfehler, die mir ankleben, abzulegen*). Er will zu männlicher Reife gelangen, *klug ohne Anstrengung, ruhig selbst gewiß*. Hat vor, sich mit der Natur (Geologie, Botanik, Zoologie) forschend zu beschäftigen, mit italienischer Landeskunde, Musik, dem Volksleben. Sein Hauptinteresse aber gilt der bildenden Kunst. Die Arbeit am poetischen Werk steht zunächst ganz im Schatten des Projekts, das mit seinem Reise-Inkognito bezeichnet ist: Er ist als Maler Johann Philipp Möller unterwegs. Theoretisch und praktisch wird er sich *im Kunstfach* ausbilden, das Handwerk des Malens lernen, Kunstgeschichte studieren und die ewigen Gesetzmäßigkeiten des Schönen ergründen. Letzteres in der Nachfolge und als Vollender Winckelmanns.

Da Goethe sich selbst die Fähigkeit zusprach, die Welt mit klarem Blick so zu sehen, wie sie war (also als Subjekt objektiv zu sein), schien ihm das Gelingen seiner Vorhaben nicht zweifelhaft – oder er ließ seine Zweifel nicht merken. Da war ein Lehrling unterwegs, der potentiell der Meister schon war, zu dem er erst werden mußte. *Wie glücklich mich meine Art die Welt anzusehn macht ist unsäglich, und was ich täglich lerne! und wie doch mir fast keine Existenz ein Rätsel ist! Es spricht eben alles zu mir und zeigt sich mir an.* Als Reiseführer hatte er sich Johann Jacob Volckmanns »Historisch-kritische Nachrichten von Italien« eingepackt, ein schwergewichtiges dreibändiges Werk, mit dem er einen intensiven Tagebuchdialog führte.

Der Zauber des Anfangs! Goethe erlebte (erzählte) die ersten

Reisewochen als beglückendes Abenteuer, alles war neu, die Sprache, die Menschen, die Landschaft, das Geld, das Essen … Sogar die Uhren gingen anders. Die italienische Stundenzählung (von 1 bis 24 oder zweimal von 1 bis 12) begann nach Sonnenuntergang und war damit beweglich. Wenn in Deutschland die Turmuhren Mitternacht anzeigten, war es in Italien im Juni 3 Uhr, im Dezember 7 Uhr. Die meisten Reisenden fanden das verwirrend und sehr unpraktisch. Goethe, der Charlotte von Stein einen *Vergleichungs Kreis der italienischen und teutschen Uhr für die zweite Hälfte des Septembers* aufzeichnete, freute sich daran als an einem Stück Naturpoesie. *In einem Lande wo man des Tags genießt, besonders aber sich des Abends freut, ist es höchst bedeutend, wenn es N a c h t wird. Wann die Arbeit des Tags aufhöre? Wann der Spaziergänger ausgehn und zurückkommen muß. Mit einbrechender Nacht will der Vater seine Tochter wieder zu Hause haben pp die Nacht schließt den Abend und macht dem Tag ein Ende. Man würde dem Volk sehr viel nehmen, wenn man ihm den deutschen Zeiger aufzwänge, oder vielmehr man kann und soll dem Volk nichts nehmen, was so intrinsec mit seiner Natur verwebt ist.*

Der Hofmann Goethe genoß sein Inkognito als einfacher Maler Möller, ein Harun al Raschid, der sich unerkannt unters Volk mischte. *Da ich ohne Diener bin, bin ich mit der ganzen Welt Freund. Jeder Bettler weist mich zu rechte und ich rede mit den Leuten die mir begegnen, als wenn wir uns lange kennten. Es ist mir eine rechte Lust.* Wieviel er jeden Tag sah und erlebte, er konnte mit dem Erzählen gar nicht nachkommen! *Wenn nur gleich alles von diesem Tage auf dem Papier stünde es ist 8 Uhr (una dopo notte) und ich habe mich müde gelaufen.* Verona mit seiner Arena, Vicenza, wo er die Größe Palladios entdeckte und bei den Bürgern der Stadt *eine freie Art Humanität, die aus einem immer öffentlichen Leben herkommt.*

Die ersten Anflüge von Überdruß – *der Kirchen und Altarblät-*
ter kriegt man so satt daß man manches Gute übersieht und ich
bin nur im Anfange – bekämpfte er mit einer Anleitung zur
Kunst des Reisens und seiner Reisebeschreibung: alles Unangenehme wegblenden! *Jeder denkt doch eigentlich für sein Geld*
auf der Reise zu g e n i e ß e n . Er erwartet alle die Gegenstände von
denen er so vieles reden hören, nicht zu finden, wie der Himmel
und und die Umstände wollen, sondern so rein wie sie in seiner
Imagination stehen und fast nichts findet er so, fast nichts kann
er so genießen. Hier ist was zerstört, hier was angekleckst, hier
stinkts, hier rauchts, hier ist Schmutz pp so in den Wirtshäusern,
mit den Menschen pp.
Der Genuß auf einer Reise ist wenn man ihn rein haben will,
ein abstrakter Genuß, ich muß die Unbequemlichkeiten, Wider-
wärtigkeiten, das was mit mir nicht stimmt, was ich nicht er-
warte, alles muß ich bei Seite bringen, in dem Kunstwerk nur
den Gedanken des Künstlers, die erste Ausführung, das Leben der
ersten Zeit da das Werk entstand heraussuchen und es wieder
rein in meine Seele bringen, abgeschieden von allem was die Zeit,
der alles unterworfen ist und der Wechsel der Dinge darauf ge-
würkt haben. Dann hab ich einen reinen bleibenden Genuß und
um dessentwillen bin ich gereist, nicht um des augenblicklichen
Wohlseins oder Spaßes willen. Mit der Betrachtung und dem Ge-
nuß der Natur ists eben das. Triffts dann aber auch einmal zu-
sammen daß alles paßt, dann ists ein großes Geschenk, ich habe
solche Augenblicke gehabt.

Ein mehr als vierzehntägiger Aufenthalt in Venedig, wo Goethe
dann doch einen Diener engagierte, wurde zum Höhepunkt
der ersten Reiseepoche. Die *wunderbare Inselstadt, diese Biber*
Republik: ein Gesamtkunstwerk, eine Kette bunter, leuchtender
Bilder. In einem Brief an Charlotte von Stein feierte Goethe

das Glück des Seins und des Sehens, die Natur, die Kunst und sich selbst: *Meine Geliebte wie freut es mich daß ich mein Leben dem Wahren gewidmet habe, da es mir nun so leicht wird zum Großen überzugehen, das nur der höchste reinste Punkt des Wahren ist. Die Revolution, die ich voraussah und die jetzt in mir vorgeht, ist die in jedem Künstler entstand, der lange emsig der Natur treu gewesen und nun die Überbleibsel des alten großen Geists erblickte, die Seele quoll auf und er fühlte eine innere Art von Verklärung sein selbst ein Gefühl von freierem Leben, höherer Existenz Leichtigkeit und Grazie.* Künstlers Himmelfahrt – und er war noch nicht einmal in Rom!

Goethe wird erkannt haben, daß nach Venedig nur ein Neuanfang möglich war, und sicher war er ziemlich erschöpft. Größe strengt an. Jedenfalls beschloß er ein paar Tage später, das weitere Besichtigungsprogramm (Florenz!) auf die Rückreise zu verschieben und möglichst schnell in die *Hauptstadt der alten Welt* weiterzureisen. *Eine unsägliche Leidenschafft treibt mich weiter*, schreibt er der Freundin, aber dann, eines einsamen Abends in einem düsteren Gasthof in Terni: *Wie verwöhnt ich bin fühl ich erst jetzt. Zehn Jahre mit dir zu leben von dir geliebt zu sein und nun in einer fremden Welt. Ich sagte mir's voraus nur die höchste Nothwendigkeit konnte mich zwingen den Entschluß zu fassen. Laß uns keinen andern Gedancken haben als unser Leben miteinander zu endigen.*

Am späten Nachmittag des 29. Oktober, um die zwölfte Stunde italienischer Zeitrechnung, fuhr Goethe durch die Porta del Popolo in Rom ein. Alle Fremden mußten durch dieses Tor, das sie mit der gastlichen Inschrift *Salus Intrantibus!* begrüßte. Vor ihm lag der berühmteste Prospekt Roms, der ihm seit der Kindheit von Abbildungen her vertraut war: Der weite Platz

Veduta della Piazza del Popolo.
Radierung von Giovanni Battista Piranesi

mit dem Obelisken und zwei ansehnlichen, von Kuppeln ge-
krönten Kirchen, zwischen denen der *Krähenfuß* dreier schnur-
gerader Straßen seinen Anfang nimmt.

Nach dem Gang zum Zollamt, wo das Gepäck nach verbotenen
Büchern durchsucht wurde (Volckmanns Reiseführer gehörte
nicht dazu), stieg Goethe für eine Nacht in der nahe am Tiber
gelegenen Locanda dell' Orso ab und ließ seine Ankunft bei Johann Heinrich Wilhelm Tischbein melden. Er stand schon seit
längeren mit dem aus einer bekannten hessischen Künstlerfa-
milie stammenden Maler in Verbindung. Der hatte sich Goethe
mit einem Gemälde zum »Götz von Berlichingen« empfohlen,
worauf der Dichter ihm durch Herzog Ernst II. von Gotha ein
mehrjähriges Italienstipendium vermittelte. Nun lernte Tischbein seinen Wohltäter persönlich kennen. *Nie habe ich größere
Freude empfunden, als damals wo ich Sie zum erstenmal sah, in*

Johann Heinrich Wilhelm Tischbein.
Porträt von Johann Heinrich Lips, Kreidezeichnung, 1785

der Locanda auf dem Wege nach St. Peter. Sie saßen in einem grünen Rock am Kamin, gingen mir entgegen und sachten: ich bin Goethe! erinnerte er sich Jahrzehnte später.

Am nächsten Morgen zog Goethe bei Tischbein ein, der in der Casa Moscatelli mit den ebenfalls aus Hessen stammenden Malern Johann Georg Schütz und Friedrich Bury in einer Wohngemeinschaft zusammenlebte. Die Vermieter, der ehemalige Kutscher Serafino Collina und seine Frau Piera Giuseppina, waren *ein redliches altes Paar, die alles selbst machen und für uns wie für Kinder sorgen*, wie Goethe in seinem ersten Rundbrief nach Weimar schrieb. *Sie waren gestern untröstlich als ich von der Zwiebelsuppe nichts aß, wollten gleich eine andre machen u.s.w. Das Haus liegt im Corso, keine 300 Schritte von der Porta del Popolo.* Gleich nach seiner Ankunft hatte er sich zwei Stadtpläne gekauft, einen historischen und einen aktuellen.

Veduta nella Via del Corso, del Palazzo dell'Accademia.
Radierung von Giovanni Battista Piranesi

Der Corso, die mittlere Zehe des Krähenfußes, war Roms ziemlich schmale Prachtstraße, die Fußgängern und Kutschen zur Promenade diente. *Billig sollte die Gasse zu diesem Endzweck breiter sein,* bemängelte Volckmann. *Ein großer Teil der vornehmsten Familien wohnt hier, und die ansehnlichen Paläste, welche sie bewohnen, geben ihr einen prächtigen Anblick. Sie ist die beste in Rom.*

Mit merklichem Vergnügen teilte Goethe den Freunden seine neue Anschrift mit: *Ich bitte diejenigen die mich lieben und mir wohlwollen mir ein Wort in die Ferne bald zu sagen, und dem Briefe an mich, der nur mit Oblaten gesiegelt werden kann, noch einen Umschlag zu geben mit der Adresse*

> *Al Sigr. Tischbein*
> *Pittore Tedesco*
> *al Corso, incontro del*
> *Palazzo Rondanini*
> *Roma*

Rom, Ansichten

Roberto Zapperi, der Goethes Spuren in Rom als Literatur-
detektiv gefolgt ist, meint, Goethe habe sein Inkognito deshalb angenommen, weil er Schwierigkeiten mit den päpstlichen Behörden aus dem Weg gehen wollte. Als Verfasser des
»Werther«-Romans, der als Apologie des Selbstmordes gelesen
und von den Kirchen verdammt wurde, habe er lieber nicht
auftreten wollen. Auch wenn die Lust an der Verkleidung wohl
mindestens ebenso groß war wie diese Sorge – hätte Goethe
den Maler Möller sonst so engagiert und ehrgeizig gespielt? –,
sicher wird sie ein Motiv gewesen sein. Er war ein vorsichtiger
Mann.

Wenn wir heute über einen theokratischen Staat wie den Iran
den Kopf schütteln, ist uns meist gar nicht bewußt, daß es
so etwas noch bis Mitte des 19. Jahrhunderts auch in Europa gab. Der Kirchenstaat (»Stato Pontifico« oder »Stato della Chiesa«), der heute zum Vatikan als spirituellem Zentrum
des Katholizismus zusammengeschrumpft ist, erstreckte sich
zwischen dem adriatischen Meer im Osten und dem tyrrhe-
nischen Meer im Südwesten und wurde von Neapel, dem
Lombardisch-Venezianischen Königreich, der Toskana und
Modena begrenzt. Theoretisch basierten Verfassung und Justiz auf dem kanonischen Recht, aber die Provinzen – sechs
von Kardinälen regierte *Legationen* und dreizehn von Prälaten
geführte *Delegationen* – hatten zum größten Teil ihre eigenen,
säkularen Traditionen und Verwaltungen. Dazu kamen noch
viele kleinere oder größere Feudalherren, die ihre Herrschafts-
ansprüche gegen die Zentralgewalt zu behaupten suchten. Die
Historiker sprechen deshalb lieber von Kirchenstaaten.

In Rom, der Hauptstadt dieses merkwürdigen Gebildes, konnte man den zerreißenden Widerspruch einer Herrschaft, die

spirituell aufs Jenseits gerichtet sein sollte und doch von dieser Welt sein mußte, besonders gut studieren. Die systembedingte *erbärmliche* Regierung und die zerrütteten Finanzen waren ein Topos der Reiseliteratur, den auch Goethe bestätigend aufgreifen sollte. Die Stadt könne geradezu als ein negatives Utopia gelten, meinte der französische Jurist Charles des Brosses in seinen gutgelaunten, geist- und faktenreichen Reisebriefen. *Denken Sie sich ein Volk, von dem ein Viertel aus Priestern, ein Viertel aus Statuen und ein Viertel aus Leuten besteht, die überhaupt nichts tun; einen Staat, der mitten in fruchtbarem Land und an einem schiffbaren Flusse liegt, in dem es keinen Ackerbau, keinen Handel, keine Manufakturen gibt; dessen Fürst stets ein alter Mann ist, der kurz regiert, und oft schon nicht fähig ist, selbständig zu handeln, der umgeben ist von Verwandten, die nichts anderes im Sinn haben, als möglichst viel für sich herauszuschlagen, solange es geht; wo bei jedem Regierungswechsel neue Diebe auftauchen und an die Stelle derer rücken, die das Nehmen nicht mehr nötig haben; wo die Kardinäle ihr Leben in einem Zeremoniell hinbringen, das darin besteht, sich gegenseitig eminenzliche Gemeinheiten zuzufügen; wo jeder Rechtsbrecher straflos bleibt, wenn er nur Bekannter eines hohen Herrn ist oder sich in der Nähe einer Freistatt befindet.*

Die Folge einer korrupten Justiz war die berüchtigte *Mordsucht* der Römer, die sich auf eigene Faust (mit eigenem Messer) ihr Recht verschafften oder was sie dafür hielten. Begünstigt wurde das durch die vielen rechtsfreien Gebiete, Kirchen, Klöster, Stifte, das Gelände um die Residenzen der Botschaften, wo Gewalttäter vor dem Zugriff der Häscher (Sbirren) Asyl fanden. *Eine der Hauptfreistätten der Mörder, ist die große schöne Treppe, die zur Kirche Trinita de' Monti führt,* berichtet Friedrich Johann Lorenz Meyer in seinen »Darstellungen aus Italien«. *Hier wird ihnen von ihren Verwandten und Freunden den Tag über Speise gebracht, und sie haben ihre Schlupfwinkel für die Nacht. Nach einigen Tagen ist die Sache vergessen, und die Mörder gehen wieder frei umher. Man kennt sie, und zählt ihre blutigen Taten. So zeigte man mir einen schön gewachsenen Kerl, der in der französischen Akademie zum Modell stand, und schon, wie man sich laut sagte, sechs Menschen getötet hatte. – Man spricht von dergleichen blutigen Vorfällen, wie von einer unbedeutenden Tagesneuigkeit.*

Die greisen Päpste, die dem Gemeinwesen als absolute Monarchen vorstanden, waren mit ihrer Doppelrolle als Stellvertreter Christi auf Erden und Staatsoberhaupt überfordert, zeigten sich lieber mild als autoritär und waren alles andere als allmächtig. *Der Papst befiehlt, die Kardinäle gehorchen nicht, und die Leute machen was sie wollen*, scherzte Benedikt XIV. Um politisch Karriere machen zu können, mußte man zum Klerus gehören. Wer nicht Priester war, versuchte wie einer auszusehen, auch Laien kleideten sich gern in das Gewand eines Abate. Unter den beiden obersten Ministern (Kardinälen) und den für verschiedene Ressorts zuständigen Kardinalskongregationen diente ein Heer von Beamten und Angestellten. Etwa ein Viertel der Bevölkerung von Rom stand im Dienst der Kurie, aber die Effektivität des aufgeblähten Verwaltungsapparats ließ zu wünschen übrig. *In Rom gibt jedermann Anordnungen, aber niemand beachtet sie – und die Sachen laufen doch.*

Die Inquisition hielt sich zurück. So ziemlich das schlimmste, was den Reisenden passieren konnte, war die Konfiszierung mitgebrachter Bücher. Druckerzeugnisse unterlagen der Zensur, wie selbstverständlich auch die in kleiner Auflage erscheinende einzige Zeitung, das »Diario ordinario di Roma«. Den Mund ließen sich die Römer nicht verbieten und verschafften ihrem Unmut Luft mit beißenden Spottgedichten, den Pasquinaden, die an die sogenannten »sprechenden« Statuen angeheftet wurden. Ketzer ließ man in Ruhe, Rom lebte vom internationalen Tourismus, besonders die Engländer kamen in Scharen. Nur wenn Protestanten nachts zur Beerdigung auf den Friedhof an der Cestius-Pyramide getragen wurden und der Pöbel *al fiume! al fiume! – in den Fluß, in den Fluß!* – brüllte, flammte der Ungeist der Inquisition in einem rituellen Spektakel wieder auf.

Wahrhaft schändlich allerdings ging man mit den Juden um. In der Nähe des Tiber waren sie *in einer engen, abgelegnen, schmutzigen und stinkenden Gasse, il Ghetto genannt, eingesperrt,* durften sich nur tagsüber in der Stadt sehen lassen und mußten *bei Lebensstrafe, mit Sonnenuntergang in diesen scheußlichen Kerker zurückkehren.* Um ihn verlassen und aufs Land reisen zu können, brauchten sie die Erlaubnis der Behörden, durften sich *bei Strafe der Galeeren und anderer Züchtigung* nicht in der Nähe von Kirchen und Klöstern sehen lassen und weder christliche Dienstboten halten noch mit Christen verkehren. *Kein Christ darf einen Juden neben sich in einem Fuhrwerk sitzen lassen, keiner ihm sein Fuhrwerk leihen; und sie selbst dürfen, bei körperlicher Ahndung, in Rom weder reiten noch in einer Kutsche oder Kalesche fahren. Zum Unterschied von anderen Menschen, tragen beide Geschlechter hier, wie an mehrern Orten in Italien, ein Zeichen von gelber Farbe.* Jeden Samstag – also am Sabbat – mußte eine jüdische Delegation sich zu einer *Bekehrungspredigt* in eine katholische Kirche begeben. *Ein Bote des Friedens – ein donnernder Dominikaner, tritt auf, und stellt ihnen, unter schrecklichen Verwünschungen, die Fluchwürdigkeit ihrer Religion, und die Notwendigkeit vor, sich zur Vermeidung ewiger Höllenstrafen, in den Schoß der Kirche zu retten. Alle oft gemachten Versuche der Unglücklichen, sich der Anhörung dieses Bekehrungssermons zu entziehen, sind ihnen vereitelt. Sie verstopften die Ohren; man untersucht jetzt die Ohren der Zuhörer. Sie schliefen und schnarch-*

ten; angestellte Aufseher wecken jetzt die Schläfer und Schnarcher mit derben Schlägen. – Aber ein Mittel, dem man nicht wehren konnte, blieb ihnen noch übrig: das Husten, Räuspern und Gähnen. Nun husten, räuspern und gähnen sie so gewaltsam und laut, daß oft selbst der Donnerton des Dominikaners gegen diesen Lärm verhallt. Mit wildem Gelächter und heimlichen Verwünschungen ihrer Tyrannen verlassen sie dann die Kirche.

Die meisten Touristen nahmen das, wenn überhaupt, gleichgültig zur Kenntnis, schließlich ging es den Juden auch anderswo kaum besser. Goethe hat darüber kein Wort verloren. Schwieriger fanden sie es, sich an die Heerscharen der überall lauernden, oft schrecklich entstellten, verkrüppelten Bettler zu gewöhnen, für die Rom mit seinen vielen wohltätigen Stiftungen ein Paradies war. Und dann die große *Unreinlichkeit* der Straßen, Plätze, Häuser, die einem den Kunstgenuß schon vergällen konnte. Man mußte aufpassen, nicht dauernd in Scheiße zu treten. *Es ist unglaublich, wie weit die Unfläterei hier getrieben wird. Da die Häuser und Paläste in Rom mehrenteils offen stehen, so dient der Eingang jedermann zu den ekelhaftesten Bedürfnissen, daher man oft Mühe hat ins Haus zu kommen. Dieses erstreckt sich auch auf die Treppen, die manchmal ganz mit Kot bedeckt sind.*
Wer solche Widrigkeiten ausblenden konnte, für den war Rom *höchst angenehm.* Verwundert bemerkten die Fremden das sympathische *laisser-faire* eines verschlampten Absolutismus, dessen Willkür unberechenbar war, sie aber kaum je traf. Besonders bildende Künstler konnten sich keinen besseren Aufenthaltsort denken, wegen der Freiheit von gesellschaftlichen Zwängen, die sie hier genossen, der Möglichkeit, sich an Meisterwerken weiterzubilden, und weil Rom ein großer Kunstmarkt war.

Wenn man das »Diario ordinario« durchblättert, wird einem schnell deutlich, in welchem Maße die Stadt durch die Allianz von Kirche, Kunst und Tourismus geprägt war. Lauter Meldungen über Aufträge für Altarbilder, Skulpturen, Grabmäler, Monumente, die Ausschmückung von Kirchen und Kapellen, Atelierbesuche des Papstes und hochgestellter Gäste ... Es wurde gekauft, verschoben, gefälscht, geraubt, und auf den antiken Ruinenfeldern konnte sich jeder als Schatzgräber betätigen.

Die alte »Hauptstadt der Welt«, die »Champs Elysées Europas«, wie die Franzosen sagten, die man als Standesperson einfach gesehen haben mußte, war gegen Ende des 18. Jahrhunderts noch von der Stadtmauer des Kaisers Aurelian eingefaßt, aber nur ein Fünftel der umschlossenen Fläche von etwa fünfzehn Quadratkilometern war besiedelt. Man schätzt die Einwohnerzahl auf etwa 160 000 bis 170 000. Im Verhältnis zu seiner Ausdehnung konnte man Rom geradezu *verödet* nennen. *Bewohnt ist nur das Stück zwischen Tiber, Monte della Trinità, Monte Cavallo und Kapitol, das zum guten Teil die vielen öffentlichen Bauten und große Privatpaläste einnehmen. Dazu tun Sie noch Trastevere und ein kleines Eck zwischen Sankt Peter und der Engelsburg. Im übrigen inmitten von Feldern, Gärten, sich weithin streckenden Gebäuden nur hie und da eine bewohnte Straße.* Stadt und Land, Hütten und Paläste, Armut und Reichtum, Unwissenheit und Bildung, Roheit und Kultiviertheit stießen hart zusammen. Hinter den wenigen schnurgeraden Prachtstraßen verlor man sich in einem Gewirr ungepflasterter Gassen und zwischen elenden Häusern. In den Ruinen des Forum Romanum wuchsen Artischocken, im Colosseum weidete das Vieh, auf der Piazza Navona wurde Markt abgehalten. Die einfache Bevölkerung der Kleinbauern, Händler, Handwerker lebte vor allem draußen auf der Straße.

Überall plätscherten prächtige Brunnen. Die gute Gesellschaft fuhr am späten Nachmittag in Kutschen auf dem Corso spazieren, traf sich abends in ihren meist unwohnlichen *palazzi* zu Assembleen, den *conversazioni*, besuchte Theater und Oper. Weil im päpstlichen Rom das öffentliche Auftreten von Frauen verboten war, wurden ihre Rollen von Männern, in der Oper von Kastraten übernommen. Die meisten Touristen kamen im Winterhalbjahr, um den römischen Karneval zu erleben und die großen Kirchen-Inszenierungen in der Osterzeit. Den Papst mußte man auf jeden Fall gesehen haben!

Goethe hatte es auch deswegen so eilig gehabt, nach Rom zu kommen, weil er sich zu Allerheiligen am 1. November große Feierlichkeiten erwartet hatte. Für die Enttäuschung – denn tatsächlich passierte an diesem Tag gar nichts – entschädigte ihn dann an Allerseelen eine öffentliche Messe, die Papst Pius VI. in seiner Hauskapelle auf dem Quirinal zelebrierte.

Die Funktion war angegangen. Pabst und Kardinäle schon in der Kirche. Der heilige Vater, die schönste, würdigste Männergestalt, Kardinäle von verschiedenem Alter und Bildung. Mich ergriff ein wunderbar Verlangen das Oberhaupt der Kirche möge den goldenen Mund auftun und, von dem unaussprechlichen Heil der seligen Seelen mit Entzücken sprechend, uns in Entzücken versetzen. Da ich ihn aber vor dem Altare sich nur hin- und herbewegen sah, bald nach dieser, bald nach jener Seite sich wendend, sich wie ein gemeiner Pfaffe gebärdend und murmelnd, da regte sich die protestantische Erbsünde und mir wollte das bekannte und gewohnte Meßopfer hier keineswegs gefallen. Hat doch Christus schon als Knabe und durch mündliche Auslegung der Schrift in seinem Jünglingsleben, gewiß nicht schweigend, gelehrt und gewirkt, denn er sprach gern, geistreich und gut, wie wir aus den Evangelien wissen. Was würde der sagen, dacht' ich, wenn er hereinträte und sein Ebenbild auf Erden summend und hin und wider wankend anträfe?

Strada Felice

Wo man geht und steht ist ein LandschaftBild, aller Arten und Weisen. Paläste und Ruinen, Gärten und Wildnis, Fernen und Engen, Häusgen, Ställe, Triumphbögen und Säulen, oft alles zusammen auf Ein Blatt zu bringen. In den ersten römischen Tagen ist Goethe förmlich durch die Stadt gerannt. Er wollte möglichst schnell möglichst viel von dem in Wirklichkeit sehen, was er von Bildern her längst kannte oder zu kennen glaubte. *Es ist alles wie ich mir's dachte und alles neu*, schrieb er verstört. Die zugleich vertraute und fremde Stadt schien ihm irreal und eher erdrückend als beglückend. Es ging ihm wie den meisten bildungshungrigen Rombesuchern, er fühlte sich überfordert. *Rom ist … ein zu sonderbarer und verwickelter Gegenstand, um in kurzer Zeit gesehen zu werden, man braucht Jahre um sich recht und mit Ernst umzusehn*, erklärte er Charlotte von Stein, und dem Freund Knebel klagte er, man finde in Rom *Anstrengung statt Genusses und Trauer statt Freude. Alles ist nur Trümmer, und doch, wer diese Trümmer nicht gesehn hat, kann sich von Größe keinen Begriff machen. So sind Musea und Gallerien auch nur Schädelstätten, Gebeinhäuser und Rumpfkammern; aber was für Schädel pp! Alle Kirchen geben uns nur die Begriffe von Martern und Verstümmlung. Alle neue Paläste sind auch nur geraubte und geplünderte Teilgen der Welt – Ich mag meinen Worten keine weitere Ausdehnung geben!* Zum Glück habe er nun sachkundige Führer an seiner Seite, so werde er in der kurzen Zeit, die ihm hier vergönnt sei, doch viel sehen und lernen können. Wer diese Arbeit mit Ernst auf sich nehme – und

Veduta di Piazza di Spagna.
Radierung von Giovanni Battista Piranesi

das hatte er fest vor –, *muß s o l i d werden*, behauptete er tapfer, *er muß einen Begriff von Solidität fassen der ihm nie so lebendig ward.* Es gibt verlockendere Ziele.

Es herrschte warmes, regnerisches, windiges Scirocco-Wetter, als er sich kurz nach seiner Ankunft, an einem der ersten Novembertage, zu einem Besuch auf den Weg machte. Ein gutes Stück den Corso hoch, nach links in die Strada Condotti, vorbei an der Trattoria della Barcaccia, der beliebtesten Künstlerkneipe Roms, und dem gegenüberliegenden »griechischen Kaffeehaus«, dem Café Greco, zur Piazza di Spagna, so genannt nach der Residenz des spanischen Gesandten. Hier, im Herzen von Roms Künstlerviertel, wimmelte es von Fremden und hörte er mehr Deutsch und Englisch als Italienisch. Vorbei an der Barcaccia, wie die Römer liebevoll-spöttisch den Brunnen nannten, dem Bernini die Form eines Schiffes gegeben hatte. Goethe passierte die Malermodelle und Mörder(?), die auf den

Palazzo Zuccari am Anfang des 19. Jahrhunderts,
nach einer alten Zeichnung

Stufen der Spanischen Treppe auf Kundschaft warteten, und stieg hoch zur Kirche SS. Trinità dei Monti, die wie das angrenzende Kloster französischen Franziskanermönchen gehörte und die einzige in Rom war, die auf einer ihrer beiden Turmuhren die Zeit nach europäischem Brauch anzeigte. In ihrem Inneren barg sie mit Daniele da Volterras »Kreuzabnahme« eines der *drei vornehmsten Gemälde von Rom,* wie Goethe von Volckmann wußte: *Es sind 17 große Figuren nicht ohne Verwirrung angebracht. Im Ausdrucke, zumal bei der untern Gruppe der drei Marien, welche der in Ohnmacht sinkenden Mutter Gottes zu Hülfe kommen, hat der Meister eine große Kunst bewiesen. Einige finden die Figur Christi zu fett.*

Gleich hinter Kirche und Kloster lag linker Hand am Eingang der Strada Felice (heute Via Sistina) das Haus, das Angelica Kauffmann und ihr Mann, der Maler Antonio Zucchi, be-

42

wohnten. Im Palazzo Zuccari gegenüber, der durch einen kuriosen säulengetragenen Loggiavorbau auffiel und mit Angelicas Haus durch einen Passage im ersten Stock verbunden war, lebte ihr langjähriger Freund und Geschäftspartner, der Hofrat Reiffenstein. Er hatte sich angeboten, Goethe bei der Malerin einzuführen. Ein Prominententreffen!

Wer ist mittelmäßig? An den ganz Großen gemessen alle anderen, doch wer dazu gezählt wird, wechselt mit den Zeiten und Moden. Wer kennt heute noch Daniele da Volterra? Die Begeisterung für Raffael, der im 18. Jahrhundert alle Kunstfreunde zu verzückten Lobeshymnen hinriß, hat stark nachgelassen, und mit ihm ist die ganze klassizistische Schule in Ungnade gefallen, auch die als »weiblicher Raffael« apostrophierte Angelica Kauffmann. Zu ihrer Zeit wäre es wohl niemandem ernstlich eingefallen, sie in eine Reihe mit Malern wie Bury, Lips, Tischbein zu stellen, auch Goethe nicht. Selbst wer sie für überschätzt hielt, wußte, daß sie in einer Liga für sich spielte, als Frau, die es im männlich dominierten Kunstbetrieb ganz nach oben geschafft hatte. Stiche nach ihren Bildern und Zeichnungen überschwemmten den Kunstmarkt. Jeder glaubte zu wissen, wie sie aussah, und auch ihr Werdegang war in großen Zügen bekannt. Schon 1767, im Alter von 26 Jahren, hatte sie es zu einem Eintrag in Füsslis »Allgemeinem Künstlerlexikon« gebracht. *Kauffmann (Maria Angelica) geboren zu Chur in Pündten um 1742 [richtig 1741]. Lernte bei ihrem Vater, einem mittelmäßigen Portraitmaler aus der Herrschaft Bregenz am Bodensee gebürtig. Hernach ging sie mit ihm gen Konstanz, und darauf in Italien, wo sie nach den besten Meistern kopirte. Man siehet auch Portraite von ihrer Hand, welche in der Ähnlichkeit, Ausführung, Kolorit, und schöner Erfindungen der Stellungen, den Bildnissen großer Meister an die Seite gesetzt werden können. Diese vortreff-*

liche Künstlerin begab sich auf das Historienmalen von mittel-
mäßiger Größe. Ihre Compositionen sind sehr poetisch, die Aus-
drücke meist glüklich und voll Geist. Ihr Kolorit ist harmonisch,
sanft und kräftig, nach der neuesten italienischen Manier. Sie
verstand die Antiken, verriet aber in männlichen Figuren zu viel
von ihrem Geschlechte. Sie fing um 1763. an einige Blätter mit
einer leichten und freien Manier in Kupfer zu ätzen, hielt sich um
diese Zeit in Neapel auf, kam 1764. gen Rom, und ging 1765. in
England, wo sie 1769. zu einem Mitgliede der königlichen Akade-
mie angenommen wurde. Spilsbury, Watson, Burke u.s.w. haben
nach ihr in Kupfer gearbeitet.

Das waren die ersten Kapitel einer Erfolgsgeschichte, die nie
abgerissen war, auch wenn es nach den ersten aufgeregten
Jahren in London, als es einen regelrechten »Angelica-Hype«
gegeben hatte, ruhiger um die Künstlerin geworden war. 1781
verließ sie England und ging nach Italien. Die Königin von
Neapel hätte sie gern als Hofmalerin engagiert, aber Angelica, die sich ihre Unabhängigkeit bewahren wollte, lehnte
ab und bezog in Rom mit Zucchi das aufwendig renovierte
und luxuriös eingerichtete Haus in der Strada Felice. Seitdem war sie zu einer römischen Sehenswürdigkeit geworden.
Viele Besucher hatten nicht nur den Papst, sondern auch
sie auf dem Programm, um dann anschließend von ihrer Bescheidenheit, Liebenswürdigkeit und Sanftheit zu schwärmen. *Außer ihren Gemälden zieht ihr Umgang alle Leute von*
Geschmack nach ihrem Hause, das man nur schwer und ungern
vermißt.
Das Geschäft florierte. *Es kommen alle Winter sehr viel Fremde*
nach Rom aus Engeland aus Rußland aus Polen und von verschie-
denen Orten in Deutschland, schrieb sie einem Verwandten.
Rom ist der Sitz der Künsten und Künstler. Obgesagte Reisende

sind gemeiniglich Liebhaber der Künste und sehr reich – die an
Kunstsachen viel Geld anwenden können. Die Mehresten wollen
auch von meiner Arbeit etwas haben. Das macht daß ich mit Ge-
schäfte sehr überhäuft bin.

Zu ihren im wahrsten Sinne hochkarätigen Auftraggebern aus
dem europäischen Adel zählten gekrönte Häupter, das Königs-
paar von Neapel, die russische Zarin Katharina, König Gustav
von Schweden, Herzog Karl Theodor von Pfalz-Bayern, die
Herzogin Amalia von Bourbon-Parma, Kaiser Joseph II. von
Österreich, der im Januar 1784 bei ihr vorfuhr. Die zwei Historiengemälde, die er bei ihr bestellte, standen noch in ihrem
Atelier, als Goethe ihr seinen ersten Besuch machte.

Durch einen mit Statuen und Büsten dekorierten Vorraum
gelangte er in ihren Salon, der ein *Kunsttempel* war, mit kostbaren Möbeln, einem Cembalo, Statuen, mit einer *auserlesenen*
Sammlung von alten Gemälden, die *sehr ordentlich unter sei-*
denen Vorhängen oder in hölzernen Schreinen verwahrt waren,
und mit Werken von ihr und ihrem Mann. Goethe wird wie alle
Besucher sofort bemerkt haben, daß Angelica ihren Porträts
nicht – nicht mehr? – besonders ähnlich sah. Sie war eine al-
ternde, verblühte Frau, wenig vorteilhaft gekleidet, keineswegs
die elegante Erscheinung, die ihre Bilder erwarten ließen. Aber
Schönheit suchte Goethe bei Frauen ohnehin nicht zuerst, und
Angelica gefiel ihm, wie sie jedem gefiel. Schon ihre melodiö-
se, seelenvolle Stimme stahl einem das Herz, und wie reizend
klang ihr fehlerhaftes, stark alemannisch-bregenzerwälderisch
gefärbtes Deutsch! Viel sagte sie nicht. Gepanzert in Sanftmut
und gute Manieren, sah sie Goethe aufmerksam an, ließ ihn
reden – er redete sich schnell warm – und schien alles ganz
genau so zu verstehen, wie er es meinte. Besonders berührte
ihn ihre völlige Ernsthaftigkeit. Sie war ganz ironielos, einfäl-

tig im besten Sinne, von entwaffnender Schüchternheit, aber nicht unsicher. Man mußte Achtung vor ihr haben.

Die Malerfreunde vom Corso hatten ihn auf Angelica vorbereitet und über ihre Ehe spekuliert. Sie sei ja auch nicht mehr taufrisch, aber ihr Mann sei s e h r alt, man würde ihn für ihren Großvater halten, wenn man nicht wüßte … Daß zwischen den beiden sexuell etwas laufe, hielten sie für ausgeschlossen. Ob überhaupt je? Übrigens habe Angelica noch einen alten Mann, Reiffenstein gehe als Hausfreund bei Zucchis ein und aus. Geld hätten sie mehr als genug, und der alte Zucchi wisse es zusammenzuhalten!

Goethe hat der Malerin sehr schnell einen weiteren Besuch gemacht, denn schon am 7. November 1786 schrieb er knapp: *Bei Angelika Kauffmann bin ich zweimal gewesen, sie ist gar angenehm und man bleibt gern bei ihr.* Das klingt so, als habe er ein Zuhause gefunden, als sei er schon in ihren Bann gezogen.

Und dann berichtete er von weiteren Bekanntschaften:

Hofrath Reifenstein erzeigt mir viel Gefälligkeit.

An Trippeln habe ich einen sehr braven Künstler kennen lernen.

Und nicht genug kann ich sagen, was Tischbein ein guter und natürlich verständiger Mensch ist. Er gibt sich viel Mühe und ist gewiß auf einem guten Wege der Kunst.

Dichtkunst, die Malerei umarmend

Die Liebe zu einer Sache und zu einer Person sind viel enger miteinander verbunden, als uns gemeinhin bewußt ist. Der Romanistikprofessor ist mit einer Französin verheiratet, der Sinologe mit einer Chinesin, andere liieren sich mit der Musik, dem Theater, dem Geld. Von dieser Art war die Beziehung

The Portrait of ANGELICA KAUFFMAN in the Character of DESIGN, listening to the Inspiration of POETRY.

From the ORIGINAL PICTURE in the Possession of Geo. Bowles, Esq.

Published June 8 1787, by Tho.* Burke, N°3, Great College Street, Westminster.

*Thomas Burke nach Angelica Kauffmann, Selbstbildnis als Zeichnung
inspiriert von der Muse der Poesie. Punktiermanier, 1782*

zwischen Goethe und Angelica Kauffmann, und zwar wechselseitig.

In der »Italienischen Reise« stilisierte er seine Beziehung zur
prima pittrice del secolo diskret zum repräsentativen, »epocha-
len« Bündnis, der Liebesgeschichte von Poesie und Dichtkunst.

Angelica hatte sie schon 1782 auf einem allegorischen Gemälde vorgezeichnet, *darstellend die Dichtkunst, die die Malerei umarmt, die begierig den Anregungen der Dichtkunst lauscht. Die Figur, die die Malerei darstellt ist ein Selbstportrait von Angelica Kauffmann.* Die Frauen sitzen eng aneinandergeschmiegt, die Poesie legt zärtlich den Arm um die Malerei (die hier als *disegno*, also als Zeichnung abgebildet ist). Weibliche Abhängigkeit und männliche Werbung scheinen in dieser Darstellung auf die Künste projiziert. Weshalb sucht die Dichtung die Gunst der Malerei, die doch auf sie angewiesen scheint? Weil sie sich danach sehnt, sichtbar zu werden? Weil die Maler den Dichtern beibringen, was sehenswert ist? Weil ein Bild oft mehr sagt als tausend Worte?

Goethe suchte Angelicas Bekanntschaft auch aus ganz praktischen Gründen. Vor Jahren hatte sie zwei Illustrationen zum »Werther« gezeichnet. Nun wollte er sie als Mitarbeiterin für seine Werkausgabe gewinnen. Ihr Name sollte Käufer anlocken und den Absatz fördern. Vor allem aber repräsentierte sie das, was er als Maler Möller erobern wollte: die Malerei. Er war bildvernarrt, sie wortvernarrt. Für sie war das Sichtbare eine Beschränkung, für ihn eine Offenbarung. Wie hartnäckig hat Goethe versucht, Sehen und Erkennen zusammenzuzwingen! Sie liebte die Poesie, die wohl selten jemand so faszinierend verkörpert hat wie der Dichter, der nur wenige Tage nach ihrem 45. Geburtstag in ihr Leben getreten war. Eine *Dame von Welt*, also eine anspruchsvolle, erfahrene Frau, die in der guten Gesellschaft verkehrte und vergleichen konnte, hat den jungen Goethe einmal den *schönsten, lebhaftesten, ursprünglichsten, feurigsten, stürmischsten, sanftesten, verführerischsten und für ein Frauenherz gefährlichsten Mann* genannt, *den sie in ihrem Leben gesehen habe.* Und gefährlich war er geblieben, nicht nur für Frauenherzen, wie sich auch während seiner italienischen Reise wieder zeigte.

Von alters her hat man die enge Beziehung der beiden Künste reflektiert, hat die Malerei als stumme Poesie, die Poesie als redende Malerei bezeichnet, aber wahrscheinlich waren beide nie enger miteinander verbunden als in den Jahrzehnten vor und nach 1800, als die Maler ihre Stoffe nicht mehr vorrangig in der Bibel, sondern in Geschichte und Dichtung fanden. In der Hierarchie der Bildgattungen stand Historienmalerei an erster Stelle, deswegen, weil sie als schwerste Disziplin galt, so wie heute fiktionale Literatur mehr geschätzt wird als das Sachbuch. *Freilich gehört dem Fache der erste Rang, das den größten Aufwand von Genie und Kenntnissen fodert*, räumte selbst der Landschaftsmaler Salomon Gessner widerwillig ein. Geld ließ sich mit Porträts verdienen oder indem man etwa die Paläste und Villen der Aristokratie mit Architekturmalereien dekorierte, doch wer als Maler in der ersten Reihe stehen wollte, mußte sich auf diesem Feld der Ehre bewähren. Das hat die junge Angelica Kauffmann wohl als erste Frau überhaupt bravourös geschafft. Regelmäßig konnte sie Bilder bei den Jahresausstellungen der Royal Academy in London zeigen; bei der Eröffnungsausstellung 1769 hatte sie gleich vier Gemälde mit Szenen aus Homer und Vergil vorgestellt, von denen besonders eines, »Hektors Abschied von Andromache« zeigend, das Publikum durch Strenge der Komposition, Glut der Farben und den Ausdruck empfindsamer Schwermut beeindruckte.

Im Rückblick betrachtet, stimmt es traurig, wie viele Maler all ihre Kraft in einem Fach vergeudet haben, das ihnen nicht lag und wahrscheinlich stets mehr geschätzt als geliebt wurde. Uns ist die Historienmalerei sehr fremd geworden. Das liegt in der

Natur der Sache, sprich ihrer Gebundenheit an geschichtliche oder literarische Stoffe. »Eleonora saugt Gift aus der Wunde ihres Mannes, des Königs Edward I.«; »Coriolanus wird von seiner Mutter Veturia und seiner Frau Volumnia angefleht, auf den Krieg gegen sein Volk zu verzichten«; »Vergil liest aus seiner Aeneis Augustus und Octavia, die in Ohnmacht fällt, vor« … Wer die Geschichten dazu nicht kennt – und wer kennt sie heute noch! –, sieht auf diesen Bildern nur *eine Anzahl von Figuren in verschiedenen Stellungen, und mit verschiedenen Gemütsbewegungen auf einer Fläche vereinigt.* Aber auch wenn man weiß, was gespielt wird, fällt es schwer, sich für sie zu erwärmen. Es ist, als hätte die böse Fee aus Dornröschen ihren Bannfluch über die Personen der Handlung ausgesprochen. All diese auf ewig fixierten theatralischen Gebärden!

Es liegt heute nahe, auch Angelica Kauffmann, deren stärkste Begabung das Porträt war, zu den Opfern der Doktrin zu zählen, die der Historienmalerei den höchsten Rang zusprach. Allerdings, wenn man ihre Bilder neben denen von Kollegen und Konkurrenten sieht, erkennt man, wie gut sie in diesem Fach war, und versteht, weshalb sie mit ihren *sehr poetischen Kompositionen* schon in jungen Jahren respektvolle Anerkennung fand und als Dichterin mit dem Pinsel galt. Bei ihr fanden Ehrgeiz, Neigung und Begabung zusammen.

Wer Angelica näher kennenlernte, entdeckte, daß sie eine heimliche, gleichsam verschämte Intellektuelle war. *Aus dem Umgang habe ich gemerkt, daß sie dem tief nachgespürt, woran sie die Wirkungen auf Leinwand zeigen wollte,* schrieb ein Bewunderer. *Sie hat überdies viel Kenntnis und Belesenheit. Im Umgange zeigt sie davon aber nichts. Eine Bescheidenheit, die wenig ihres gleichen hat!* Athene (die römische Minerva) war Angelicas Hausgöttin, eine Ikone weiblicher Klugheit, wie sie an real existierenden Frauen wenig geschätzt und deshalb von diesen besser versteckt wurde.

Gefühle durften und mußten Frauen zeigen, in einer Zeit, die dazu neigte, den moralischen Wert eines Menschen an seiner Empfindungsfähigkeit zu messen. Wieviel Heuchelei und Narzißmus mit dieser Gefühlskultur gezüchtet wurden, hat niemand schärfer gesehen und analysiert als Goethe, der ihr mit seinem »Werther« ein Denkmal setzte. Angelica aber scheint empfindsam gewesen zu sein, so wie man musikalisch ist (was sie auch war), in ungewöhnlichem Grade begabt und geschlagen mit Sensibilität, Reizbarkeit, Empathie. *She pleased and deserved to please the age in which she lived, and the race for which she wrought*, schrieb der Maler Heinrich Füssli eifersüchtig.

Die Traumfabrik der Literatur schenkte ihr mit den Bildgegenständen auch die großen Gefühle, die sie stimulierten und inspirierten. Schriftsteller suchten ihre Bekanntschaft. Der berühmteste Dichter, zu dem Angelica vor ihrer Bekanntschaft mit Goethe eine nähere, allerdings nur briefliche Beziehung gehabt hatte, war Klopstock. Londoner Freunde erzählten ihm von ihrer Begeisterung für seinen »Messias«, worauf er ihr den dritten Band des Werks als Geschenk verehrte. *Das unendlich Schöne, das Edle, das Erhabene so ich in ihrem Messias finde, bewegt meine ganze Seele*, dankte sie und versprach, eine Episode daraus ins Bild setzen, was sie dann auch getan hat. Weitere Bilderwünsche Klopstocks allerdings erfüllte sie nicht, er hatte wohl einerseits zu vage, andererseits allzu präzise Vorstellungen von dem, was sie für ihn malen sollte, Engel ohne Flügel zum Beispiel und ihr Selbstporträt als Thusnelda (*einen Köcher an der Schulter, in Leinen mit Purpuraufschlage gekleidet, die Arme fast ganz bloß; ein Feldblumenkranz mit jungem Eichenlaube untermischt*). Die Korrespondenz brach

ab, aber an ihrer Liebe zu Klopstocks Dichtung hielt Angelica
fest.

Es gehört zu Angelicas reinsten Geistes- und Herzensfreuden,
wenn ein guter Bekannter, während sie den Pinsel führt, neben
der Staffelei zum Vorlesen sich einstellt. An der Themse wie an
der Tiber, nannte sie stets des Vaterlandes große Dichter die
schönsten Zierden ihrer erlesenen Büchersammlung, erzählt
Friedrich Matthisson, auch ein Dichter, der ihr während eines
Rombesuchs im Jahre 1795 öfter als Vorleser gedient hat. *Mit*
wahrer Begeisterung horcht sie der Muse Klopstocks, welchem,
durch das treffliche Gemälde Samma in den Gräbern, so würdig
von ihr gehuldigt wurde.

Winckelmanns Schatten

In Goethes Ausgabenbuch findet sich unter dem Datum des
8. November 1786, also unmittelbar nach seinem zweiten Besuch bei Angelica, der Eintrag *Villa Albani*, mit dem Zusatz
zum ersten Mal Trinkgelder für Diener Angelicas und Reiffen-
steins. Vielleicht also unternahm er diesen Ausflug gemeinsam
mit den neuen Freunden, als Pilgerfahrt zu Winckelmann,
dessen Arbeitgeber, Kardinal Albani, Anfang der 1760er Jahre
außerhalb von Rom die Villa (tatsächlich eine Villenanlage) für
seine Schätze erbauen ließ. Malerisch gelegen, war sie ein *Wun-*
der der Kunst in aller Menschen Augen, mit kostbaren Bildern
und über tausend antiken Skulpturen, Reliefs, Inschriften.
Diese Sammlung würdig aufzustellen [war] sein höchstes Ver-
gnügen, ja den dazu bestimmten Raum nach Art der Alten zu
überfüllen war sein Geschmack und seine Lust. Gebäude drängten
sich an Gebäude, Saal an Saal, Halle zu Halle, Brunnen zu Obe-
lisken, Karyatiden und Basreliefe, Statuen und Gefäße fehlten we-

der im Hof- noch Gartenraum, indes große und kleinere Zimmer,
Galerien und Kabinette die merkwürdigsten Monumente aller
Zeiten enthielten, erinnerte sich Goethe viele Jahre später in
seinem Essay über Winckelmann, der die Sammlung als Kurator betreut und durch seine Schriften berühmt gemacht hatte.

Vermutlich liegt das Geheimnis von Winckelmanns außerordentlicher Wirkung darin, daß er viel mehr Dichter als Gelehrter war, ein Schwärmer und rückwärtsgewandter Utopist, der mit seinem sehnsüchtigen Märchen vom schönen griechischen Kunst-Leben Generationen von Lesern behexte und der Zukunft abspenstig machte. In ihrer Blütezeit sei die Kunst der Griechen schlechthin vollkommen gewesen, schrieb er in seiner »Geschichte der Kunst des Altertums«, in der er ihren Verfall mit schmerzlicher Lust protokollierte, den endgültigen Abschied so lange wie möglich hinauszögernd. Um dann als Essenz des Werkes ein schwermütiges Schlußbild zu setzen, das den Nachgeborenen ihr Schicksal verkündete: Sie waren alle die verlassene Ariadne.
Ich bin in der Geschichte der Kunst schon über ihre Grenzen gegangen, und ungeachtet mir bei Betrachtung des Untergangs derselben fast zumute gewesen ist wie demjenigen, der in Beschreibung der Geschichte seines Vaterlandes die Zerstörung desselben, die er selbst erlebt hat, berühren müßte, so konnte ich mich dennoch nicht enthalten, dem Schicksale die Werke der Kunst, so weit mein Auge ging, nachzusehen. So wie eine Liebste an dem Ufer des Meeres ihren abfahrenden Liebhaber, ohne Hoffnung, ihn wiederzusehen, mit betränten Augen verfolget und in dem entfernteren Segel das Bild der Geliebten zu sehen glaubt. Wir haben, wie die Geliebte, gleichsam nur einen Schattenriß von dem Vorwurfe unserer Wünsche übrig; aber desto größere Sehnsucht nach dem Verlornen erweckt derselbe, und wir betrachten die Ko-

pien der Urbilder mit größerer Aufmerksamkeit, als wir in dem
völligen Besitze von diesen nicht würden getan haben.

Bei Goethes ersten Besuchen in der Strada Felice wird sehr viel
von dem Schustersohn aus Stendal die Rede gewesen sein, der
mit seinen Schriften die Kunstgeschichte revolutionierte und
in Rom eine glänzende Karriere machte, Bibliothekar und
Kurator des Kardinal Albani, Oberaufseher der römischen
Altertümer, Scriptor linguae teutonicae an der Vaticana, der
päpstlichen Bibliothek. Angelica, Reiffenstein und Zucchi
kannten ihn und seine prominenten Künstlerfreunde persönlich und konnten viel davon erzählen. Ein paar Häuser weiter in der Strada Felice hatte Piranesi gewohnt, in dem Haus,
in dem Zucchis jetzt lebten, hatte für eine Zeit Raffael Mengs
logiert, den Winckelmann, von Freundschaft verblendet, für
den größten Maler aller Zeiten hielt. Er selbst war nach seiner
Ankunft in Rom zunächst gegenüber im Palazzo Zuccari ab-
gestiegen …

Winckelmann hatte Angelica Kauffmanns Karriere den ent-
scheidenden Schub gegeben. Das Porträt, das sie 1764 während
ihres ersten römischen Aufenthaltes von ihm schuf, wurde ihr
erster großer Erfolg. Es zeigt den Dichter-Gelehrten als sen-
siblen Künstler-Intellektuellen und ist mehr als die oft herab-
lassend konzidierte »erstaunliche Leistung für eine 22jährige«,
ist ein Meisterwerk, mit dem auch Winckelmann sehr zufrieden war. *Mein Bildnis ist von einer seltenen Person, einer deut-*
schen Malerin, für einen Fremden gemacht. Sie ist sehr stark in
Portraits in Öl. Sie hat dasselbe in Quarto geätzet … Das Mäd-
gen, von welcher ich rede, ist zu Costnitz geboren, aber zeitig von
ihrem Vater, der auch Maler ist, nach Italien geführet worden. Sie
kann schön heißen, und singet um die Wette mit unsern besten

Virtuosen. Ihr Name ist Angelica Kauffmannin. Den Auftrag verdankte sie sehr wahrscheinlich Reiffenstein. Winckelmann, das war sein Hausgott.

Sein Andenken ist so gut wie erloschen. Dennoch dürfte eine Stunde nicht verloren sein, die wir seinem Gedächtnis widmen, bemerkte August Hagen in einem 1865 erschienenen biographischen Essay über den Mann, der 1719 als Johann Friedrich Reiffstein in der ostpreußischen Kleinstadt Ragnit das Licht der Welt erblickte und aus einfachsten Verhältnissen – die erste Erziehung erhielt er in einem Königsberger »Pauperhaus« – durch Fleiß, beflissene Anpassung, Pflege von Beziehungen, Betriebsamkeit und Schläue zu einem der einflußreichsten Männer im römischen Kunstbetrieb aufstieg. In unseren Tagen wird sein Andenken wieder gepflegt, und ein internationales Forschungsprojekt beschäftigt sich mit seiner Agententätigkeit in Rom.

Schon während seines Jurastudiums in Leipzig gehörte Reiffsteins Liebe der bildenden Kunst, er zeichnete, radierte, malte in Öl und Pastell, modellierte in Ton und Wachs. Die Bekanntschaft mit dem Literaturpapst Gottsched – *ehrerbietigst nähert er sich dem erleuchteten Wiederhersteller des guten Geschmacks* – verhalf ihm zu einer Stelle als Hofmeister an einem Pagen-Institut in Kassel. 1760 nahm er ein Engagement als Lehrer eines jungen dänischen Grafen an, den er auf seiner mehrjährigen Kavaliersreise durch Deutschland, Frankreich, die Schweiz und Italien begleiten sollte. 1762 hatten sie Rom erreicht. *Bei dem Anblick des ewigen Rom, bei der Wanderung durch die kunstgeheiligten Stätten stieg in ihm der nicht zurückzudrängende Wunsch auf, sich für immer hier niederzulassen.* Ein *coup de foudre*! Den über 40jährigen Junggesellen hatte es spät doch noch erwischt, er riskierte einen neuen Anfang

Angelica Kauffmann, Bildnis Johann Friedrich Reiffenstein.
Radierung, 1763

und nannte sich fortan Reiffenstein, was Italienern leichter
von der Zunge geht. Einen neuen Gottsched fand er in seinem
Landsmann Winckelmann, der sich *bei seinem überströmenden*
Freundschaftsgefühl Reiffensteins Verehrung gern gefallen ließ.
Man wollte sogar zusammen wohnen und arbeiten, aber dar-
aus wurde dann nichts.

Reiffenstein wußte viel, aber er war kein Gelehrter, dafür
ein passionierter Bastler und Tüftler, der sich für historische
Handwerkstechniken interessierte. Wenn man herausfand,
nach welchem Rezept die Römer ihre Gläser hergestellt hatten,
konnte man ein Vermögen damit machen! Er experimentierte
mit Glaspasten, die die Herstellung von Gemmen nach *Art der*
Alten ermöglichen sollten, steckte später viel Arbeit und Mühe
in die Rekonstruktion einer höchst komplizierten Wachsmal-
technik, der Enkaustik, die seiner Überzeugung nach von den

Malern der Antike angewandt worden war. *Der ehrliche Reiffen-stein verliert sich in Kleinigkeiten, unternimmt vieles und bringt nichts zu Ende*, seufzte Winckelmann, dessen Anteilnahme an den Experimenten des neuen Freundes bald nachließ.

Reiffenstein muß das gemerkt haben, wollte es aber nicht wahrhaben. Nach dem Tod Winckelmanns, der 1768 in Triest ermordet wurde, behauptete er gegen jedermann, was er zunächst einem Bekannten schrieb: *Wir waren je länger je bessere Freunde geworden.* Seitdem gerierte er sich als Winckelmanns Stellvertreter auf Erden und machte Karriere.

Als Goethe nach Rom kam, war Reiffenstein Roms angesehenster Antiquar, wie man die gelehrten Fremdenführer nannte – der Löwe unter den Antiquaren –, mit etlichen Titeln dekoriert, Repräsentant der russischen Kunstakademie, Kunstagent der Zarin Katharina II. und des Herzogs von Gotha. In seiner Hand lag der Ankauf von Kunstwerken aller Art, aber auch von Büchern, Handschriften, Musikalien, Architekturmodellen, eben allem, was die Begehrlichkeit seiner Auftraggeber weckte, und er sorgte dafür, daß sich ihre Sammlungen in St. Petersburg und Gotha füllten. Er betreute Kunststudenten und Stipendiaten, Tischbein zum Beispiel, und diente vornehmen deutschen und russischen Reisenden als *inoffizieller Konsul*. Auch Goethe (dessen Inkognito Reiffenstein mißbilligte, er bestand darauf, ihn mindestens *barone* nennen zu dürfen) hat seine Hilfe bei Bankgeschäften wie bei Kunstkäufen dankbar in Anspruch genommen. Es führte kein Weg an ihm vorbei.

Davon profitierten natürlich vor allem die Künstler, deren Arbeiten Reiffensteins Geschmack entsprachen, besonders sein bester Freund, der Landschaftsmaler Philipp Hackert, aber auch Angelica Kauffmann, der Reiffenstein viele russische und polnische Aristokraten zum Porträtieren ins Studio schickte, die Potocki, Yusopov, Sobolenski, Gawronski, Rossomerski und wie sie alle hießen.

Wer sich seiner Protektion nicht erfreute – die jüngeren Künstler, die Winckelmanns Lehren nicht für allein seligmachend hielten oder Reiffenstein durch mangelnde Ehrerbietigkeit verärgert hatten –, konnte ihn nicht ausstehen. Er wurde als Intrigant gehaßt, als verknöcherter Pedant verspottet, und auch auf die »Reiffenstein-Mafia« war man ziemlich sauer. *Die Angelika, die schnappt alles weg und hat so viel zu tun, daß sie es kaum bestreiten kann, und malt noch immer so maniriert wie vorher. Die Leute sind immer noch blind und wollen nicht sehen*, murrte der Bildhauer Alexander Trippel.

Rivalitäten, Mißgunst, Neid! Die deutschen Künstler in Rom (und nicht nur sie) standen einander in feindlichen Fraktionen und Zweckbündnissen gegenüber, jeder kämpfte für sich und gegen alle um einen Platz an der Sonne. Goethe hat das in Tischbeins Künstlerkommune natürlich hautnah erlebt und auch ein wenig mitgezündelt. Auf einer Liste mit *Unnamen*, Spitz- und Spottnamen römischer Bekannter aus der Kunstszene, die er mit ausgeheckt hat, begegnet uns eine *Santa Famiglia*: Reiffenstein in der Rolle des *Dio Padre Omnipotente*, Philipp Hackert als *Dio Figlio Redentore a causa di pranzi*, also als Sohn Gottes, Erlöser wegen der Mahlzeiten (was auf Hackerts Gewohnheit anspielt, *den Abschluß von Aufträgen mit üppigen Festmählern zu feiern, zu denen er auch die fremden Reisenden unter der Führung Reiffensteins einzuladen pflegte*). Angelica erscheint als *Madonna* und Zucchi als *St. Giuseppe*.

Winckelmanns Geschichte der Kunst die neue italienische Ausgabe ist sehr brauchbar, ich bringe sie mit, schrieb Goethe Anfang Dezember 1786 an Herder. Sie wird ein Geschenk Reiffensteins gewesen sein, der die Übersetzung initiiert und betreut hatte.

Heute früh fielen mir Winckelmanns Briefe, die er aus Italien schrieb in die Hand, berichtete Goethe ein paar Tage später. Reiffenstein wird sie ihm gegeben haben. *Mit welcher Rührung hab ich sie zu lesen angefangen! Vor 31 Jahren in derselben Jahrszeit kam er, ein noch ärmerer Narr als ich, hierher, ihm war es auch so deutsch Ernst um das Gründliche und Sichre der Altertümer und der Kunst. Wie brav und gut arbeitete er sich durch! Und was ist mir das Andenken dieses Mannes auf diesem Platze.*

Löwe

Allmählich gewöhnte Goethe sich in Rom ein. *Meine Übung alle Dinge wie sie sind zu sehen und zu lesen, meine Treue das Auge Licht sein zu lassen, meine völlige Entäußerung von aller Prätention, machen mich hier höchst im Stillen glücklich. Alle Tage ein neuer merkwürdiger Gegenstand, täglich neue, große, seltsame Bilder und ein Ganzes, das man sich lange denkt und träumt, nie mit der Einbildungskraft erreicht.*

Heute war ich bei der Pyramide des Cestius und abends auf dem Palatin, oben auf den Ruinen der Kaiserpaläste, die wie Felsenwände dastehn. Wenn man so eine Existenz ansieht die 2000 Jahre und drüber alt ist, durch die Wechsel der Zeiten so mannigfaltig und von Grund aus verändert, und doch noch derselbe Boden, derselbe Berg, ja oft, dieselbe Säule und Mauer, und im Volke noch die Spuren des alten Charakters; so wird man ein Mitgenosse der großen Ratschlüsse des Schicksals.

Tischbein war begeistert von seinem Gast, der wie ein Gott zu ihm herabgestiegen war, ihn Freund nannte, sich bescheiden mit einem kleinen Stübchen und einfachem Essen begnügte, überhaupt ganz anspruchslos lebte. Bis gegen neun Uhr morgens arbeitete er an seiner »Iphigenie«, dann ging er aus, um die *hiesigen großen Kunstwerke* zu betrachten, meist in Begleitung des Malers. *Mit was für einem Auge und Kenntnis [Goethe] Alles siehet werden Sie sich leicht denken können indem Sie wissen wie wahr er denkt. Er laßt sich wenig von denen großen Weltmenschen stören, gibt und nimmt keinen Besuch außer von Künstlern an*, berichtete Tischbein am 9. Dezember dem Züricher Theologen Lavater. *Auf denen Ruinen wo vor diesem so große Taten geschahen, scheint ein lebender Mann erst recht groß, es ist als erkennte man ihn besser. Goethe ist ein wirklicher Mann, wie ich in meinen ausschweifenden Gedanken ihn zu sehen mir wünschte. Ich habe sein Porträt angefangen, und werde es in Lebensgröße machen, wie er auf denen Ruinen sitzet und über das Schicksal der menschlichen Werke nachdenket.*

Goethe seinerseits war von Tischbein entzückt, der seinen Selbstentwurf ins Große so getreulich spiegelte und überhaupt in allem auf ihn einging. Sie hätten gegenseitig ihre Gedanken ausgewechselt, schrieb der Maler später, den ein Zeitgenosse als gutmütigen, unzuverlässigen, eigenbrötlerischen Menschen schildert. *Ein Originalmensch. Durch Genie in seiner Kunst wenig und viel durch Arbeit, mühseliges Studium, und Nachdenken und wiederholte Versuche. Durch dies alles ist er dahin gekommen, ein gutes Bild machen zu können. Er geht lebt und webt immer in einer Art von Träumerei, die ihm ganz gut läßt. Er hat viele gute Grundsätze, die er aber närrisch äußert. Ein ehrliches, wohlwollendes gerades Herz, aber keine Festigkeit des Charakters. Heute dies, morgen das, furchtsam, wenn er nichts zu fürchten hat, keck und verwegen, wo Behutsamkeit nötig ist.*

In den ersten Wochen und Monaten seines Aufenthaltes war Tischbein Goethe unentbehrlich, als Romkenner, Kunstführer,

Zeichenlehrer, Gefährte, mit dem er ernsthafte Gespräche führen, aber auch herumalbern konnte. Ab und zu trafen sie sich zu Ausflügen in die Umgebung mit anderen Künstlern und Kunstkennern, unter ihnen der Antiquar Hirt, der Schweizer Maler Johann Heinrich Meyer, der Stecher Heinrich Lips und natürlich die anderen Maler von der »Akademie gegenüber Rondanini«, der Wohngemeinschaft am Corso. Ganz vernarrt war Goethe in den charmanten kindsköpfigen Friedrich Bury, der ihn sehr an den in Weimar zurückgelassenen Gespielen Fritz von Stein erinnerte und den er deshalb als *Fritz den zweiten* titulierte. Bei improvisierten Abendgesellschaften in Tischbeins Atelier führte Goethe den Vorsitz. Er breite soviel Leben um sich aus, hat Lavater von ihm gesagt, der in einem Gebet aussprach, was sich die Verehrer des Dichters von ihm erhofften:

> *O belebe mich, und töte*
> *Meine Schwachheit, starker Goethe!*
> *Laß mich suchen, laß mich finden!*
> *Gib mir Nahrung zum Empfinden,*
> *Gib mir Licht und gib mir Wärme,*
> *Wenn ich kalt bin, wenn ich schwärme,*
> *Gib mir deine besten Freuden!*

Die Gäste saßen im Kreis um einen Kessel mit glühenden Kohlen – die übliche römische Winterheizung –, stärkten sich mit Käse, Salami, Schinken und Brot, Wein und Bier, das ein deutscher Braumeister in Rom herstellte, und blieben meist bis in die frühen Morgenstunden.

Zu Goethes römischem Freundeskreis gehörte bald auch ein Schriftstellerkollege, der durch den autobiographischen Roman »Anton Reiser« bekannt gewordene Karl Philipp Moritz, der nur zwei Tage vor ihm in Rom eingetroffen war, glücklich,

Friedrich Bury, Goethe in seinem römischen Freundeskreis.
Tuschfederzeichnung, um 1787

dem verhaßten Berliner Schuldienst und einer schwierigen
Liebesbeziehung mit einer verheirateten Frau für eine Weile
entkommen zu sein. *Er ist ein gar guter, verständiger aus- und
durchgearbeiteter Mensch*, lobte Goethe. Als Moritz sich wenige
Wochen nach seiner Ankunft bei einem Sturz vom Pferd den
Arm brach und für ein paar Wochen ans Bett gefesselt war,
sorgte Goethe dafür, daß immer jemand bei dem Kranken
wachte, verbrachte selbst viel Zeit bei ihm und erkannte ihn
als jüngeren, unglücklicheren Bruder. *Denke Dir meine Lage,
als er mir mitten unter Schmerzen erzählte und bekannte daß
er eine Geliebte verlassen*, schrieb er an Charlotte von Stein.
*Ein nicht gemeines Verhältnis des Geistes, herzlichen Anteils pp
zerrissen, ohne Abschied fortgegangen, sein bürgerlich Verhältnis
aufgehoben!*

Er *zähle einen zweiten Geburtstag, eine wahre Wiedergeburt v o n
d e m T a g e a n,* da er Rom betreten habe, schrieb Goethe an
Herders. *In denen fünf Wochen die ich hier bin hab ich schon
manchen Fremden kommen und gehn sehn. Gott sei Dank daß
mir künftig keiner von diesen Zugvögeln mehr imponiert, wenn
er von Rom spricht, keiner mehr die Eingeweide erregt, denn ich
habs nun auch gesehn und weiß woran ich bin. Mein dezidiertes
Inkognito spart mir viel Zeit, ich gehe absolut zu niemanden außer zu Künstlern. Den Bruder [Cousin] der Gräfin Harrach einen Prinzen Lichtenstein hab ich allein ausgenommen, der mir
denn auch mit viel Gefälligkeit verschafft hat Dinge zu sehn die
man gewöhnlich nicht sieht.*

Ging er auch zu Angelica Kauffmann? In Goethes Briefen und
in der »Italienischen Reise« wird sie erst Mitte Januar 1787 wieder erwähnt, also über zwei Monate nach seinen ersten Besuchen. Tatsächlich habe der Dichter erst im Februar angefangen,
sich ernsthafter für sie zu interessieren, meint Roberto Zapperi,
und sicher stimmt es, daß Goethes Freundschaft mit Angelica
im Laufe der Zeit immer enger wurde. Doch schon am 9. Dezember 1786 schrieb Alexander Trippel einem Bekannten: *Der
Herr Göde ist vor ungefähr vier Wochen hierher gekommen unter dem Namen Müller eines teutschen Gelehrten, er logiert beim
Tischbein, er geht bei niemand als beim Reiffenstein und bei der
Angelica Kaufman, denn sie haben ein Komplott gemacht das
er nirgends darf hingehen als wo sie ihn hinführen, also dieser
große Löwe läßt sich durch die Hasen an der Nase herumfüh-
ren, es heißt er bleibt den ganzen Winter hier, und der schreibt
Tragödie die Iphigenia, er ist einmal bei mir gewesen, sonsten bei
keinem anderem.* War Trippel wirklich falsch informiert, wie
Zapperi annimmt, oder durch Eifersucht verblendet? Immerhin betrieb er bei Trinità dei Monti, gleich nebenan von Angelica und Reiffenstein, eine Privatakademie, wo Künstler nach le-

benden Modellen zeichnen und modellieren konnten. Er wird das Kommen und Gehen bei seinen Nachbarn argwöhnisch beobachtet haben.

Es gibt auch andere Hinweise darauf, daß Goethe schon in seinen ersten römischen Wochen und Monaten öfter mit Angelica zusammen war, sonntags zum Mittagessen und zum Kaffeetrinken zu ihr kam und abends, wenn sie nach einem fleißigen Arbeitstag Freunde und Bekannte empfing.

Mit dem frühen Morgen begann sie zu zeichnen, oder zu malen, und nachdem sie gegen Mittag eine geringe Erquickung spärlich genossen hatte, nahm sie die Reißfeder, oder den Pinsel wieder zur Hand, und arbeitete ununterbrochen, wenigstens im Winter, bis zum Sonnenuntergange fort, dann speisete sie erst zu Mittag, und brachte den Abend in Gesellschaft gebildeter Männer, vorzüglich von Kunstverständigen zu. Der Rat Reffestein, der berühmte Landschaftsmaler Hackert, der rühmlichst bekannte Kupferstecher Volpato, der damalige Abt, nachheriger Kardinal Spina, und andere verdienstvolle Männer bildeten hauptsächlich ihre Gesellschaft, an die sich überhaupt jeder Mann von Wissenschaft, jeder gebildete Reisende, der sich in Rom aufhielt, anschloß, denn jedermann, der ihre herrlichen Werke bewundert hatte, wünschte auch die vortreffliche Schöpferin derselben kennen zu lernen. Bei den großen *conversazioni*, die sie ab und zu gab, trafen sich nach dem Bericht ihres Dieners Gioacchino Prosperi die *bedeutendsten Leute, um bis lange nach Mitternacht* über die schönen Künste und Literatur zu reden.

Daß Goethe von Angelicas abendlichen Gesellschaften nie etwas erzählt, obwohl er bei ihr viele interessante Menschen kennenlernte – darunter auch den berühmten Geologen Déodat de Dolomieu –, könnte daran liegen, daß sie nicht in das Bild von seinem einfachen, zurückgezogenen Künstlerleben paßten, das er seinen Lesern vermitteln wollte. Andererseits lag ihm schon daran, ihnen deutlich zu machen, daß Künstler nicht gleich Künstler ist. In seinen Briefen und in der »Italienischen Reise« hielt er die Maler-Boheme am Corso und Angelicas Welt oben auf dem Pincio streng voneinander getrennt. Nie erzählt er davon, daß er sie auch mit Tischbein zusammen besuchte, nie zeigt er sich mit beiden »selbdritt«, so als wäre Tischbein ein unreiner Geist, der in der Gipfelfreundschaft von Malerin und Dichter nichts zu schaffen hatte.

Peter Hume Brown, ein englischer Goethebiograph, referiert den verschollenen Brief eines jungen Malers, der Goethe, Tischbein und Angelica vermutlich im Januar oder Februar 1787, vielleicht aber auch erst im Frühsommer, bei einem Ausflug kennenlernte. Sein anschaulicher Bericht läßt erkennen, daß sich im Leben mischte, was Goethe säuberlich schied, aber auch, daß er Angelica wie eine Prinzessin behandelte und sie auf diese Weise tatsächlich in eine höhere Sphäre entrückte.

Eine antike Statue war nahe der Kirche Santa Maria am rechten Ufer des Tiber ausgegraben worden, und eines Morgens fanden sich dort einige Künstler ein, um sie in Augenschein zu nehmen. Goethe kam mit Tischbein, und unser junger Künstler mit Angelica Kauffmann. Es war das erstemal, daß er Goethe sah, und er beobachtete ihn sehr genau. Während die anderen über die Entstehungszeit der Statue diskutierten und darüber, wen sie mutmaßlich darstellte, blieb Goethe, von dem es hieß, er habe »vier Augen und vier Ohren«, stumm. So war der erste Eindruck, den Goethe auf den jungen Mann machte, der von Kälte und Reserviertheit, aber das änderte sich im Laufe des Tages. Nachdem sie die Statue verlassen hatten, versammelte sich die Gesellschaft zum Mittagessen in einer bescheidenen Trattoria in der Nachbarschaft. Während des Essens verschüttete unser Erzähler etwas Wein aufs Tischtuch, worauf Goethe ihn spielerisch »wie ein großes Kind«

am Ohr zog. Die Unterhaltung kam auf Michelangelo, an der sich Goethe nach zwei Flaschen Wein mit der Redseligkeit ganz gewöhnlicher Sterblicher beteiligte. Beim Anblick der Werke eines solchen Künstlers, sagte er unterm anderem, kann man nur Feder und Bleistift vergraben. »Und was ist mit Ihrer Iphigenie?« unterbrach ihn Tischbein. Goethe schnitt eine Grimasse und verließ die Gesellschaft »wie ein unartiger Junge«. Danach fand man ihn hinter dem Haus, wo er mit einem Kind spielte, dem er den Namen Mignon gegeben hatte.

Während der gemeinsamen Heimfahrt mit unserem Künstler und Angelica sprach er so laut und ungeniert mit dem Kutscher, daß die Dame ihn mahnend am Ärmel zupfte. Auf dem Weg kamen sie bei St. Peter vorbei, und beim Anblick des mächtigen Domes rief Goethe aus, daß ihm Michelangelo immer eine Art Schrecken eingejagt habe, so, als habe dieser selbst das moderne Rom noch durch einen Zauberspruch in Bann geschlagen. Die Vergnügungen des Tages waren damit noch nicht vorbei. Bevor man endgültig auseinander ging, traf sich die ganze Gesellschaft in einer Osteria und verbrachte die Nacht beim Wein. Goethe trank mehr als alle anderen. Der Verfasser des Briefes, aus dem wir zitieren, war gleichermaßen frappiert von Goethes zarter Aufmerksamkeit [delicate attentions] gegenüber Angelica und davon, wie ungezwungen sich einer, der seit zehn Jahren Minister eines Staates war, auf die Gesellschaft, in der er sich befand, einließ. Doch so aufgekratzt er auch war, sprach er doch so leise, daß man ihn kaum verstehen konnte, »anders als andere deutsche Reisende, die man noch drei Straßen weiter hören könne«. Die Gesellschaft brach auf, als die Kirchenglocken drei Uhr morgens schlugen. Beim Abschied sagte Goethe, er müsse nun heim zu seiner Juno.

Auch ich in Arcadia

Das Jahr 1787 begann für Goethe mit einer zweifelhaften Ehrung: Am 3. Januar wurde er in die ehemals berühmte Accademia degli Arcadi aufgenommen, die etwa hundert Jahre zuvor in Rom als Reformbewegung entstanden war. Gegen die hochartifizielle, rhetorisch überladene Dichtung, die damals Mode war, setzte man ein Literatur- und Kulturprogramm, das unter dem Motto »zurück zur Natur« stand und in Form eines Rollenspieles symbolisch realisiert werden sollte. Bei ihren Versammlungen, die sommers im Freien stattfanden, spielten die Mitglieder Schäfer und Hirten und imaginierten sich zurück in das sagenhafte Hirtenland Arkadien, in die Idylle eines einfachen, naturgemäßen, vorgesellschaftlichen, von allen Zwängen befreiten, der Liebe und Kunst gewidmeten Lebens.

Der immense Erfolg des Unternehmens wurde ihm zum Verderben. Schon bald gab es in vielen anderen italienischen Städten Tochtergesellschaften, jeder wollte Arkadier werden. *Die Anzahl ihrer Mitglieder bei der Entstehung war nicht stärker als*

Wappenzeichen der Accademia degli Arcadi mit Hirtenflöte.
Radierung, 1761

vierzehn, und in einigen Jahren waren deren schon viele tausend von allen Ständen; selbst Kardinäle, ja Päpste sogar wurden arkadische Schäfer, und nahmen den Institutionsgesetzen gemäß arkadische Namen an. Als der Journalist Johann Wilhelm von Archenholtz in seiner »Reise nach Italien« von 1784 die Geschichte der Accademia referierte, hatte er nur Hohn und Spott für ihren gegenwärtigen Zustand übrig. *Diese Gesellschaft ist recht dazu gemacht den akademischen Namen herabzuwürdigen. Sie ist die größte Satyre auf die Akademien, da sie in der Tat so verächtlich ist, als man es sich kaum vorstellen kann. Die meisten hiesigen Gelehrten und Literaturfreunde von einiger Bedeutung, halten es für eine Schande, Mitglieder derselben zu sein, ja viele nehmen es als eine Beleidigung auf, wenn man sie frägt, ob sie zu dieser abderitischen Akademie gehören. Um diese Verachtung nun einigermaßen zu hemmen, so bemühen sich die Arkadier sehr, Fremde anzuwerben, besonders wenn diese einen gewissen Rang haben, und folglich ihr Beitritt bekannt wird. Mit solchen Namen bedecken sie ihre eigene Blöße, und vermehren noch überdem ihre Kasse mit den Rezeptionsgeldern, die in einigen Zechinen bestehen.*

Auch Goethe, der sich das Italienbuch von Archenholtz gerade erst in Rom gekauft hatte und es nicht ausstehen konnte, wußte natürlich, wie es um den Ruf der Akademie stand. Fritz von Stein schrieb er *scherzend* von der Aufnahmezeremonie, und den Weimarer Freunden, das Institut sei *zu einer Armseligkeit herabgekommen.* Man hatte seine Verdienste in einer Rede und mit Sonetten gewürdigt, ihm den Hirtennamen Megalio verliehen, *per causa della grandezza oder grandiosità delle mie opere, wie sich die Herren auszudrücken beliebten,* und mit der arkadischen Provinz Melpomenien (nach der tragischen Muse Melpomene) belehnt. Eigentlich fand er das alles ziemlich albern, aber er fühlte sich doch geschmeichelt. Ehrungen sind

Ehrungen, und die Aufnahme in die arkadische Gesellschaft war ungefähr das, was heutzutage Eintragungen ins Goldene Buch einer Stadt sind, eine Bestätigung für Prominenz.

Außerdem hielt sich Goethe in seinen Phantasien tatsächlich ausgesprochen gern in Arkadien auf. Er hatte selbst Schäferspiele verfaßt und plante ein Drama über den Poeten Torquato Tasso, dessen »Aminta« das Muster und unerreichte Vorbild der bukolischen Dichtung war. Und war sein Künstlerleben auf dem klassischen Boden Italiens nicht auch eine Art Schäferspiel? Wenn er und die Freunde in den Ruinen des Forum Romanum umherstreiften, fanden sie sich unter echten Hirten und echtem Vieh.

In seinem Brief an Fritz von Stein schwindelte Goethe, er sei mit der Ausrufung *zum Pastore dell Arcadia* überrascht worden und habe *vergebens diese Ehre abzulehnen gesucht*. Dabei war die Ehrung vorher mit ihm abgesprochen worden, schließlich mußte sie ja vorbereitet werden – und er dafür bezahlen. Wer hatte sie betrieben? Eine Antwort findet sich in den Berichten österreichischer Diplomaten, die Goethe in Rom bespitzeln ließen.

Die Beziehungen zwischen dem Kaiser in Wien und den deutschen Fürsten waren gespannt. Unlängst hatten die sich unter der Führung Preußens zu einem Bund zusammengeschlossen, um ihre Interessen wirkungsvoller gegen ihn vertreten zu können. Ein besonders aktives Mitglied dieses Fürstenbundes war der Weimarer Herzog Carl August. Weshalb hielt sich einer seiner Minister inkognito in Rom auf, wenn nicht in geheimer politischer Mission, fragten sich die Österreicher, konnten für letzteres freilich keine Belege finden.

Kardinal Franz Graf zu Hrzan an den Fürsten Kaunitz in Wien:

Die Ursache, die er angegeben, warum er Niemand wolle vorge-
stellet, noch in eine Gesellschaft eingeführet werden, wäre, weil er
keine Garderobe mit sich führe, noch sich eine anschaffen wolle;
dann, weil er beschlossen, sich ein Studium aus dem zu machen,
was Rom einem Gelehrten, der zugleich so sehr Kunstliebhaber
ist, darbietet. Sein Umgang hier war fast einzig mit deutschen
Künstlern, mit denen er die hiesigen Gallerien, Antiquitäten und
übrigen Merkwürdigkeiten wiederholt und jedes Mal mit großer
Aufmerksamkeit besah. Er machte die Bekanntschaft des schon
seit einer geraumen Zeit hier anwesenden Berliner Professors
Moritz, in dessen Gesellschaft er die umliegenden Orte besuchte.
Der Maler Tischbein hatte ihn bei seinem großen Freund und
Gönner, dem Herrn Russischen Rat Reiffenstein, eingeführt, bei
dem er öfters speiste und sehr vertraulich war, und der Anti-
quarius Hirt, welcher öfter im Hause des jungen Herrn Fürsten
Liechtenstein ist, hatte ihn überredet, sich bei diesem, jedoch mit
ausdrücklicher Verbietung aller Etikette vorstellen zu lassen, wo
er dann nachher auch öfters hinkam, zu Mittag speiste, und vom
gedachten Herrn Fürsten in die hiesige Arkadische Versammlung
eingeführt und als Mitglied unter dem Namen Megallio akkla-
miert wurde, von welcher Zeit an er sich auch Herr Göthe oder
Geheimrat Göthe nennen ließ.

Doch wie Zapperi nachgewiesen hat: *Die Sache war etwas kom-*
plizierter. Neben dem jungen Fürsten Liechtenstein, mit dessen
Schwester er während der Kur in Karlsbad bekannt geworden
war, gab es noch andere Menschen, die Goethes Aufnahme in
die Akademie betrieben haben. So auch Angelica Kauffmann,
selbst arkadische Schäferin, die den Dichter mit ihrem Freund
Giovanni Gherardo de Rossi bekannt machte. Als Redakteur
des »Giornale delle belle Arti« war er einer der einflußreichsten
Literaten Roms und ein prominenter Arkadier, der bei Zusam-

menkünften öfter als Redner auftrat. Aus Goethes Ausgabenbuch wissen wir, daß er de Rossi am 31. Dezember 1786 einen Besuch abstattete, also wenige Tage vor der Feierlichkeit, bei der auch Angelica als Zuschauerin anwesend war.

Die ersten Teile seiner »Italienischen Reise« hat Goethe unter das sehnsüchtig-melancholische Motto *Auch ich in Arcadien!* gestellt, aber von seiner *Aufnahme in die Gesellschaft der Arkadier* ist erst im Bericht von seinem »Zweiten römischen Aufenthalt« für den Januar 1788 die Rede, also ein Jahr später. Weil er die Ehrung zunächst als Peinlichkeit hatte verschweigen wollen? Oder verschob er die Ehrung ans Ende der Reise, um ihr damit besonderes Gewicht zu geben? Jedenfalls schrieb er nun nichts Scherzhaftes mehr über die Armseligkeit der Akademie, statt dessen skizzierte er mit merklicher Sympathie und an seine eigenen kulturpolitischen Bemühungen denkend die Geschichte dieser Poeten-Gesellschaft. Ihre Gründungsväter hätten es unternommen, den auf Irrwegen befangenen Zeitgenossen den richtigen Weg zu weisen. Das Aufnahmediplom für den *Inclito ed Erudito Signor DE GOETHE Consigliere attuale di Stato di Sua Altezza Serenissima il Duca di Sassonia Weimar* ließ er im italienischen Original und in voller Länge abdrucken.

De Rossi, der vielleicht an der Abfassung des Diploms mitgewirkt hat, wird in der »Italienischen Reise« nicht erwähnt. In Goethes Notizen dazu findet sich der hübsche Satz: *De Rossi der die obszönen Zuckerpasteten aufißt um sie aus der Welt zu schaffen.*

Die Ohnmacht des Blauen

Zu den wahrhaft illustren Mitgliedern der Accademia degli Arcadi gehörte der französische Minoritenpater François Jacquier, der den Hirtennamen Ecateo Cerenatico trug. Er war universal gebildet, ein eminenter Theologe, Philosoph, Philologe und berühmt als Mathematiker und Physiker, der mit seinem Kommentar zu Newtons »Principia mathematica« viel zum Verständnis und zur Verbreitung von dessen revolutionären Lehren beigetragen hatte. Daß er mit dem Religionsspötter Voltaire gut bekannt war – in jüngeren Jahren hatte er zusammen mit dem Philosophen und dessen gelehrter Freundin Emilie de Châtelet in Cirey Newton-Studien getrieben –, machte Jacquier in Kirchenkreisen so manchem verdächtig. Nun lebte er schon lange im Kloster von »Saint Trinité-des-Monts«, als Nachbar der Zucchis, mit denen er befreundet war. Anfang 1786 malte Angelica Kauffmann für sich selbst ein eindrucksvolles, ungeschönt wirkendes Porträt des damals 74jährigen: Jenseits aller irdischen Eitelkeiten stehend, scheint er gefaßt und in tiefer Ernsthaftigkeit dem Tod entgegenzusehen. (Auf der Liste von Angelicas Nachlaß ist das Bild mit dem Zusatz *vortrefflich!* verzeichnet.)

Goethe-Megalio machte Jacquier im Januar 1787 einen Besuch. *Er ist hoch in Jahren und ein sehr verständiger Mann. Hat zu seiner Zeit die besten Männer gekannt, sogar einige Monate bei Voltairen zugebracht, der ihn sehr in Affektation nahm*, berichtete er nach Weimar. Sicher hatte er Jacquier bei oder durch Angelica kennengelernt, aber das sagt er nicht. Daß er ihr Porträt des Gelehrten nicht erwähnt, ist nicht verwunderlich. Er war auf der Suche nach dem idealisch Schönen, hatte seine Stube mit Gipsabgüssen monumentaler antiker Statuenköpfe dekoriert – Jupiter, der Apollo von Belvedere, die sehr gelieb-

Angelica Kauffmann, Pater François Jacquier.
Öl auf Leinwand, 1786

te Juno Ludovisi – und wird kaum Sinn für das Bild eines alten Mannes mit auffällig großer Nase gehabt haben. Befremdlicher ist, daß er nichts von Jacquiers Zelle erzählt, die zu den unbekannten, den Touristen verschlossenen Sehenswürdigkeiten Roms gehörte (und gehört), denn die Vermutung liegt nahe, daß sein Besuch im Kloster auch, vielleicht vor allem ihr galt.

Ruinenzelle in SS. Trinità dei Monti,
von Charles-Louis Clérisseau ausgemalt, 1766

Der große Architekturmaler Clérisseau hatte sie um 1770 zu
einer *malerischen Ruine* ausgestaltet. *Wenn man eintritt, glaubt
man das Innerste eines Tempels zu sehen, ausgestattet mit antiken Fragmenten, die den Zerstörungen der Zeit entgangen sind;
das Gewölbe und verschiedene Teile der Mauer sind auseinan-
dergebrochen und werden durch morsches Gerüst zusammenge-
halten, was das Eindringen des Sonnenlichts zu erlauben scheint.
Diese Effekte sind mit Wahrheit und Geschicklichkeit ausgeführt
und erzeugen eine vollkommene Illusion. Die Wirkung wird
noch durch das dazu passende Mobiliar verstärkt. Das Bett war
ein reich dekoriertes Gefäß, der Kamin aus verschiedenen Fragmenten gebildet, der Schreibtisch ein beschädigter antiker Sarko-
phag, Tisch und Stühle Stücke von Gesimsen und umgekehrten
Kapitellen. Selbst der Hund, als treuer Hüter dieser neuen Art der
Möblierung, ist in den Trümmern einer gewölbten Nische unter-
gebracht.*

Diese ins Bild gesetzte Meditation über Weltflucht und Vergänglichkeit, die so gut nach Arkadien paßte, hätte Goethe eigentlich interessieren müssen. Aber es gab in Rom eben einfach zuviel zu sehen, zu studieren, zu unternehmen, zuviel davon zu berichten. *Es dringt zu eine große Masse Existenz auf einen zu,* klagte er. Manchmal packte ihn ein gut protestantischer Widerwille gegen die Spektakel des päpstlichen Rom. Wie absurd die Theateraufführungen waren, in denen Männer als Frauen auftreten mußten, wie leer und äußerlich die Inszenierungen der Kirche! Am Dreikönigstag war er bei einem besonders beliebten Schauspiel in der »Propaganda«, also dem von der Kongregation »De Propaganda Fide« betriebenen Missionskolleg der katholischen Kirche, wo nach einem Bonmot von Charles de Brosses die angehenden Missionare für die Kochtöpfe der Heiden gemästet wurden. In dem imponierenden Palazzo an der Piazza di Spagna hörte er erst eine lateinische Rede über die Frage *an welchem Orte Maria die drei Magos empfangen, im Stall? oder wo sonst? Dann nach verlesnen einigen lateinischen Gedichten ähnliches Gegenstandes traten bei 30 Seminaristen nach und nach auf und lasen kleine Gedichte jeder in seiner Landessprache. Malabarisch, Epirotisch, Türkisch, Moldauisch, Elenisch, Persisch. Colchisch, Hebräisch, Arabisch, Syrisch, Cophtisch, Saracenisch, Armenisch, Hybernisch, Madagaskarisch, Isländisch, Boisch, Ägyptisch, Griechisch, Isaurisch, Äthiopisch pp. und mehrere die ich nicht verstehen konnte. Die Gedichtgen schienen meist im Nationalsylbenmaße verfaßt, mit der Nationaldeklamation vorgetragen zu werden, denn es kamen barbarische Rhythmen und Töne hervor. Das Griechische klang, wie ein Stern in der Nacht erscheint.*

So ähnlich wird Goethe sich wohl manchmal auch außerhalb der »Propaganda« gefühlt haben, in die Fremde verschlagen, verwirrt, betäubt von den vielen Eindrücken. Seitdem sein schon vorher löchriges Inkognito durch die Aufnahme in die Akademie der Arkadier aufgeflogen war, war sein Leben geselliger und zerstreuter geworden. Die römischen Literaten bemühten sich um ihn. Der eine lud ihn zur Premiere seines neuen Trauerspiels ein, ein anderer wollte die »Iphigenie« übersetzen, und schon seit längerem drängte man ihn dazu, sich nach altem Brauch auf dem Kapitol zum Dichter krönen zu lassen. Ziemlich viel Zeit verbrachte er mit einem reichen Verehrer und Kunstmäzen, dem Prinzen Christian August von Waldeck, der zur Saison und zum Einkaufen nach Rom gekommen war. *Er besitzt ein großes Münzkabinett welches zu komplettieren er gewaltig kauft,* berichtete Goethe seinem Herzog, mit dem er sich über Politik und Frauengeschichten austauschte. *Doch sind seine Liebhabereien nicht bloß antiquarisch. Er hat eine schöne böhmische Dame zu Gesellschaft. Ihr alter Mann ist mit hier.* Bei Angelica bestellte der Prinz ein Porträt seiner Geliebten, bei Alexander Trippel als Pendant zu einer marmornen Büste des Preußenkönigs Friedrich II. die Büste Goethes.

Auch dessen Liebhabereien waren nicht bloß antiquarisch, obwohl er der verlassenen Charlotte von Stein tröstend versicherte, sie habe bisher (!) nur eine Nebenbuhlerin in Rom, *und die bringe ich Dir mit das ist ein Kolossalkopf der Juno.* Goethe scheint sich zu dieser Zeit sehr um die junge Maria Elisabetta Roesler bemüht zu haben, deren Vater eine Osteria in der Via Condotti besaß, doch blieb seine Werbung wohl erfolglos, wie eine Zeichnung Tischbeins vermuten läßt. Sie zeigt Goethe, der in sein Zimmer gestürzt ist, um eines der beiden auf seinem Bett liegenden Kissen zu entfernen: *das verfluchte zweite Küssen!*

Johann Heinrich Wilhelm Tischbein, »Das verfluchte zweite Küssen«.
Federzeichnung, 1786/87

Von interessanten Männern hab ich manchen, von Weibern außer
Angelica nur eine kennen gelernt, schrieb Goethe am 3. Februar
seinem Herrn. *Die Mädgen oder vielmehr die jungen Frauen, die*
als Modelle sich bei den Malern einfinden, sind allerliebst mitun-
ter und gefällig sich beschauen und genießen zu lassen. Es wäre
auf diese Weise eine sehr bequeme Lust, wenn die französischen
Einflüsse nicht auch dieses Paradies unsicher machten. Er wollte
sich auf keinen Fall eine Geschlechtskrankheit holen, und es
war eben auch in Rom nicht ganz einfach, ein anständiges Mädchen fürs Bett zu finden. *Mich hat der süße kleine Gott in einen*
bösen Weltwinkel relegiert, klagte er in einem späteren Brief. *Die*
öffentlichen Mädchen der Lust sind unsicher wie überall. Die Zi-
tellen (unverheuratete Mädchen) sind keuscher als irgendwo, sie
lassen sich nicht anrühren und fragen gleich, wenn man artig mit
ihnen tut: e che concluderemo? Denn entweder man soll sie heu-
raten oder sie verheuraten und wenn sie einen Mann haben, dann

77

ist die Messe gesungen. Ja man kann fast sagen, daß alle verheura-
tete Weiber, dem zu Gebote stehn, der die Familie erhalten will.

Goethe war nicht glücklich, viel weniger jedenfalls, als er gehofft und sich gewissermaßen zur Pflicht gemacht hatte. Auch
weil Weimar sich nicht so einfach abschütteln ließ. Charlotte von Stein hatte seine Flucht so schwergenommen, daß
sie krank geworden war und traurige Gedichte schrieb: *Alles,*
alles floh mit Dir / ich allein verarmt in mir. Verlieren wollte
er sie nicht. Aber wenn er wegen ihr früher als geplant und
gewünscht zurückreisen mußte, dann jedenfalls nicht ohne
Neapel und möglichst auch Sizilien gesehen zu haben. Den römischen Karneval wollte er noch miterleben und sich dann auf
den Weg in den Süden machen, in Begleitung von Tischbein,
der ihm *unentbehrlich* geworden war.

Für den unruhigen, bekümmerten Dichter mag Angelica (wie
das Griechische) *ein Stern in der Nacht* gewesen sein. Sie sei
gar liebenswürdig und angenehmen Umgangs, schrieb Goethe
Ende Januar an Herder. Sie werden viel über Neapel gesprochen haben. Angelica, die erst im Vorjahr mehrere Monate
dort gelebt und für die Königsfamilie gearbeitet hatte, konnte
Goethe einiges über die Verhältnisse dort erzählen und über
die Menschen, die er unbedingt kennenlernen mußte. Besonders ans Herz gelegt haben wird sie ihm den Arzt und Bota-
niker Domenico Cirillo, von dem sie eines ihrer besten Porträts
geschaffen hat. Der gutaussehende, angenehme Mann war ein
aufgeklärter Menschenfreund, der sich engagiert für Reformen
im Gesundheitswesen und Strafvollzug seiner Heimatstadt
einsetzte.

Begleitet und angeleitet von Tischbein ging Goethe jetzt oft
zum Zeichnen auf den Pincio. Die Terrasse vor SS. Trinità dei

Johann Wolfgang Goethe, Motiv aus der Villa Borghese.
Aquarell, Feder, 1787

Monti war mittlerweile eine Baustelle. Man hatte damit begonnen, Erde auszuheben, um die Fundamente eines Obelisken zu legen, der von seinem bisherigen Standort vor der Basilika von S. Giovanni in Laterano hierher umziehen sollte. *Alles [ist] aufgeschüttetes Erdreich von Ruinen der Gärten des Lukullus. Mein Perückenmacher geht frühe dort vorbei und findet im Schutte ein flach Stück gebrannten Ton mit einigen Figuren wäscht und zeigt es uns. Ich eigne mir es gleich zu. Es ist nicht gar eine Hand groß und scheint von einem Rande einer großen Schüssel zu sein. Es stehen zwei Greifen an einem Opfertische, sie sind von der schönsten Arbeit und freuen mich ungemein.*
Vom Platz vor der Villa Medici aus skizzierte Goethe die berühmte Ansicht auf Rom – beim Baumschlag half Tischbein aus – und machte etliche Zeichnungen bei seinem römischen Lieblingsplatz, der Villa Borghese, die er zu Hause mit der Feder überarbeitete und aquarellierte. *Heute hab ich den ganzen Tag gezeichnet*, schrieb er Anfang Februar 1787 an Charlotte

von Stein. *Jetzt mit dem schönen Wetter kommt die Liebhaberei wieder.* Als er ihr wenig später einige seiner Arbeiten schickte, fügte er an, nun mache es ihm *Lust mit Farben zu spielen. Die Künstler freuts mich etwas zu lehren, denn es geht geschwinde mit mir.*

Um diese Zeit also begann wohl Goethes Interesse für Farben und Farbphänomene, das später zur Obsession werden und sich in seinem eigensinnigen Epos von den *Taten und Leiden des Lichts* niederschlagen sollte: der »Farbenlehre«. Vielleicht hat auch sein Umgang mit Angelica dazu beigetragen, die von ihren Zeitgenossen als meisterhafte Koloristin bewundert wurde. Wenn sie als Zeichnerin Schwächen hatte, malen konnte sie. Sie musizierte mit Farben, komponierte ihre Bilder aus subtil aufeinander abgestimmten Farbtönen. Die »Allegorie der Farbe«, die sie für die Decke der Royal Academy in London gemalt hatte – Goethe sah die Radierung –, bildet ab, worum es ihr als Farbkünstlerin ging: *Die Farbe erscheint in Gestalt einer blühenden Jungfrau, die reich aber nicht protzig gekleidet ist. Die verschiedenen Farben ihres Gewandes harmonisieren miteinander und fügen sich zu einer Einheit. In der einen Hand hält sie ein Prisma, in der anderen einen Pinsel, den sie in die Farbtöne eines Regenbogens taucht. Zu ihren Füßen sieht man ein Chamäleon.*

Wie intensiv, wie verständnisvoll Angelica Goethes neue Passion begleitete und unterstützte – auch auf seine verwegensten Spekulationen ließ sie sich ein –, erfahren wir aus der »Konfession«, die er dem historischen Teil seiner »Farbenlehre« angehängt hat, um über Ursprung und Entstehungsgeschichte dieses Werks Auskunft zu geben. Am Anfang war seine unglückliche, weil unerwiderte Leidenschaft zur Malerei …

Von Kindheit auf habe er sich dazu getrieben gefühlt, das, was ihm in der Wirklichkeit erschien, *so gut es sich schicken wollte, in ein Bild zu verwandeln.* Ja, er habe hierzu, wozu er eigentlich gar keine Anlage gehabt habe, einen weit größeren Trieb gefühlt als zur Dichtung, als demjenigen, was ihm *von Natur leicht und bequem war.* Je weniger ihm aber *eine natürliche Anlage zur bildenden Kunst* geworden sei, desto mehr habe er nach den ihr zugrunde liegenden Gesetzen und Regeln gesucht und sich durch eine Reise nach Italien grundlegende Erkenntnisse erhofft. Es sei ihm auch wirklich hier sehr vieles klargeworden, er habe sich an den mannigfaltigen Schätzen gefreut, die er sammeln konnte, und habe gesehen, daß *Poesie und bildende Kunst wechselseitig aufeinander einwirken könnten.*

Manches war mir im einzelnen deutlich, manches im ganzen Zusammenhange klar. Von einem einzigen Punkt wußte ich mir nicht die mindeste Rechenschaft zu geben: es war das Kolorit.

Mehrere Gemälde waren in meiner Gegenwart erfunden, komponiert, die Teile, der Stellung und Form nach, sorgfältig durchstudiert worden, und über dieses alles konnten mir die Künstler, konnte ich mir und ihnen Rechenschaft, ja sogar manchmal Rat erteilen. Kam es aber an die Färbung, so schien alles dem Zufall überlassen zu sein, dem Zufall der durch einen gewissen Geschmack, einen Geschmack der durch Gewohnheit, eine Gewohnheit die durch Vorurteil, ein Vorurteil das durch Eigenheiten des Künstlers des Kenners, des Liebhabers bestimmt wurde. Bei den Lebendigen war kein Trost, ebenso wenig bei den Abgeschiedenen, keiner in den Lehrbüchern, keiner in den Kunstwerken.

Je weniger mir nun bei allen Bemühungen etwas erfreulich Belehrendes entgegenschien, destomehr brachte ich diesen mir so wichtigen Punkt überall wiederholt, lebhaft und dringend zur Sprache, dergestalt daß ich dadurch selbst Wohlwollenden fast lästig und verdrießlich schien.

*Ich dachte selbst über die Sache nach, und um das Gespräch zu
beleben, um eine oft durchgedroschene Materie wieder bedeutend
zu machen, unterhielt ich mich und die Freunde mit Paradoxen.
Ich hatte die Ohnmacht des Blauen sehr deutlich empfunden, und
seine unmittelbare Verwandtschaft mit dem Schwarzen bemerkt;
nun gefiel es mir zu behaupten: das Blaue sei keine Farbe! und ich
freute mich eines allgemeinen Widerspruchs. Nur Angelika, deren
Freundschaft und Freundlichkeit mir schon öfters in solchen Fällen entgegen gekommen war – sie hatte z. B. auf mein Ersuchen
erst ein Bild, nach Art älterer Florentiner, Grau in Grau gemalt
und es bei völlig entschiedenem und fertigem Helldunkel mit
durchscheinender Farbe überzogen, wodurch eine sehr erfreuliche
Wirkung hervorgebracht wurde, ob man es gleich von einem auf
die gewöhnliche Weise gemalten Bild nicht unterscheiden konnte – Angelika gab mir Beifall und versprach eine kleine Landschaft ohne Blau zu malen. Sie hielt Wort und es entsprang ein
sehr hübsches harmonisches Bild, etwa in der Art wie ein Akya-
nobleps [Blaublinder] die Welt sehen würde; wobei ich jedoch
nicht leugnen will, daß sie ein Schwarz anwendete, welches nach
dem Blauen hinzog. Wahrscheinlich findet sich dieses Bild in den
Händen irgendeines Liebhabers, für den es durch diese Anekdote
noch mehr Wert erhält.*

Iphigenie

Mit seinem ersten literarischen Projekt, der Umformung der
Prosa-»Iphigenie« in Verse, war Goethe seit Mitte Dezember
des Vorjahres so gut wie fertig, aber er feilte dann noch eine
ganze Weile daran herum. Am 13. Januar 1787 schickte er sein
Schmerzenskind, das ihn über Erwarten Zeit und Mühe gekostet hatte, an Herder, seinen Berater in literarischen Fragen,

der nun, wenn nötig, korrigierend letzte Hand an das Werk legen sollte: *Hier mein Lieber wenn man etwas widmen und weihen kann die Iphigenie, dir gewidmet und geweiht. Ich habe gemacht, was Zeit und Umstände erlaubten.*

Es war ein Wagnis. Goethe hatte die Prosa-Vorlage im Winckelmannschen Geschmack zu einem Säulentempel aus leuchtenden, schöngemeißelten Versen geformt. Seine »Iphigenie« ist so ziemlich das undramatischste Stück, das sich denken läßt, ein Humanitätsmärchen (*verteufelt human*, meinte Goethe), das sich zur grimmigen Härte der antiken Tragödie verhält wie das Neue zum Alten Testament. Doch dieses Gebäude steht auf düsterem Grund. Depression, Aggression, Frustration, Wahnsinn, Verzweiflung, inzestuöse Liebe, Mord, Menschenopfer, eine fluchbeladene Familie …

Es hatte damit angefangen, daß ein Vater, der griechische König Agamemnon, seine Tochter Iphigenie der Diana opfern wollte, um die Götter für seinen Kriegszug gegen Troja günstig zu stimmen. Doch die Göttin hatte sich des armen Mädchens erbarmt, sie vom Opfertisch weg ins abgelegene Tauris entrückt und zur Priesterin ihres dortigen Heiligtums gemacht.

Seitdem hat Iphigenie nur ein Verlangen: Sie will zurück nach Hause. Jeden Tag geht sie ans Ufer des Meeres, heimwehkrank *das Land der Griechen mit der Seele suchend.*

Auch Thoas, der Barbarenkönig von Tauris, will nur eins: Iphigenie nämlich. Um sie zu gewinnen, hat er sich ihrer humanisierenden Zähmung und Erziehung überlassen und ist zu einem ganz passablen Herrscher geworden. Sogar einen alten *grausamen Gebrauch*, nach dem jeder Fremde, den es nach Tauris verschlug, der Diana zum Opfer gebracht werden mußte, hat er auf ihre Bitten hin ausgesetzt. Mit den Jahren ist sein Begehren immer heftiger geworden, aber die erhoffte Belohnung ist ausgeblieben, immer noch weist Iphigenie ihn ab, hält ihn hin, vertröstet ihn auf später. Sie will zurück nach Hause, zu ihrer Familie.

Im Barbarenland völlig abgeschnitten von allen Nachrichten, hat sie keine Ahnung, daß von der nicht mehr viel übrig ist. Der Vater nach der Heimkehr aus dem gewonnenen trojanischen Krieg (einem sinnlosen Gemetzel) von ihrer Mutter und deren Liebhaber erschlagen, der Liebhaber und ihre Mutter aus Rache dafür erschlagen von ihrem Bruder Orest, Orest dafür von den Rachegöttinnen, den Erinnyen (Furien), von Land zu Land gehetzt.

Das alles ist als Rückblick in Goethes Stück eingelagert. Als es beginnt, ist König Thoas gerade dabei, die Geduld zu verlieren. Wenn Iphigenie sich ihm weiterhin verweigert, wird es in Taurus eben wieder Menschenopfer geben. Sie solle ihre Pflicht als Priesterin tun! Denn wie es der Zufall will, hat man soeben zwei Fremde am Strand aufgegriffen, und ist einer von ihnen Orest, der andere dessen treuer Freund Pylades.

Iphigenie hat das bald heraus und fühlt sich *gewaltig* zum Bruder hingezogen.

Sie gibt sich Orest zu erkennen. Zunächst reagiert er mißtrauisch auf Iphigenies leidenschaftliche Zudringlichkeit, steigert sich dann in einen ekstatischen Liebesrausch. Er will den Tod von den Händen der geliebten Schwester empfangen.

Erschöpft sinkt er nieder in einen Zustand zwischen Schlaf und Wahn, glaubt sich im Totenreich, halluziniert die Schatten von Vater und Mutter. *Seid ihr auch schon herabgekommen?* fragt er verstört, als er erwachend Schwester und Freund erblickt. Iphigenie schickt ein Gebet zu Diana, Pylades versucht es mit tröstendem Zuspruch, einem männlichen *raffe dich zusammen*, und plötzlich ist alles wieder gut. Die Erinnyen haben sich davongemacht. Geheilt sinkt Orest der Schwester in die Arme.

Laß mich zum erstenmal mit freiem Herzen / In deinen Armen reine Freude haben.

Wir sind erst am Ende des dritten Aufzugs, aber eigentlich ist die Handlung des Stückes damit schon fast an ihr Ziel gelangt. Was noch folgt, ist ein ethisches Kürprogramm, in dem Orest Heldenmut zeigen kann und Iphigenie als Ikone der Menschlichkeit und sittlicher Reinheit ausgestellt wird. Am Ende darf sie mit dem Bruder und Pylades nach Griechenland heimkehren, ja, sie ringt dem unglückseligen Thoas, der sie murrend ziehen läßt, sogar noch ein knappes *Lebewohl* ab.

In der Weimarer Liebhaberaufführung der Prosa-Iphigenie hatte Goethe den von Schuldgefühlen gequälten Orest gespielt, aber auch die anderen problembeladenen Protagonisten – der von einer hohen Frau erzogene und auf Distanz gehaltene Thoas, die sich aus Tauris wegsehnende Iphigenie – hatten viel von ihm.

Gespannt wartete er auf Reaktionen aus Weimar. Er war sich unsicher, ob ihm die Arbeit gelungen war und ob sie beim Publikum ankommen würde. Wie würde Charlotte von Stein das Stück aufnehmen? Vorläufig testete er die Wirkung des Dramas an den römischen Freunden.

Wann las er Angelica daraus vor? Die Frage ist interessanter, als sie klingt – an sich könnte einem das nach mehr als 200 Jahren ja ziemlich egal sein –, weil sich bei der Suche nach einer Antwort zeigt, wie wichtig sie Goethe offensichtlich war und wie absichtsvoll er seine Beziehung zu ihr arrangiert hat.

In seinen Briefen an Charlotte von Stein ist dreimal von Lesungen aus der »Iphigenie« die Rede.

13. Dezember 1786: *Ich las Tischbeinen meine Iphigenie vor. Die sonderbare, originale Art wie dieser das Stück ansah und mich*

über den Zustand in welchem ich es geschrieben aufklärte, er-
schröckte mich. Es sind keine Worte wie fein und tief er den Menschen unter dieser Heldenmaske empfunden.

20. Januar 1787: *Gestern Abend verlangte Angelika daß ich ihr etwas aus der Iphigenie läse, ich sagte ihr daß ich verlegen sei wegen
der Seltsamkeit des Versuchs den ich mit diesem Stücke gewagt.
Dagegen erzähl ich ihr und ihrem alten italienischen Gemahl
den Plan und Gang des Stücks, sie hatten viel Freude daran. Du
hättest sehn sollen wie der Alte alles so gut sentierte, von i h r versteht sichs von selbst.*

18. Februar: *Wenn ich nur erst erfahre, wie ihr die Iphigenie aufgenommen habt. Ich habe sie gestern der Angelika vorgelesen und
freute mich sehr über die gute Art wie sie das Gedicht empfand.
Sie ist eine treffliche zarte, kluge, gute Frau, meine beste Bekanntschaft hier in Rom.*

In der »Italienischen Reise« erzählt Goethe das ein wenig anders und sehr viel ausführlicher. Er macht eine Geschichte daraus.

Im Januar 1787 habe er die »Iphigenie« zuerst im größeren
Kreis der Künstlerfreunde vorgetragen. Die seien anfangs
ziemlich befremdet gewesen, weil sie vom Verfasser des »Götz
von Berlichingen« etwas Wilderes, Provokanteres erwartet und
sich in den ruhigen Gang des Stückes erst gar nicht hätten finden können. Auch Tischbein sei zunächst befremdet gewesen,
habe aber dann einen sehr poetischen Vergleich dafür gefunden. Schließlich habe es doch seine Wirkung getan, einzelne
Stellen seien wieder verlangt worden, und man habe ihn sogar
zu einer Wiederholung des Ganzen genötigt. Dieser gute Ruf
sei schließlich auch zu Reiffenstein und Angelica gedrungen,

und da sollte ich denn meine Arbeit abermals produzieren. Ich
erbat mir einige Frist, trug aber sogleich die Fabel und den Gang
des Stückes mit einiger Umständlichkeit vor. Mehr als ich glaubte
gewann sich diese Darstellung die Gunst gedachter Personen,
auch Herr Zucchi, von dem ich es am wenigsten erwartet, nahm
recht freien und wohlempfundenen Anteil. Dieses erklärt sich
aber dadurch sehr gut auf, daß das Stück sich der Form die man
im Griechischen, Italienischen, Französischen längst gewohnt ist,
und welche demjenigen noch immer am besten zusagt, welcher
sich an die englischen Kühnheiten noch nicht gewöhnt hat. ...

Vor meiner Abreise nach Neapel konnte ich einer nochmaligen
Vorlesung meiner Iphigenia nicht entgehen. Madam Angeli-
ka und Hofrat Reifenstein waren die Zuhörer, und selbst Herr
Zucchi hatte darauf gedrungen, weil es der Wunsch seiner Gattin
war, er arbeitete indes an einer großen architektonischen Zeich-
nung, die er in Dekorationsart vortrefflich zu machen versteht.
Die zarte Seele Angelika, nahm das Stück mit unglaublicher In-
nigkeit auf, sie versprach mir eine Zeichnung daraus aufzustellen,
die ich zum Andenken besitzen sollte. Und nun gerade, als ich
mich von Rom zu scheiden bereite, werde ich auf eine zarte Weise
mit diesen wohlwollenden Personen verbunden.

Wie man sieht, ist die Dezember-Lesung bei Tischbein mitsamt
dessen verständnisvoller Reaktion hier gestrichen. Die Folge
der Lesungen ist als Steigerung komponiert, sozial und emo-
tional, von den zunächst befremdeten Reaktionen der Künstlerfreunde unten bis hinauf zu Angelicas inniger Aufnahme
der »Iphigenie«. Damit hat Goethe die Lesung bei ihr diskret
zu einer Erkennungsszene stilisiert, in Anwesenheit ihres Ehe-
manns (der dazu die Kulisse malen darf). Sinnigerweise läßt
der Dichter seine Romanze mit der Malerin zu dem Zeitpunkt
beginnen, da er sich wegen der Reise nach Neapel erst einmal

von ihr trennen muß. *Nie zuvor waren sich Angelika und Goe-*
the so nahegekommen wie an diesem Abend. Ihre Freundschaft,
vielleicht sogar eine darüber hinausgehende Neigung war damit
besiegelt, weiß der Literaturwissenschaftler Norbert Miller.
Vielleicht hat er recht. Nur – an welchem Abend war das? Sollte
Angelica das Drama tatsächlich erst so spät gehört haben? Waren wirklich nur Zucchi und Reiffenstein anwesend?

In einem Brief an Goethe vom Februar 1817, in dem Tischbein nostalgisch Erinnerungen an die kurze goldene Zeit ihrer Freundschaft beschwor, lesen wir: *Auch war das ein wahrer*
Schmaus, wenn wir bei der Angelica des Sonntags waren und bei
Kaffeetrinken ihre ausgesuchten alten Bilder besahen, welche Zu-
chi gemacht hatte das sie wie Türen aufgeklappt werden konnten.
Und des Abends lasen Sie uns Ihre Ephigini vor, daß einzige mal
daß ich habe lesen hören, daß es in mich gedrungen ist, und noch
tönt es oft in mir, und wallen mir Gedanken auf, die ich wohl
schreiben möchte. Und vier Jahre später bekräftigte er seine
Darstellung: *Und als wir bei der Angelica waren? da habe ich*
[Iphigenia] zum erstenmal lesen hören, und das tönt noch immer
vor meinen Ohren. War das schon Mitte Dezember? Im Januar?
Oder doch erst im Februar?

Die schwierigste Aufgabe mußte der Historienmaler vor der
eigentlichen Arbeit an der Staffelei im Kopf lösen. Es galt, eine
Situation, eine Szene, einen Moment zu finden, in dem die
Handlung eines Stückes, einer Erzählung sich bedeutungsvoll verdichtet, und sie in ein Bild umzusetzen. Lessing war in
seinem »Laokoon«, der berühmten Schrift, in der er über die
»Grenzen der Malerei und Poesie« reflektiert, so weit gegangen zu behaupten, es gelte den in jedem Stück vorhandenen
prägnantesten Augenblick zu wählen, *aus welchem das Vorher-*
gehende und Folgende am begreiflichsten wird.

Diese These spukte auch in Goethes Kopf, als er in der »Italienische Reise« unter dem Datum des 13. März 1787 aus Neapel schrieb: *Angelika hat aus meiner Iphigenie ein Bild zu malen unternommen; der Gedanke ist sehr glücklich und sie wird ihn trefflich ausführen. Den Moment da sich Orest in der Nähe der Schwester und des Freundes wiederfindet. Das was die drei Personen hinter einander sprechen, hat sie in eine gleichzeitige Gruppe gebracht und jene Worte in Gebärden verwandelt. Man sieht auch hieran wie zart sie fühlt und wie sie sich zuzueignen weiß, was in ihr Fach gehört. Und es ist wirklich die Achse des Stückes.* Es blieb bei der Zeichnung. Ob Angelica sie Goethe nach Neapel schickte, ist fraglich. Jedenfalls war er längst wieder in Rom, als er seinem Verleger Göschen am 15. August 1787 schrieb: *[Madam Angelica] hat mich neulich mit einer Zeichnung überrascht, welche die Stelle aus Iphigenie »Seid ihr auch schon herabgekommen« vorstellt. Es ist vielleicht eine ihrer glücklichsten Kompositionen.* So sehr lag ihm die Zeichnung am Herzen, die er *sehr gemütlich*, also tief empfunden nannte, daß er sich nicht entschließen konnte, sie der Post anzuvertrauen und zum Stechen nach Deutschland zu schicken. Er wußte, daß sie ein Liebeszeichen war. Angelica war in den Gestalten von Schwester und Freund zu Orest in den schattigen, von Lichtfunken durchflimmerten Tempelhain gekommen, um ihn von den Dämonen in seiner Brust zu erlösen. Wie fürsorglich sie sich um ihn bemühen und wie jung, weich, schutzbedürftig dieser Orest ist, fast noch ein Knabe! Sie hatte (wie Tischbein) den Menschen unter der Heldenmaske erfaßt.

Ihre Kritiker fanden wieder einmal bestätigt, daß sie als Frau eben keine richtigen Männer malen konnte. Es stimmt, daß ihr alles Heroische wesensfremd war. Aber sie hätte Helden malen können. Sie wollte nicht.

Viermal Emma

Tischbeins in Neapel entstandenes Gemälde zur »Iphigenie« ist groß gedacht. Hinter und neben dem schmalen Opferaltar im Vordergrund rücken seine Dreiviertelfiguren dem Betrachter förmlich auf den Leib. Iphigenie, eine junge, weißgewandete, dunkellockige Frau mit aufgeworfenen Lippen, ergreift bittend den abwehrend ausgestreckten Arm des fast nackten, vor sich hinstarrenden Jünglings zu ihrer Rechten, dessen Blöße knapp von einem blutroten Tuch verhüllt ist. Hinter ihm drohen zwei Furien. Die Figuren scheinen wie erstarrt. Sie waren es, genauer s i e w a r es, als Tischbein sie malte, als Iphigenie, Furien, sogar als Orest. Viermal Emma Hart. Emma war die Geliebte von Sir William Hamilton, dem englischen Gesandten in Neapel, der sie etwas später heiratete und noch später an einen Helden, Admiral Nelson, verlor. Tischbeins Bild ist eine »tour de force«, eine Hommage an ihre Verwandlungskünste.

Stell Leidenschaft dar. Aber bewege dich nicht. Keine Bewegung. Das ist kein Tanz, … Stell Leidenschaft dar. Aber als Statue. In ihrem Roman »Der Liebhaber des Vulkans«, in dem Goethe einen Gastauftritt hat, beschreibt Susan Sontag, wie Sir William, der *Cavaliere*, mit Emma die Posen erarbeitete, die sie berühmt machten, eine *lebende Diashow von Momentaufnahmen aus antiker Mythologie und Literatur.*

Es war ein außerordentlich präzises Unternehmen. Zunächst mußte das Sujet gewählt werden. Der Cavaliere öffnete seine Bücher und zeigte der jungen Frau die Kupferstiche oder führte sie zu einem Gemälde oder einer Statue seiner Sammlung. Dann sprachen sie über die antiken Geschichten. Immer wollte sie alle

spielen. Dann, wenn sie sich ein Sujet erst einmal zu eigen ge-
macht hatte, kam der schwierige Teil – den richtigen Augenblick
zu finden, den Augenblick, der Bedeutung darstellt, der das Wesen
eines Charakters, einer Geschichte, eines Gefühls zusammenfaßt.
Es war dieselbe schwierige Wahl, die Maler treffen mußten. Wie
Diderot schreibt: »Der Maler verfügt nur über einen Augenblick
und darf daher ebenso wenig zwei Augenblicke gestalten wie zwei
Handlungen.«
Im Prinzip wurde jede Art von Charakter und Gefühl dargestellt.
Aber Nymphen und Musen, Julias und Mirandas waren den
Verlorenen und Gequälten zahlenmäßig weit unterlegen. Müt-
ter, denen man ihre Kinder geraubt hatte – ihre Niobe; oder die
von unerträglichem Unrecht dazu getrieben wurden, sie zu töten
– ihre Medea. Mädchen, die von ihren Vätern auf den Opferstein
gezerrt wurden – ihre Iphigenie. Frauen, die sich nach dem Lieb-
sten sehnten, der sie verschmäht hatte – ihre Ariadne. Oder die
sich vor lauter Verzweiflung, daß man sie verlassen hatte, töten
wollten – ihre Dido; oder für die Schande, vergewaltigt worden zu
sein, büßten – ihre Lucretia. Das waren die Posen, die am meisten
Bewunderung fanden.
Als der Dichter sie sah, nur ein Jahr nach ihrer Ankunft in Nea-
pel, hatte sie gerade begonnen, auf den Abendgesellschaften des
Cavaliere zu posieren.

Der Dichter in seiner »Italienischen Reise«:
Der Ritter Hamilton hat nun, nach so langer Kunstliebhabe-
rei, nach so langem Naturstudium, den Gipfel aller Natur- und
Kunstfreude in einem schönen Mädchen gefunden. Er hat sie bei
sich, eine Engländerin von etwa zwanzig Jahren. Sie ist sehr schön
und wohlgebaut. Er hat ihr ein griechisch Gewand machen las-
sen, das sie trefflich kleidet, dazu löst sie ihre Haare auf, nimmt
ein paar Shawls und macht eine Abwechslung von Stellungen,

Gebärden, Mienen pp., daß man zuletzt wirklich meint man träume. Man schaut, was so viele tausend Künstler gern geleistet hätten, hier ganz fertig, in Bewegung und überraschender Abwechslung. Stehend, kniend, sitzend, liegend, ernst, traurig, neckisch, ausschweifend, bußfertig, lockend, drohend, ängstlich pp. Eins folgt aufs andere und aus dem andern. Sie weiß zu jedem Ausdruck die Falten des Schleiers zu wählen, zu wechseln, und macht sich hundert Arten von Kopfputz mit denselben Tüchern. Der alte Ritter hält das Licht dazu und hat mit ganzer Seele sich diesem Gegenstand ergeben. Er findet in ihr alle Antiken, alle schönen Profile der sizilianischen Münzen, ja den Belveder'schen Apoll selbst. Soviel ist gewiß, der Spaß ist einzig. Wir haben ihn schon zwei Abende genossen. Heute früh malt sie Tischbein.

Hamilton ließ Emma von allen Malern malen, die nach Neapel kamen, was ihr sehr gefiel. *There is two painters in the house, painting me,* schrieb sie 1786. *But as soon as these are finished, there is two more to paint me – and Angelaca, if she comes. And Marchmont is to cut a head of me, for a ring. I wish Angelaca would come.* Immerhin kam Tischbein …

Ich malte damals ein Bild, worauf ich den Kopf der Mylady H a - m i l t o n verschiedenemal anbrachte. Sie hatte die Züge ihres Gesichts so in der Gewalt, daß sie die Leidenschaften und Empfindungen aufs Deutlichste ausdrücken konnte. In Leid und Freude war die Lebhaftigkeit und Wahrheit der Darstellung gleich stark. Das Bild stellt den Orest dar, der am Opferaltare steht. Seine Sinne sind verwirrt; er sieht nichts mehr auf dieser Welt; in sich gekehrt, denkt er sich seine Ankunft in der Unterwelt, wo ihm seine Bekannten entgegenkommen. Die Priesterin I p h i g e n i a erkennt in ihm den Bruder; sie fliegt ihm zu, umarmt ihn, den Gefundenen, lange Ersehnten; aber er ist kalt, fühlt nicht der Schwester Umarmung, hört und empfindet nicht, was die Stimme

Johann Heinrich Wilhelm Tischbein,
Die Erkennung des Orestes durch Iphigenie.
Öl auf Leinwand, 1788

der Schwester sagt. Die Gefühle der Seele sind in äußerster Bewe-
gung, sie hat den Bruder gefunden und den Gefundenen verloren.
Sie hält ihn im Arme und hat nichts; sie spricht mit ihm und er
mit den Schatten. Hinter ihm zu beiden Seiten sind Furien.

Zu allen diesen Köpfen hatte sie mir den Ausdruck von den See-
lenzuständen einer jeden Person vielmals dargestellt, so daß ich
ihr nur nachzubilden brauchte. Selbst beim Orest konnte mir
ihr Gesicht die Gemütsbewegung zeigen, von welcher ein Mann
in dieser Lage ergriffen ist. Ebenso bei den Furien. Den Kopf der
Iphigenia habe ich so treu als möglich nach ihr gemalt denn da
war nichts davonzunehmen, noch zuzusetzen.

Eine kühne Umstellung Tischbeins, der Orests Wahnvorstel-
lung, er sei im Totenreich, in die Begegnungsszene mit der
Schwester vorverlegte, um so ein dramatisches Bild mißlin-
gender Kommunikation zu schaffen. Das ist originell gedacht,
aber ist es auch gut gemacht? Ob Iphigenie mit Emma wirklich
passend besetzt war? Sie sieht auf Tischbeins Gemälde ziemlich
töricht aus. Und was für ein fleischiger Orest, der so dumpf vor
sich hinstarrt, als hätte er einen Schlag auf den Kopf bekommen! Angelicas sanft beseelte Zeichnung hat man meist mit
einem nachsichtigen Achselzucken abgetan, Tischbeins Werk
dagegen hoch gelobt. *Es ist [ihm] hervorragend gelungen, mit*
dieser szenischen Darstellung das Wesentliche des gesamten er-
sten Auftritts des dritten Aktes herauszuarbeiten.

Nausikaa

Am 6. Juni war Goethe wieder in Rom. Einer seiner ersten Wege
wird ihn die Spanische Treppe hoch zur Strada Felice geführt
haben. Bei SS. Trinità dei Monti waren die Arbeiten zur Er-
richtung des Obelisken ein gutes Stück weitergekommen, man
hatte begonnen, die Fundamente zu legen. Sonst war alles wie
immer. Das Leben bei Zucchis war seinen gewöhnlichen Gang
gegangen. Angelica hatte etliche Porträts fertiggestellt, Sir Cecil

Bishop und Gattin, Lord und Lady Clive, Prinz William und Prinzessin Sophie …

Mehr als nur zufrieden konnte sie mit dem Bildnis des jungen Grafen Fries sein, eines schwerreichen österreichischen Kunstsammlers. Es zeigt ihn mit seinem jüngsten Beutestück, einer Arbeit von Angelicas Bildhauer-Freund Canova: Theseus als Sieger über den Minotaurus. Der im Kostüm eines altholländischen Kavaliers posierende Graf im Vordergrund (ganz in Weiß, mit Federhut, Spitzenkragen, rotem Umhang und Degen) gibt den Blick frei auf die Aktfigur eines schlanken, langbeinigen, athletischen Jünglings in bräunlich-grauem Marmor, der zu atmen und zu leben scheint. Sinnend blickt er auf das unterworfene Ungeheuer herab. Eine erotisch suggestive Komposition, die den Betrachter dazu verführt, den Grafen zur Statue zu entkleiden. Goethe, der Fries in Neapel kennengelernt und sich mit ihm angefreundet hatte, wird das Bild gesehen haben.

Sicher zeigte Angelica ihm auch das Dankschreiben und die kostbaren Geschenke, die Joseph II. ihr hatte zukommen lassen, zum Zeichen seines *gnädigsten Beifalls* für die beiden bestellten Historiengemälde. *Die Tabatiere ist von Gold prächtig emailliert und mit Perlen besetzt. Die Medaillon ist ein schönes Halsgeschmuck von Brillanten die den kaiserlichen Namen nämlich Josephus Secundus mit J. und S. vorstellen. Rings herum mit größeren Brillanten besetzt.* Ob sie Goethe auch von ihrem Ärger über einen jungen Vetter erzählte, der von ihr finanziell unterstützt werden, aber nicht arbeiten wollte? *Vor mühsamer Arbeit scheucht er sich*, klagte sie in einem Brief vom 30. Mai ihrem Schwarzenberger Vermögensverwalter Joseph Anton Metzler. *Er schreibt mir er beweine sein Schicksal, anstatt weinen sollte er suchen sein Schicksal zu verbessern ein junger Mensch der gesund und stark ist und Arbeit nicht scheut kann wann er will sich schon durchbringen in der Welt.* Aber vielleicht hat sie den Freund mit solchen familiären Dingen nicht behelligen wollen. Wieviel interessanter war, was er von seiner Reise erzählen konnte!

Wie anders Neapel war als Rom, eine Stadt zum Leben und Genießen, nicht zum Studieren, laut, bunt, quirlig, wie schrecklich-schön der Vesuv, den er mit Tischbein bestiegen hatte. Daß er sich mit Philipp Hackert, dem neapolitanischen Hofmaler, angefreundet und mit ihm Landschaften gezeichnet hatte. Sir William Hamilton hatte ihm nicht nur Emmas Attitüden präsentiert, sondern ihm auch in einem *geheimen Kunst- und Gerümpelgewölbe* seine meist illegal erworbenen Schätze gezeigt, *die Produkte aller Epochen zufällig durch einander gestellt; Büsten, Torsos, Vasen, Bronze, von sizilianischen Agaten allerlei Hauszierat, sogar ein Kapellchen, Geschnitztes, Gemaltes.* Goethe berichtete, wie sehr er während der Schiffsreise nach Sizilien an Seekrankheit gelitten hatte und daß er, in seine Kabine gebannt, intensiv über den »Tasso« nachgedacht hatte.

Da Tischbein, der auf Aufträge und eine Anstellung in Neapel hoffen konnte, ihn nicht auf die Insel begleiten wollte, unternahm der Dichter diese Exkursion mit einem Ersatzmann, dem Maler Christoph Heinrich Kniep. Die mit Sepia lavierten Zeichnungen, die er an der Seite seines neuen Zeichenlehrers schuf, nennt Robert Gernhardt *die gelungensten, weil unprätentiösesten Blätter seiner italienischen Reise.*
Doch wieviel schöner sind Goethes sizilianische Landschaftsbeschreibungen, in denen sein neues Interesse an Farbe, Licht, Atmosphäre produktiv wurde. In der kargen bergigen Landschaft, beim Blick auf Meer und Inseln, in den Gärten von Palermo, vor den Tempeln von Segesta und Agrigent fühlte er

Johann Wolfgang von Goethe, Sizilianische Landschaft.
Bleistift, Aquarell, 1788

sich dem Griechenland, das er mit der Seele suchte, weit näher als in Rom und formte den Plan zu einem Trauerspiel, dessen Sujet er schon länger mit sich herumgetragen hatte. *Die Klarheit des Himmels, der Hauch des Meeres, die Düfte, wodurch die Gebirge mit Himmel und Meer gleichsam in Ein Element aufgelöst wurden; alles dies gab Nahrung meinen Vorsätzen.* Ausgeführt hat er sie nicht, nur wenige Fragmente sind überliefert.

Den Stoff hatte Goethe in der »Odyssee« gefunden. Darin wird erzählt, wie Ulysses nach zehnjähriger Irrfahrt auf den Meeren Schiffbruch erleidet, sich aber an die (sizilianische) Küste der Phäaken retten kann. Nackt, zerschunden, salzverkrustet, ist ihm nichts geblieben als das Leben. So findet ihn die Königstochter Nausikaa, die dafür Sorge trägt, daß der Fremdling sich waschen, salben und neue Kleider anlegen kann, ihn mit Speise und Trank labt und zum Haus ihres Vaters Alkinoos schickt.

Dort findet Ulysses gastliche Aufnahme, zeichnet sich bei Kampfspielen aus, unterhält die Phäaken mit der Erzählung seiner Abenteuer und reist, von Heimweh getrieben, schließlich wieder ab, obwohl Alkinoos ihn gern als Schwiegersohn gesehen hätte.

Wie wollte Goethe diese Geschichte erzählen?

Es ist mir selbst nicht möglich abzusehen was ich daraus würde gemacht haben, aber ich war über den Plan bald mit mir einig, schreibt er in der »Italienischen Reise«. *Der Hauptsinn war der: in der Nausikaa eine treffliche, von vielen umworbene Jungfrau darzustellen, die, sich keiner Neigung bewußt, alle Freier bisher ablehnend behandelt, durch einen seltsamen Fremdling aber gerührt, aus ihrem Zustand heraustritt und durch eine voreilige Äußerung ihrer Neigung sich kompromittiert, was die Situation vollkommen tragisch macht.*

Beginnen sollte die Liebesgeschichte zwischen Ulysses und Nausikaa mit geträumtem Glück: durch einen Traum verführt, *der einem Wunsche gleicht,* fährt die Königstochter mit ihren Mägden an den Meeresstrand, begegnet dem Schiffbrüchigen, und schon wird ein *Vorbote der Neigung* sichtbar. Im dritten Akt sollte diese Neigung dann zur Liebe heftig aufflammen. Verführung durch Literatur! Während der Erzählungen des Ulysses *erhöhen sich die Leidenschaften, und der lebhafte Anteil Nausikaas an dem Fremdling wird durch Wirkung und Gegenwirkung endlich hervorgeschlagen.*

Ulysses verschweigt Nausikaa, daß er in Ithaka verheiratet ist. So glaubt sie, er werde bei ihr bleiben und sie heiraten, und stellt sich durch das Bekenntnis ihrer Neigung vor den Landsleuten *unwiderruflich* bloß. *Ulyß der halb schuldig, halb unschuldig dieses alles veranlaßt, muß sich zuletzt als einen Scheidenden erklären und es bleibt dem guten Mädchen nichts übrig als im fünften Akte den Tod zu suchen.*

Halb schuldig? Ein als unvermeidlich in Kauf genommener Kollateralschaden? Hugo von Hofmannsthal über Goethe: *Er konnte töten, dieser ungeheure Mensch, er konnte eine Seele töten und dann sich abwenden, als ob nichts gewesen wäre, und dann hingehen zu seinen Pflanzen, zu seinen Steinen, zu seinen Farben. Was Napoleon seinen Stern nannte, das nannte er die Harmonie seiner Seele. Und dieses leuchtende Zauberschloß, das er aufbaute aus unvergänglichem Material, meinen Sie, es hatte keine Verliese, in denen Gefangene einem langsamen Tod entgegenwimmerten? Aber er geruhte sie nicht zu hören, weil er groß war.*

Es sei in der Komposition der »Nausikaa« nichts gewesen, was er nicht *aus eignen Erfahrungen nach der Natur hätte ausmalen können,* erläuterte Goethe den Lesern. *Selbst auf der Reise, selbst in Gefahr Neigungen zu erregen, die, wenn sie auch kein tragisches Ende nehmen, doch schmerzlich genug, gefährlich und und schädlich werden können; selbst in dem Falle in einer großen Entfernung von der Heimat abgelegne Gegenstände, Reiseabenteuer, Lebensvorfälle zu Unterhaltung der Gesellschaft mit lebhaften Farben auszumalen, von der Jugend für einen Halbgott, von gesetztern Personen für einen Aufschneider gehalten zu werden, manche unverdiente Gunst, manches unerwartete Hindernis zu erfahren; das alles gab mir ein solches Attachement an diesen Plan, an diesen Vorsatz, daß ich darüber meinen Aufenthalt zu Palermo, ja den größten Teil meiner übrigen sizilianischen Reise verträumte.*

Ich vermute, daß Goethes Verhältnis zu Angelica Kauffmann und ihre Biographie in diese Träumereien verwoben waren. Er spielte den Ulysses, sie hatte ihn als Fremden gastlich in ihrem Haus aufgenommen. Es waren seine Erzählungen, seine Dichtungen, die zwischen ihnen ein intimes Verhältnis stifteten.

Aus einem der Briefe, die Angelica Goethe nach seiner Abreise schrieb, wissen wir, daß sie miteinander oft von ihren Lebenskrisen gesprochen haben, von Zeiten, da sie, *am äußersten Rande der Unklugheit* stehend, nahe daran waren, in wahnsinniger Verzweiflung den Tod zu suchen, wie Werther, wie Nausikaa. Angelica war eine Schwester der phäakischen Königstochter. *Der Eindruck von der unglücklichen Katastrophe ihres häuslichen Lebens in England, schien nach dem Verlauf so vieler Jahre noch immer die herrschende Stimmung ihres Gefühles zu sein,* so (1792) Friedrich Johann Lorenz Meyer. *Traurige Vorfälle erschütterten ihre reizbaren Nerven ungewöhnlich stark.* Bei solchen Veranlassungen habe sie oft *von getäuschten Hoffnungen, und von vereitelten Wünschen im Leben gesprochen, mit einer Rührung, die sich mit der Rückerinnerung eigener Leiden zu vermischen schien.*

Der falsche Graf

London 1767. Anfang des Jahres eröffnete Angelica Kauffmann ein Atelier in einem repräsentativen Haus am Golden Square in Soho. Nach zwei Jahrzehnten harter geduldiger Arbeit stand sie am Anfang einer glänzenden Karriere. Die Presse feierte sie, die gute Gesellschaft drängte sich danach, von ihr gemalt zu werden, die Kollegen zollten ihr eifersüchtigen Respekt. Sie wurde hofiert, bedichtet und umworben, hatte bisher aber alle Freier abgewiesen. Es sollte nur einen Mann in ihrem Leben geben, ihren Vater, der sie zu dem gemacht hatte, was sie war: eine Kunstprinzessin.

Über sein Leben vor Angelica wissen wir nicht sehr viel. Johann Joseph Kauffmann, der 1707 in Schwarzenberg im Bre-

Angelica Kauffmann, Joseph Johann Kauffmann.
Öl auf Leinwand, 1763?

genzer Wald geboren wurde, mußte als Maler sein Auskommen
in der Fremde suchen. Er arbeitet vor allem in Kirchen und
Klöstern, aber auch als Porträtist und kommt viel herum. 1734
ist er im badischen Herrenalb mit Maria Sybilla Lohr(in) verheiratet. Im März wird ihr Sohn Joseph geboren. Zwei Jahre
später verläßt Kauffmann Frau und Kind und macht sich auf

Nimmerwiedersehen davon. Bald danach finden wir ihn als *fürstbischöflichen Hofmaler* in Chur, wo er eine zweite Ehe mit Cleofea Lu(t)z schließt und ihr erstes und einziges Kind, die Tochter Angelica – Anna Maria Angelica Catharina – das Licht der Welt erblickt. 1752 holt er den Sohn zu sich – die Familie wohnte inzwischen in Morbegno im Veltlin – und stellt ihn Angelica als »Vetter Joseph« vor. Weshalb diese Geheimnistuerei? Auch später hat er sich nie zu seinem Sohn bekannt. Weil damit der Makel der Illegitimität auf Angelica gefallen wäre? War Kauffmann ein Bigamist und Josephs Mutter noch am Leben, als er zum zweitenmal heiratete? Angelica hat angeblich nie erfahren, daß Vetter Joseph ihr Stiefbruder war. Ist das wirklich glaubhaft? Wie gut oder schlecht hat sich der verleugnete Sohn, der ebenfalls Maler wurde, mit seinem Schicksal im Schatten der Schwester abgefunden?

Eine seltsame Vertauschung, die der Tochter, die damals noch Anna Maria genannt wurde, die Rolle des Sohnes zuwies! Sie war das »Kind vom Hause«, die große Hoffnung von Vater Kauffmann.

Schon früh zeigte sie so viel Lust und Talent zur Malerei, daß er beschloß, sie in diesem Fach zu unterrichten, nach Kräften zu fördern und seinen Ehrgeiz in den Dienst ihres Erfolges zu stellen. Die glänzende Laufbahn, die er für sie erträumte, wurde zum gemeinsamen Projekt von Vater und Tochter, die ihn fürchtete und liebte und alles tat, um ihm zu gefallen. In dem zarten Mädchen war etwas Stählernes, unerbittlich Diszipliniertes, der Wille zur Leistung. Angelicas Biograph de Rossi berichtet, Freunde und Bekannte hätten Vater Kauffmann vorgeworfen, *er halte seine Tochter mit einer unbeugsamen deutschen Strenge zu sehr zur Arbeit an*, aber sie selbst sei es gewesen, die, von den Eltern zu einer Unterhaltung oder Erholung gerufen, *aus natürlicher Lebhaftigkeit wohl eine augenblickliche Freude zeigte, bald aber derselben überdrüssig, Reißfeder und Pinsel wieder hervorsuchte, um zur Arbeit zurückzukehren.* Aus eigenem Antrieb habe sie sich dann auch noch anderen gelehrten und literarischen Studien, *die ihren Geist ausbilden könnten,* zugewandt und sich durch die Lektüre guter Bücher von ihren malerischen Arbeiten erholt.

Weil sie von Natur aus eine *liebliche* Stimme und eine große Liebe zur Musik hatte, bat sie so lange um Unterricht, bis der *strenge Vater* diesem Wunsch nachgab, und auch in diesem Fach machte sie schnelle Fortschritte. Die Musikalität war ein Erbteil der Mutter Cleofea, die von »Vetter Joseph« als liebenswürdige, gute Frau beschrieben wird. 1757 starb sie in Mailand. Nach einem Zwischenspiel in Como war die Familie in die lombardische Hauptstadt gezogen, wo es ein reiches kulturelles Leben gab, einflußreiche Kunstliebhaber und bedeutende Bildergalerien zur Weiterbildung der jungen Künstlerin, die als Porträtistin, aber auch als Sängerin glänzte. Man bewunderte die *Süße und Kraft* ihrer Stimme und ihren Sinn für *harmonischen Zusammenklang.*

Nach dem Tod der Mutter sah sich Angelica vor die Entscheidung ihres Lebens gestellt, die sie viel später in einem allegorischen Gemälde abgebildet hat. Sollte sie von Malerei zur Musik wechseln und eine Laufbahn als Sängerin anstreben, wodurch *einfacher, kürzer allgemeines Wohlgefallen zu erreichen sei?* Als sie sich, wie Herkules am Scheideweg zwischen Tugend und Laster, für den mühsameren Weg der Malerei entschied, wählte sie damit ein Leben mit dem Vater, der sie mit *eifersüchtiger Wachsamkeit* hütete und dorthin drängte, wohin es sie selbst trieb.

Weitere harte Studien- und Wanderjahre an seiner Seite folgten, Neapel, Rom, Venedig … Bald unterhielt sie den Vater mit ihrem Einkommen. Nach London aber ging sie im Frühjahr 1766 ohne ihn, zunächst als Gast einer kunstliebenden Lady, die ihr wichtige Bekanntschaften vermittelte. Zum erstenmal in ihrem Leben war Angelica frei, und sie scheint das genossen zu haben. Für ihre Finanzen und seine Gesundheit wäre es besser, wenn er erst im nächsten Jahr nachkommen würde, schrieb sie ihm. *Ich fürchte Ihr möchtet denken ich suche Eure Ankunft aus andern Ursachen zu verhindern. Nein gewiß nicht.*

Der Maler Nathanael Dance, den sie erst ermutigt, dann zurückgewiesen haben soll, hat sie als kühle, ehrgeizige, selbstbewußte junge Dame von pikantem Reiz porträtiert. Und der berühmte und einflußreiche Sir Joshua Reynolds, dessen Protektion und Freundschaft sie gewann, *hatte vielleicht ein noch lebhafteres Gefühl, als bloße Bewunderung für sie. Allein Angelika dachte damals einzig an ihre geliebte Kunst, und ihr Herz war jeder anderen Leidenschaft verschlossen.*

Bis eines Tages ein Fremder in die Stadt kam, wahrscheinlich in der Zeit, da Angelica noch allein lebte.

Es war in London ein Mann von schönem Ansehen, von lebhaftem Talente, von ziemlicher Verstandesbildung, und sehr angenehmen Manieren erschienen, der sich unter dem Namen eines Grafen Friedrich von Horn für einen angesehenen schwedischen Kavalier ausgab. Sein äußerer Aufwand war groß und glänzend, und da er sich in Allem nach dem Ton der Mode richten wollte, so fand auch er sich auf dem Studierzimmer Angelikas ein, und faßte die abscheulichsten Plane wider sie. Seine gefällige Gestalt, sein bescheidener feiner Umgang, die katholische Religion, zu welcher er sich angeblich bekannte, machten, daß Angelika ihn mit einigem Wohlgefallen, und, was mehr ist, mit einer Art von Sicherheit sah. Er wiederholte seine Besuche, machte sein Benehmen immer einnehmender und zurückhaltender, und bahnte sich hierdurch

nach und nach den Weg zu ihrem Herzen, welches ihn mit sicht-
licher Auszeichnung zu betrachten anfing. Der Verschlagene nimmt
es wahr, benützt einen schicklichen Augenblick und erklärt dem
guten Mädchen auf verführendste Weise seine Leidenschaft.

Er erwarte demnächst beträchtliche Geldsummen, sagte er,
nach deren Ankunft er ihrem Vater seine Absichten offen erklären und um sie anhalten werde, bis dahin aber müßten sie
geheim bleiben, weil seine Familie die geplante Heirat sonst
vereiteln würde.

So wurde es zwischen ihnen verabredet, doch eines Tages kam
der Graf *verstört, blaß, voll Jammer* zu Angelica und bekannte
ihr den wahren Grund seines Aufenthaltes in England. Intri-
gen politischer Gegner hätten ihn außer Landes getrieben, die
inzwischen weiter gegen ihn gehetzt und als *Mitschuldigen an*
einer Verschwörung gegen den König verleumdet hätten. Aus
sicherer Quelle habe er nun erfahren, daß der schwedische Ge-
sandte vom englischen Hof *die Auslieferung seiner Person for-*
dern solle; er müsse sich daher in Bälde von ihr trennen; und wie
trennen? mit Ketten beladen, seine Ehre gebrandmarkt, in sein
Vaterland zurückkehren, um vielleicht das schuldlose Opfer der
Verleumdung und Verräterei zu werden.

Nach einigen Augenblicken tiefen Schweigens sagte er endlich:
nur Eine Rettung gibt es für mich, nur Eine, – und diese ist – in
Ihren Armen – reichen Sie mir die Hand als Gattin; ein heiliges
Band einige mich mit Ihnen, und ich bin gewiß, daß die könig-
liche Familie, welche Sie liebt und schätzt, nicht zugeben wird,
daß man Ihren Gemahl ins Gefängnis schleppe; entgehe ich nur
diesem, dann ist alles gut. Ich bin unschuldig, und werde mich,
bin ich nur frei, in einem fremden Lande verteidigen, die Bos-
haften zu Schanden machen, und über sie triumphieren können,
– O! wenn Sie sich hierzu entschließen, so werde ich, während
ich Ihnen mein Glück zu verdanken haben wollte, mein Leben

verdanken! Eile und Verschwiegenheit müssen jedoch Ihren Ent-
schluß begleiten. Entweder werde ich schnell ihr Gatte, oder ich
bin auf immer verloren.
Unglücklicherweise liebte ihn Angelika schon zu sehr, und traute
seinen Worten.

So erzählt de Rossi die Vorgeschichte dieser Ehe.

Am 13. Februar 1767 ließ sich Angelica Kauffmann mit dem Grafen in der Kapelle der deutschen kaiserlichen Gesandtschaft in London katholisch trauen, was in England ungültig war, am 20. November des gleichen Jahres gab es dann noch eine protestantische Trauung in der Pfarrkirche von Westminster. De Rossi behauptet, während der ganzen Zeit habe das Paar seine Verbindung geheimgehalten und nicht miteinander geschlafen. Erst danach soll Angelicas Vater davon erfahren haben, und es sei immer deutlicher geworden, daß sie einem Hochstapler auf den Leim gegangen war, der es nur auf ihr Vermögen abgesehen hatte. Mit Drohungen habe Horn versucht, Angelica dazu zu bringen, mit ihm ins Ausland zu gehen, und sei, um das zu erzwingen, sogar vor Gericht gegangen. Mittlerweile aber seien Nachrichten eingetroffen, nach denen Horn schon in Deutschland verheiratet und sich damit der Bigamie schuldig gemacht habe, worauf in England die Todesstrafe stand. Angelica in ihrer Gutherzigkeit aber habe auf eine Anklage verzichtet und ihn mit 300 Pfund abgefunden. Am 10. Februar 1768 wurde die Scheidung ausgesprochen. Die katholisch geschlossene Ehe allerdings blieb weiter gültig. Erst Jahre später ließ Angelica Kauffmann sie annullieren.

Was ist dran an de Rossis romanhafter Version der Ereignisse? Darüber ist viel spekuliert worden. Sicher ist nur, daß Angelica heiratete und wieder geschieden wurde. *Daß etwas geschehen war, steht fest; unklar ist, wieviel, warum, wann und unter wel-*

chen Umständen, schreibt Angelica Goodden, die dazu neigt, die Geschichte vom falschen Grafen für eine elaborierte Erfindung der Familie Kauffmann zu halten. Vielleicht hatte sich Angelica einfach nur unpassend verliebt? Oder war der Graf sogar noch falscher, als de Rossi wußte? Schon damals gab es Gerüchte, daß das Ganze eine bösartige Intrige gewesen sei, eingefädelt von eifersüchtigen Kollegen, abgewiesenen Bewerbern, möglicherweise sogar von ihrem Mentor Reynolds. Um sie zu kompromittieren, habe man einen Mann bezahlt, der sich ihr als Graf Horn vorstellte.

Immerhin wissen wir ungefähr, was Angelica Goethe erzählte, dadurch, daß der es Frau von Stein erzählte, die es Caroline Herder weitergab, die es am 2. April 1789 ihrem Mann schrieb: *Die Stein hat mir im Vertrauen etwas von ihrem Schicksal erzählt. Ich weiß nicht ob Dus weißt; in ihrer Jugend ist ein Betrüger gekommen, hat sich für reich und vornehm ausgegeben und sie hat ihn geheuratet. Bald nachher entwand er ihr viele Pretiosen und verließ sie.* Diese Version stimmt im Kern mit der Geschichte überein, die de Rossi überliefert hat, stützt aber zugleich die Vermutung, daß er das, was damals wirklich geschah, mit schützenden Lügen und Halbwahrheiten unentwirrbar verstrickte.

Angelica ging wohl tatsächlich einem Hochstapler auf dem Leim, der sie, wie Odysseus Nausikaa, mit seinen Geschichten verführte. Wie verlockend die Aussicht auf Einheirat in die gute Gesellschaft für sie gewesen sein muß, die ihr schmeichelte, für die sie im Grunde aber doch nur ein besserer Dienstbote war. Wie verlockend auch die Chance, sich aus der engen Bindung zum Vater lösen zu können! Als passionierte Leserin wird sie sich als Heldin eines wahren Romans gefühlt haben, der sich der Glückstraum einer großen romantischen Leidenschaft erfüllte.

Und dann die Katastrophe, der Absturz, als sich ihr Mann mit Geld und Wertsachen davonmachte. Hochmut kommt vor dem Fall! Betrogen, beraubt, gedemütigt, kompromittiert und bestraft, eine ungehorsame, undankbare Tochter, betört durch Schmeicheleien. Angelica war geknickt für ihr Leben, auch wenn sie ihren guten Ruf retten und sich mit den Jahren sogar zum Inbegriff schöner Weiblichkeit stilisieren konnte. Die Angst vor dem Skandal, der öffentlichen Bloßstellung wird sie seitdem wohl nie ganz losgeworden sein, die englische Presse war schon damals nicht zimperlich und eine Frau, die wie sie in der Öffentlichkeit stand, extrem gefährdet. 1775 protestierte sie bei der Royal Academy of Arts erregt gegen die Ausstellung des Gemäldes »The Conjurer« [»Der Zauberer«] von Nathanael Hone, auf dem sie sich in der Hintergrundfigur einer nackten Frau *mit Trompete* verunglimpft fühlte, wie sie schrieb. Die Herren von der Academy müssen sie verstanden haben und forderten von Hone die Löschung der inkriminierten Stelle, wozu er sich dann auch bereit fand. Erhalten hat sich eine Ölskizze zum »Conjurer«, die, wie mir scheint, den eigentlichen Stein des Anstoßes erkennen läßt: eine nackte, pinselschwingende Frau in schwarzen Kavaliersstiefeln und Federhut.

Zucchi

Nach dem mißlungenen Emanzipationsversuch ist Angelica von ihrem Vater nicht mehr weggekommen, der ihre Geschäfte führte und für einen Nachfolger sorgte, als Alter und Krankheit sein nahes Ende befürchten ließen. Das jedenfalls ist de Rossis Version. In dem Maler Antonio Zucchi, einem langjährigen Freund der Familie, der 15 Jahre älter war als Angelica, habe

Angelica Kauffmann, Antonio Zucchi.
Öl auf Leinwand, um 1781

Kauffmann den Mann gefunden, *der für die Umstände seiner*
Tochter am besten paßte. Diese konnte sich nur aus Rücksicht und
Gehorsam gegen den väterlichen Willen zu einer nochmaligen
Standesänderung entschließen, und den Absichten des Vaters bei-
pflichten; gemeinschaftliche Freunde gaben dem Zucchi zu erken-
nen, wie annehmlich und vorteilhaft für beide Teile eine solche

Verbindung wäre; er verwarf den Vorschlag nicht, und so ward mit allgemeiner Beistimmung die Ehe und zugleich die Abreise nach Italien beschlossen.

Angelicas Schwager Giuseppe Carlo dagegen behauptet, es sei Angelica selbst gewesen, die aus praktischen Erwägungen seinen Bruder zum Ehemann gewählt habe:

Mittlerweile war Johann Joseph, ihr Vater, alt geworden, er fühlte sich unbehaglich und von schwacher Gesundheit, brennend verlangte er die Heimat wiederzusehen, die Seinigen und dann weiter nach Italien zu ziehen, wo er in günstigem Klima seine Leiden zu bessern hoffte, wie er noch von den Ärzten zu glauben verleitet wurde. Die Tochter, die ihm sehr anhing, wollte ihm den Gefallen tun. Indem sie an den Verfall der Gesundheit des alten Vaters dachte, sah sie auch auf ihr noch geringes Alter, ihr Geschlecht, ihre Ehre, auf das, was als schicklich galt; all das war ihr ein Anliegen, wollte vorbedacht werden und so wälzte sie den Gedanken an eine Verheiratung, welche – der Person nach – ihrer würdig und genehm sein sollte, mit einer Person, mit der zusammen das Leben zu verbringen sei, einem ehrenhaften Mann also, dem sie sich gleichsam schenkte. Der Mann, der diesen Vorstellungen entsprach, war ihren Sinnen nicht verborgen, es handelte sich um den venezianischen Maler Antonio Zucchi, gleich viele Jahre wie sie schon in London ansässig und gleich bekannt im Land ... Aus Liebe zu seiner Freiheit und zu seiner Ungestörtheit hatte er allerdings den Gedanken an eine Heirat immer weit ferngehalten.

Nach reiflichem Überlegen aber habe sich Antonio doch damit angefreundet, zumal er selbst gern zurück in seine Heimat wollte, und den Heiratsantrag Angelicas angenommen.

Wem sollen wir glauben? De Rossi, der nicht zugeben konnte, daß seine Heldin als Werbende auftrat? Zucchi, dem daran lag, die Bedeutung und Rolle des Bruders hochzuspielen und dessen Passivität zu betonen? Daß Antonio mit Mitte fünfzig noch unverheiratet war, spricht allerdings wirklich für einen überzeugten Junggesellen.

Jedenfalls war Angelica ein *Geschenk* für ihn, ob es ihm nun vom Vater gemacht wurde oder sie sich dazu gemacht hat. Seine eigene Reaktion (im Brief an einen Gönner) klingt gemessen: *Was Sie über meine Absicht gehört haben, in den Ehestand zu treten, ist nicht unfundiert und ich hoffe, es wird sehr zu meiner Glückseligkeit beitragen, da die Person, die meine Gefährtin sein wird, in jeder Beziehung meinen Wünschen entspricht und ihr Verdienst als Künstlerin der Welt durch die sehr große Zahl von Drucken nach ihren Werken bekannt ist.*

Wir wissen, daß Zucchi auch künstlerisch mit Angelica zusammengearbeitet hat. Gerüchte über eine langjährige tiefe Neigung zu Angelica gehören wohl in den Bereich der Fabel. Anne Thackerey etwa zeichnet ihn in ihrem Roman »Miss Angel« als den älteren, vernünftigen Freund, der seine Liebe zu ihr verbirgt, dem von Lob verwöhnten und allzu flüchtig arbeitenden jungen Mädchen ab und zu ernsthaft ins Gewissen redet, zusehen muß, wie sie dem falschen Grafen in die Arme und ins Unglück rennt, ihr trotz allem die Treue hält, auf sie wartet und am Ende dafür belohnt wird.

1781 wurde das Bündnis in London geschlossen, war aber wohl schon länger verabredet. 1779 schrieb Klopstocks Freund Schönborn dem Dichter, ein gewisser Zucchi sei täglich bei Kauffmanns zu Besuch und Angelica versprochen. Er sei schon seit 15 Jahren in London, ein sehr guter Maler und ein guter Mann. Der Heiratsvertrag sicherte Angelica ausdrücklich die alleinige Nutznießung ihres in England angelegten Vermögens zu, was Zucchi mißfallen haben wird, aber er war selbst ein wohlhabender Mann und geachteter Künstler, wenn auch ganz gewiß nicht *gleich bekannt im Land* wie Angelica. Wenige

Antonio Zucchi, Römische Tempelruine mit Eselstreibern.
Feder, laviert, 1784

Tage nach der Hochzeit reiste das Ehepaar nach Italien ab, zusammen mit Vater Kauffmann, der ein Jahr später in Venedig starb.

Sein Beruf war Antonio Zucchi in die Wiege gelegt. Aus einer venezianischen Malerdynastie stammend, hatte er die erste Ausbildung in seiner Heimatstadt erhalten und war dann zusammen mit seinem älteren Bruder und Kollegen Giuseppe Carlo nach Rom gegangen. Dort knüpften die beiden Zucchis Verbindungen zu den Männern, die für ihren beruflichen Werdegang bestimmend wurden: zu dem Architekten und Architekturmaler Clérisseau und zu dessen Schülern, den aus Schottland stammenden Brüdern Robert und James Adam.
1757 reisten Clérisseau und Robert Adam mit einigen Zeichnern an die dalmatische Küste nach Spalat(r)o, dem heutigen Split, um dort die Ruinen des Kaiserpalastes von Diokletian

aufzunehmen. Vielleicht war auch Zucchi dabei. Belegt ist nur, daß er mit seinem Bruder an dem Prachtwerk mitgearbeitet hat, das das Unternehmen dokumentierte, den »Ruins of the Palace of the Emperor of Diocletian at Spalatro« (London 1764). *Giuseppe Carlo wurde von seinem Bruder Antonio nach London gerufen, um dort die Altertümer von Spalato zu stechen*, schreibt Moschini in seiner »Geschichte der venezianischen Stecherkunst«. Die Zucchis lebten also wohl schon Anfang der siebzehnhundertsechziger Jahre in London, früher als lange vermutet wurde.

Antonio Zucchis Werke findet man kaum in Museen, sondern in Stadt- und Landresidenzen der englischen Aristokratie, deren Wände und Decken er mit Allegorien und mythologischen Szenen, Ruinen- und Architekturprospekten dekorierte. Dabei arbeitete er eng mit Robert Adam zusammen, dem bekanntesten, gesuchtesten Architekten seiner Zeit, der seine Bauten als Gesamtkunstwerke konzipierte, von der Fassade bis hin zu den Möbeln. Zunächst auf Figuren spezialisiert, hatte Zucchi sein Repertoire bald erweitert und sich auch als Vedutenmaler einen Namen gemacht. Kenner rühmten das *Feuer seiner Komposition, die Fruchtbarkeit seines Pinsels, sein frisches Kolorit, und eine ihm ganz eigene Manier, Ruinen von Architektur wahr und frei zu zeichnen*.

Nach seiner Heirat mit Angelica Kauffmann und der Übersiedlung nach Italien hat er nicht mehr für Geld, nur noch zum Vergnügen gemalt, möglicherweise, weil seine Hände zittrig, seine Augen schlecht geworden waren. Sein Berufsleben lang hatte er im Schatten prominenterer Künstler gestanden. Nun lebte er im Schatten seiner berühmten Frau, führte ihre Geschäfte, besprach mit ihr künstlerische Fragen und ging ihr im Atelier zur Hand.

Brummeltippe

Zwei der sechs überlebenden Kinder (von dreizehn) des kurmainzischen Amtmanns Joseph Bernhard Kraus und seiner Frau Anna Dorothea waren außergewöhnlich begabt: der älteste Sohn Joseph Martin, der »fränkische (oder schwedische) Mozart«, der viel zu jung als schwedischer Hofkomponist starb, und seine gleichfalls sehr musikalische Schwester Anna Maria, genannt Marianne, die gern Malerin geworden wäre und dann doch eine Stelle als Hofdame annehmen mußte. So ganz aber hatte sie ihrem Berufswunsch noch nicht entsagt, als sie Anfang Januar 1791 mit ihrer Herrschaft, dem Grafenpaar zu Erbach-Erbach, nach Italien aufbrach. Das Hauptziel war natürlich Rom, wo man vor allem Kunst kaufen, außerdem das übliche Besichtigungsprogramm absolvieren wollte.

Einer der ersten Besuche galt der Malerin, deren erfolgreiche Laufbahn für Marianne und andere künstlerisch ambitionierte Frauen Vorbild, Ansporn und Hoffnung geworden war. *Der berühmten Angelica Kauffmann machte ich heute meine Aufwartung. Ich fand sie, wie ich sie mir wünschte, sehr gefällig. Ich war so Enthusiast über all die guten Gemälde, die ich bei ihr sah, daß ich kaum so viel sagen konnte, um keinem echten Simpel gleich zu passieren. Wenn ich den Trieb, den ich soeben für die Kunst fühle, schon vor 15 Jahren gekannt hätte und dabei gescheite Leute um mich gehabt hätte, dann wäre was aus dem Mädchen geworden. Nun fühl ich erst so ganz den Verlust meiner Zeit. Morgen hoffe ich anfangen können, was zu lernen. Ich kann den Augenblick kaum erwarten. Angelica gleicht meinem Porträt zu Hause gar nicht, so viel zur Nachricht, und hat einen alten Mann, welches mich nicht wenig gewundert hat. Morgen will ich mehr von ihr schreiben, denn wir besuchen sie oft, sie gab uns die Erlaubnis dazu.*

Wenn man eine anschauliche Vorstellung vom Kreis um Angelica, den deutschen Künstlern und Antiquaren in Rom und Neapel und dem Alltag vornehmer Touristen gewinnen will, sollte man Mariannes temperamentvolle, spottlustige, treffsichere Tagebuchaufzeichnungen lesen, die Goethes diensteifrige Schatten zum Leben erwecken. *Trippel spricht von der Leber weg*, bemerkte sie wohlwollend. *Bury spielte Violine mit viel Manier, aber ein großer Lachengel dabei … Zu allen Meinungen, auch einzelner Worte, die Frau Gräfin sagt, spricht Herr Reiffenstein »Bravo!«* Für nichts in der Welt, nicht einmal für eine antike Statue, hätte der würdige Hofrat auf das sonntägliche Mittagessen bei Angelica verzichtet, erzählt sie. *O Signor Antonio! Wäre dein Rivale 40 Jahre jünger, es sollte dir schlimm gehen!*

Während Marianne Angelica immer lieber gewann und sie die einzige Frau in Rom nannte, vor der sie Achtung habe, ging es ihr mit Zucchi gerade umgekehrt. *Ich kann mirs gar nicht zusammen reimen, daß dieses Weib, wo so viele Vorzüge sowohl an Geschicklichkeit als Charakter hat, so einen Mann, welcher schon recht alt ist und einer Brummeltippe gleicht, nehmen konnte.*

Die meisten ausländischen Besucher Angelicas empfanden ähnlich. Wenn sie Zucchi überhaupt erwähnten, dann abfällig. *Eine unbedeutende Prise* notierte der dänische Theologe Friedrich Münter enttäuscht. Daran waren sicher auch Verständigungsschwierigkeiten schuld. Die Gäste konnten oft nicht Italienisch, Zucchi sprach kein Wort Deutsch, aber besonders liebenswürdig war er wohl wirklich nicht, er hatte zu spät geheiratet, um die Manieren eines eingefleischten Junggesellen noch ablegen zu können.

Goethe, der sich mit ihm unterhalten konnte, zeichnet in seiner »Italienischen Reise« eine Kippfigur. Einerseits einen wohlwollenden Sankt Joseph, einen Mann, der seine Freundschaft mit Angelica förderte, so viel Geschmack hatte, daß er sogar die »Iphigenie« würdigen konnte, etwas von Kunst verstand und selbst als Künstler durchaus Anerkennung verdiente. Daß und wie der Dichter Zucchis Malerei als eine Art Pensionisten-hobby charakterisierte, scheint allerdings doch ziemlich fahrlässig. *Er war mit Clerisseau in Dalmatien, hatte sich überhaupt mit ihm assoziiert, zeichnete die Figuren zu den Gebäuden und Ruinen, die jener herausgab, und lernte dabei so viel Perspektive und Effekt, daß er sich in seinen alten Tagen, auf eine würdige Weise, auf dem Papier damit vergnügen kann.* Dabei ist Goethe bei Zucchi in die Schule gegangen. *[Seine] Methode Architektur in der Dämmerung zu sehen und sich besonders die Silhouetten zu merken die sie am Himmel macht,* notierte er, und schon in seiner ersten römischen Zeit hat er versucht, dieses Verfahren nachzuahmen und zeichnend in die Praxis umzusetzen.

Andererseits hat Goethe verhindert, daß dieser kultivierte Künstler sympathisch wirkt, indem er ihn merklich zu einer Figur der Commedia dell'arte stilisierte, was sich bei einem gebürtigen Venezianer aufdrängte: Zucchi als Pantalone, der geizige, geschäftstüchtige, griesgrämige Alte der Typenkomödie, der die Ehe einzig als geschäftliche Transaktion betrachtet. Gewöhnlich will er eine durch Familienbande an ihn gefesselte junge Frau (Tochter, Nichte, Mündel) gegen ihre Neigung verheiraten, doch zum glücklichen Ende siegt die Liebe und ist sie mit ihrem Geliebten vereint. In der »Italienischen Reise« tritt Zucchi so gut wie nie ohne das Attribut »alt« auf. Und mehrmals als der haushälterische, aufs Geld erpichte Mann, der er vermutlich war. Goethe mußte gar nicht mehr ausdrücklich sagen, was seine eigene Rolle in diesem Spiel war – sozusagen war.

Konzert für Angelica

Als Goethe aus Neapel nach Rom zurückkam, hatte er noch vor, bis spätestens Ende August die Reise in die Heimat anzutreten. Aber dann konnte er sich doch nicht losreißen. Er habe immer noch viel zu studieren und zu lernen, schrieb er seinem Herzog und einem anderen Bekannten: *Ich finde hier die Erfüllung aller meiner Wünsche und Träume, wie soll ich den Ort verlaßen, der für mich allein auf der ganzen Erde zum Paradies werden kann.*

Er und Angelica sahen einander viel, mindestens zweimal in der Woche war er bei ihr, oft im Atelier, wo er ihr zu einem Porträt Modell saß. Es war ein angenehmer, freundlicher Ort, der nach Farben und Lösungsmitteln roch, Bilder lehnten an den Wänden, Mappen mit Zeichnungen und Stichen stapelten sich, über Gliederpuppen waren glänzende Stoffe drapiert, es gab Sessel, Tischchen, Podeste, Vasen, Masken, Büsten, Shawls und viele andere Requisiten, mit deren Hilfe Angelica ihre vornehmen Kunden kostümierte und in Szene setzte. Auf der Rückseite des Hauses gelegen, öffnete sich das Zimmer ins Grüne. An den kleinen Hausgarten, wo Angelica jetzt im Sommer abends mit ihren Gästen saß, grenzte der Park der altehrwürdigen Villa Malta, die als Logis an wohlhabende Reisende vermietet wurde.

Er las ihr bei der Arbeit vor, sie sprachen über ihr Leben, unterhielten sich über seine und ihre Projekte. Angelica nahm Anteil an allem, was Goethe beschäftigte, beriet ihn bei seinen Kunstkäufen und war ihm überhaupt in jeder Weise gefällig. In empfindsamer Intimität und mit zartester Aufmerksamkeit füreinander, in einem virtuellen Raum des »als ob« und »was hätte sein können« und »was nicht sein durfte« konnten sie mit dem besten Gewissen Freundschaft als Liebe, Liebe als Freundschaft leben. *Kein Ehebruch ist sinnlicher und intensiver, als der,*

der nicht stattfindet – der Ehebruch in der Schwebe, der unter-
sagte Liebesakt, auf den alles hindrängt, und der in den kleinen
verräterischen Gesten, Blicken und Sehnsüchten längst passiert,
schreibt Andreas Zielcke in einer Besprechung des Films »In
the Mood for Love«.

Wieviel wußte Angelica über Goethes Verhältnis zu Charlotte von Stein? Von seiner Liebe zu deren Sohn Fritz hat er ihr
erzählt. *Mit einem Italiener, der nach Weimar kommt, erhältst
Du Geschenke von Angelica*, kündigte Goethe dem ehemaligen
Ziehsohn im Dezember 1787 an. *Eine Zeichnung und noch etwas,
das ich nicht verrate. Es ist etwas, das Dir schon einzeln Freude
machen würde, mit 4 multipliziert, etwas Altes zum modernen
Gebrauche und zu einem doppelten Gebrauche, nun kannst Du
eine Weile raten.*

Ende Juni war es in Rom so heiß geworden, daß Goethe tagsüber nicht mehr ausgehen mochte. Früh am Morgen spazierte
er zu einem Sauerbrunnen außerhalb der Porta del Popolo
und trank ein paar Becher davon, gegen acht Uhr war er dann
wieder zu Hause und arbeitete am »Egmont«, den er sich nach
der »Iphigenie« als nächstes vorgenommen hatte; er las, zeichnete, schrieb Briefe. Nachdem Tischbein für längere Zeit nach
Neapel abgereist war, hatte er dessen großes, kühles Atelier für
sich.

Die langen, warmen Nächte verbrachte er im Freien. Badete im
Tiber, machte mit Karl Philipp Moritz ausgedehnte Spazier-
gänge auf dem Pincio. Ganz verzaubert war er von der feen-
haften Illumination des Petersdoms am Fest St. Peter und Paul.
*Die Erleuchtung ist ein Anblick wie ein ungeheures Märchen,
man traut seinen Augen nicht. Die schöne Form der Kolonnade,
der Kirche und besonders der Kuppel, erst in einem feurigen Um-
risse und, wenn die Stunde vorbei ist, in einer glühenden Masse*

zu sehn, ist einzig und herrlich. Die Stadt war voller Musik. *Das Volk ist die ganze Nacht auf den Straßen, besonders die Festtagsnächte, und singt und spielt auf der Zither und jauchzt, und kein Mensch mag zu Hause und zu Bette.*

> *Ogni uomo ogni donzella*
> *Mia dolce Mirami!*
> *Mi dice che sei bella*
> *E penso anch'io cosi.*
> *Non dico: bella, bella!*
> *Ma – li la ba te li.*

Goethe notierte sich den übermütigen Text eines Liedes, das der Schlager dieses Sommers war, an jeder Ecke wurde es gesungen, gepfiffen, gespielt, es war unmöglich ihm zu entkommen. Die Strophen begannen jeweils als Liebeserklärung an ein schönes Mädchen, die dann durch den Refrain wieder zurückgenommen wurde: *Non dico! ist die populäre Redensart, wodurch man etwas, was man selbst oder ein anderer Übertriebenes gesagt hat, sogleich in Zweifel zieht.*

Trotz der brütenden Hitze im Zuschauerraum ging er oft ins Theater nahe der Kirche San'Andrea della Valle, das einzige in Rom, das außerhalb der Faschingssaison spielen durfte, *und zwar nur unter dem Vorwande, daß es eine bloße Kinderkomödie zur Übung sei, und die Operetten, welche zugleich aufgeführt wurden, nur zum Zwischenspiel oder Intermezzo dienen, so daß man genötigt ist, um der Operette willen, oft die abgeschmacktesten Possen von den Kindern mit aufführen zu sehen.*
Die »Intermezzi« von Cimarosa entzückten Goethe so sehr, daß er den Einfall hatte, sie der Freundin in der Strada Felice gewissermaßen zum Geschenk zu machen. So erzählt er in seinem Reisebuch.

Die Sache verhielt sich aber so: Angelica kam nie ins Theater, wir untersuchten nicht aus welcher Ursache, aber da wir als leidenschaftliche Bühnenfreunde in ihrer Gegenwart die Anmut und Gewandtheit der Sänger, so wie die Wirksamkeit der Musik unseres Cimerosa nicht genugsam zu rühmen wußten und nichts sehnlicher wünschten, als sie solcher Genüsse teilhaftig zu machen, so ergab sich eins aus dem andern, daß nämlich unsere jungen Leute, besonders Bury, der mit den Sängern und Musikverwandten in dem besten Vernehmen stand, es dahin brachte, daß diese sich in heiterer Gesinnung erboten, auch vor uns, ihren leidenschaftlichen Freunden und entschieden Beifall Gebenden, gelegentlich einmal in unserm Saale Musik machen und singen zu wollen. Dergleichen Vorhaben öfter besprochen, vorgeschlagen und verzögert, gelangte doch endlich nach dem Wunsche der jüngern Teilnehmer zur fröhlichen Wirklichkeit. Konzertmeister Kranz, ein geübter Violinist, in Herzoglich Weimarischen Diensten, der sich in Italien auszubilden Urlaub hatte, gab zuletzt durch seine unvermutete Ankunft eine baldige Entscheidung. Sein Talent legte sich auf die Waage der Musiklustigen, und wir sahen uns in den Fall versetzt, Madam Angelica, ihren Gemahl, Hofrat Reifenstein, die Herren Jenkins, Volpato, und wem wir sonst eine Artigkeit schuldig waren, zu einem anständigen Feste einladen zu können. Juden und Tapezier hatten den Saal geschmückt, der nächste Kaffeewirt die Erfrischungen übernommen, und so ward ein glänzendes Konzert aufgeführt in der schönsten Sommernacht, wo sich große Massen von Menschen unter den offenen Fenstern versammelten und, als wären sie im Theater gegenwärtig, die Gesänge gehörig beklatschten.

Ja, was das Auffallendste war, ein großer mit einem Orchester von Musikfreunden besetzter Gesellschaftswagen, der so eben durch die nächtliche Stadt seine Lustrunde zu machen beliebte, hielt unter unsern Fenstern stille, und nachdem er den obern Be-

mühungen lebhaften Beifall geschenkt hatte, ließ sich eine wackre Baßstimme vernehmen, die eine der beliebtesten Arien eben der Oper, welche wir stückweise vortrugen, von allen Instrumenten begleitet, hinzugesellte. Wir erwiderten den vollsten Beifall, das Volk klatschte mit drein, und jedermann versicherte, an so mancher Nachtlust, niemals aber an einer so vollkommen zufällig gelungenen Teil genommen zu haben.

Auf einmal nun zog unsere zwar anständige aber doch stille Wohnung dem Palazzo Rondanini gegenüber die Aufmerksamkeit des Corso auf sich. Ein reicher Mylordo, hieß es, müsse da eingezogen sein, niemand aber wußte ihn unter den bekannten Persönlichkeiten zu finden und zu entziffern. Wir setzten nun zwar unser voriges stilles Leben fort, konnten aber das Vorurteil von Reichtum und vornehmer Geburt nicht mehr von uns ablehnen.

Eine stimmungsvolle Geschichte, aber auch eine wahre? Sie hat zwei kleine Schönheitsfehler: Angelica ging an sich sehr wohl ins Theater, erst Anfang des Jahres hatte sie bei einem Pariser Optiker ein teures Theaterglas gekauft. Und der Weimarer Hofkapellmeister Johann Friedrich Kranz, dessen *unvermutete Ankunft* angeblich *die Entscheidung gab*, war zu dieser Zeit längst aus Rom abgereist. Allerdings hatte ein kleines Konzert unter seiner Leitung Ende Januar 1787 in Tischbeins Wohnung stattgefunden, aber mehr als eine knappe briefliche Erwähnung war diese Veranstaltung Goethe nicht wert gewesen. Verquickte er sie möglicherweise mit einem der Sommerkonzerte, die von reichen *Mylordi* wie dem Grafen Fries in seiner Nachbarschaft organisiert wurden? Aber vielleicht gab es das Konzert für Angelica ja wirklich, ohne den Kapellmeister Kranz. Wie auch immer, Goethe hatte noch Jahrzehnte später das Bedürfnis, die Freundin mit der Luxusausgabe eines Ständchens zu ehren.

Es hatte sich *eingebürgert,* daß Goethe Sonntag vormittags
mit Angelica, Zucchi und Reiffenstein eine der vielen Kunstsammlungen Roms besuchte. Anschließend fuhren sie in der
eleganten englischen Kutsche der Zucchis zur *wohlbesetzten
Mittagstafel* in die Strada Felice. Während draußen Gluthitze
herrschte, wanderten sie durch lange, marmorkühle, dämm-
rige Galerien, wo die oft bis zur Unkenntlichkeit nachgedun-
kelten, schäbig gerahmten Gemälde dicht an dicht vom Boden bis zur Decke gehängt waren, Madonnen, Magdalenen,
Fluchten nach Ägypten, Kreuzigungen, Heiligenmartyrien,
strenge Päpste, fette Kardinäle, spärlich bekleidete Götter und
Göttinnen in arkadischen Landschaften. Reckten sich die Häl-
se nach ramponierten Fresken an Wänden und Plafonds aus,
betrachteten Trümmer der Antike, Statuen ohne Köpfe, Köpfe
ohne Körper, schlecht zusammengeflickte Figuren …
Wenn Goethe diese Ausflüge genoß und nicht vom *eisigen Dä-
mon der Müdigkeit* ergriffen wurde, *der große Bildergalerien
heimsucht* (wie es Hawthorne in seinem römischen Roman
»Der Marmorfaun« ausdrückt), lag das sicher an seinen Be-
gleitern. *Es war vorzüglich belehrend, mit diesen drei Personen,
deren eine jede in ihrer Art theoretisch, praktisch, ästhetisch und
technisch gebildet war, sich in Gegenwart so bedeutender Kunstwerke zu besprechen.* Natürlich besprach er sich am liebsten
mit der Freundin. *Mit Angelica ist es gar angenehm Gemälde
zu betrachten, da ihr Auge sehr gebildet und ihre mechanische
Kunstkenntnis so groß ist. Dabei ist sie sehr für alles Schöne,
Wahre, Zarte empfindlich und unglaublich bescheiden.* Angelica
wiederum machte ihm das Kompliment, *daß sie wenige in Rom
kenne, die besser in der Kunst s ä h e n* als er.

Kunst entsteht im Auge des Betrachters, wie man weiß. Anders gesagt, Kunstwerke muß man sich erarbeiten. *Ein Bild, so bewundernswert die Kunst und die Kraft des Malers auch sein mag, erfordert vom Betrachter, daß er sich ihm hingibt. Die Leinwand mag noch so leuchten, man muß sie mit gläubigem Auge ansehen, um sie in ihrer ganzen Bedeutung zu erkennen. Immer muß man die Kunst des Malers mit den eigenen Hilfsmitteln, mit Sensibilität und Phantasie, unterstützen.* So Hawthorne, der im »Marmorfaun« Angelicas Eigenschaften – Selbstvergessenheit, Tiefe und Zartheit der Empathie – zu den wichtigsten Erfordernissen für die *angemessene Betrachtung eines großen Kunstwerks* zählt.

Sie wäre dafür in jedem Fall die ideale Gefährtin gewesen. Da sie und Goethe einander s e h r gern hatten, waren die gemeinsamen Galeriebesuche für beide viel mehr als nur belehrend und anregend. Wie Virginia Woolf bemerkt hat: *Art rouses the emotions and is such a veil for intimacy.* Wenn sie über Kunst sprachen, sprachen sie über sich und lernten einander dabei immer besser kennen. Die Bilder erzählten Geschichten von Liebe, Leidenschaft, Untreue, Verrat und Tod, von existentiellen Entscheidungssituationen, Konflikten, Trauer, Verzweiflung: ein Kino der großen Gefühle, das uns kaum noch zugänglich ist, eben weil wir es nicht mehr mit gläubigen Augen, mit der nötigen Hingabe und Einfühlung betrachten können.

Sintflut

Die eindrucksvollste Bildbeschreibung der »Italienischen Reise« ist dem Gemälde eines in Rom lebenden Künstlers gewidmet, den Goethe gemeinsam mit Angelica in seinem Atelier besuchte. Der Schotte Jacob More, *ein kleines, unansehnliches weißgepudertes Männchen,* war einer der berühmtesten Landschaftsmaler seiner Zeit, man verglich ihn mit Claude Lorrain, seine Werke hingen in vielen Sammlungen, man bewunderte ihn als *denkenden Künstler*. Er war sehr reich und lebte auf großem Fuß. Schon wenige Jahre nach seinem Tod war er völlig vergessen. Der Geschmack hatte sich geändert, Mores klassizistische Landschaften schienen den Betrachtern nun allzu glatt und kalt, und der Seelen-Katastrophenfilm, den Goethe bei ihm sah, wäre ihnen vermutlich völlig entgangen.

Unter andern hat er eine Sündflut gemalt, die etwas Einziges ist. Anstatt daß andere ein offnes Meer genommen haben, das immer nur die Idee von einem weiten, aber nicht hohen Wasser gibt, hat er ein geschlossenes hohes Bergtal vorgestellt, in welches die immer steigenden Wasser endlich auch hereinstürzen. Man sieht an der Form der Felsen, daß der Wasserstand sich den Gipfeln nähert, und dadurch, daß es hinten quervor zugeschlossen ist, die Klippen alle steil sind, macht es einen fürchterlichen Effekt. Es ist gleichsam nur grau in grau gemalt, das schmutzige aufgewühlte Wasser, der triefende Regen verbinden sich aufs innigste, das Wasser stürzt und trieft von den Felsen, als wenn die ungeheuren Massen sich auch in dem allgemeinen Elemente auflösen wollten, und die Sonne blickt, wie ein trüber Mond, durch den Wasserflor durch, ohne zu erleuchten, und doch ist es nicht Nacht. In der Mitte des Vordergrundes ist eine flache, isolierte Felsenplatte, auf die sich einige hülflose Menschen retten, in dem Augenblick daß die Flut heranschwillt und sie bedecken will.

Lockung des Todes

Gegenüber von Goethes Quartier im Palazzo Rondanini, der *lauter kleine prächtig befußbodente Zimmer* hatte, sahen sie die Maske der Medusa. *Ein wundersames Werk, das, den Zwiespalt zwischen Tod und Leben, zwischen Schmerz und Wollust ausdrükkend, einen unnennbaren Reiz wie irgend ein anderes Problem über uns ausübt.*

Raffaels Geliebte

Wenn man bis ans Ende der heutigen Via Sistina geht und dann nach links abbiegt, kommt man bald zum Palazzo Barberini, einem mächtigen Barockbau, an dem unter anderem Borromini und Bernini als Architekten mitwirkten. Dort sahen Goethe und Angelica das Gemälde einer kokett blickenden, von einem durchsichtigen Schleier mehr ent- als verhüllten jungen Frau, auf dem der *göttliche* Raffael der Überlieferung seine Geliebte, die Bäckerstochter (»La Fornarina«) Margherita dargestellt hat. Spannender als das Bild war die zugehörige Geschichte, in der es um das Verhältnis von Liebe und Kunst, Sexualität und Kreativität ging.

Raffael, dieser geniale, liebenswürdige und wohlerzogene Maler, *war sehr zur Zärtlichkeit geneigt und den Frauen zugetan*, wie Giorgio Vasari in seinen »Lebensläufen der berühmtesten Maler, Bildhauer und Architekten« berichtet. *Unaufhörlich* habe er sich *den Freuden der sinnlichen Liebe hingegeben*, ja, sein früher Tod sei die Folge eines ausschweifenden Lebens gewesen. Seine himmlische Kunst lebte von der irdischen Liebe. Als er den Palazzo seines Freundes Agostino Chigi ausmalte, habe er nicht viel bei der Arbeit bleiben können, *aus Sehnsucht nach der Geliebten*. Erst als der verzweifelte Auftraggeber sie ihm ins Haus brachte, *wo sie stets in dem Teil verweilte, wo Raffael arbeitete*, habe er das Werk vollenden können.

Vor Rom hatte Goethe sein Schaffen aus dem Begehren genährt, das Beispiel des großen Malers bestätigte ihn in seiner neuen Überzeugung, daß auch aus erfüllter Liebe große Kunst entstehen konnte. Und Angelica? Ob sie als glücklich Liebende andere, sinnlichere, vitalere Bilder gemalt hätte? Oder wäre mit der Sehnsucht auch ihre Kunst gestorben? War sie an ihre Rolle als Psyche, als *zarte Seele*, gebannt? Es war sicherer, sich nicht rückhaltlos, mit Leib und Seele, auf einen anderen Menschen einzulassen. Einmal hatte sie es riskiert, und es war ihr schlecht bekommen.

Amor und Psyche

Im Palazzo Chigi (heute bekannt als Villa Farnesina) hatte Raffael mit seinen Gehilfen die Geschichte von Amor und Psyche nach den »Metamorphosen« des spätantiken Schriftstellers Apuleius gestaltet. Ein bunter Bilderbogen erzählt von der Königstochter, deren Schönheit die wütende Eifersucht der Venus erregte und Amor in Liebe entbrennen ließ, vom Glück und von der Trennung der Liebenden, davon, wie die schwangere Psyche auf der Suche nach dem Geliebten herumirrt, von den harten Prüfungen, die sie zu bestehen hat – sogar in die Unterwelt schickt sie die neidische Göttin –, bis hin zum Happy-End im Jenseits, das auf den Deckenfresken breit entfaltet wird. Nach dem »Rat der Götter« dürfen die wiedervereinten Liebenden endlich »Hochzeit« feiern. Das Kind, das aus ihrer Verbindung hervorging, war die Wollust.

Malerei und Dichtung sind hier von seltener Herrlichkeit, rühmt Vasari; Goethe, der die Bilder aus Kopien *fast auswendig* wußte, nannte die Loggia in der Villa Farnesina *das Schönste was ich von Dekoration kenne, soviel auch jetzt dran verdorben und restauriert ist.*

Angelicas Echo auf dieses Märchen, eine sehnsüchtige Reminiszenz an die Villa Farnesina und die Gespräche mit Goethe, ist ein ungemein zärtliches, anmutiges, subtil erotisches Gemälde der Liebenden, Amor und Psyche, das 1792 entstand und ein paar Jahre später in den Besitz der Fürstin von Anhalt-Dessau gelangte. Dort, in Dessau, hat es Goethe mitten im Winter 1797 gesehen. *Vor wenigen Tagen habe ich durch Sie einer sehr lebhaften Freude genossen, indem ich das treffliche Bild A m o r u n d P s y c h e mit dem größten Anteil betrachtete,* schrieb er am 18. Januar an Angelica. *Wie sonderbar erschienen diese lebendigen himmlischen Gestalten in den formlosen nordischen Schneeflächen, denen nur ein wildes Schwein und ein vermummter Jäger zur würdigen Staffage dient.*

Porträt des Dichters als junger Mann

Der imposante dreiflügelige Palazzo Borghese Aldobrandini, der wegen seiner unregelmäßigen Form auch »Cembalo Borghese« genannt wird, liegt zwischen Tiberufer und Via Condotti. Bis Ende des 19. Jahrhunderts barg diese größte aller römischen Familienresidenzen eine der bedeutendsten Kunstsammlungen Roms.

Mit der guten Angelica war ich Sonntags die Gemälde des Prinzen Aldobrandini, besonders einen trefflichen Leonard da Vinci zu sehen, berichtet Goethe unter dem Datum des 18. August, einem Samstag. *Sie ist nicht glücklich wie sie es zu sein verdiente, bei dem wirklich großen Talent und bei dem Vermögen das sich täglich mehrt. Sie ist müde auf den Kauf zu malen und doch findet ihr alter Gatte es gar zu schön, daß so schweres Geld für oft leichte Arbeit einkommt. Sie möchte nun sich selbst zur Freude, mit mehr Muße, Sorgfalt und Studium arbeiten, und könnte es. Sie haben keine Kinder, können ihre Interessen [Zinsen] nicht verzehren und sie verdient täglich auch mit mäßiger Arbeit noch genug hinzu. Das ist nun aber nicht und wird nicht. Sie spricht sehr aufrichtig mit mir, ich hab' ihr meine Meinung gesagt, hab' ihr meinen Rat gegeben, und muntre sie auf, wenn ich bei ihr bin. Man rede von Mangel und Unglück, wenn die welche genug besitzen, es nicht brauchen und genießen können!*

Die armen reichen Leute? Und das klingt schon fast, als hätte Zucchi seine Frau anschaffen geschickt. Ein einziges Mal erlaubt Goethe uns hier einen Blick ins Innere seiner Freundin, um sich selbst in der Rolle des Quasi-Liebhabers zu zeigen, der sie ihrem geschäftstüchtigen Mann abspenstig machen und zur wahren Kunst verführen und befreien will.

Sicher hat sie sich bei ihm beklagt, auch wenn es schon Jahre gegeben hatte, da ihre Auftragsbücher voller gewesen waren als zu der Zeit von Goethes Aufenthalt in Rom. Aber sie war nicht mehr jung und wird es oft ziemlich satt gehabt haben, noch einer juwelenbehängten russischen Großfürstin oder englischen Society Lady die Stirne glatt und die Nase gefälliger zu malen oder deren ungezogene Kinder in holde Engelsgestalten umzulügen. Doch ob Zucchi wirklich schuld war, daß sie mehr Aufträge annahm, als sie nötig gehabt hätte? Wie der Vater wird er Angelica in dem bestärkt haben, wozu sie sich selbst getrieben fühlte.

Wer wußte, was die Zukunft bringen würde und ob sie sich ihren aufwendigen Lebensstil auch noch im nächsten Jahr würde leisten können! Sie war so ängstlich wie weltklug, so vorsichtig wie geschäftstüchtig. Geld ist der beste Schutz, den es gibt. Es fiel ihr schwer, vornehme Kunden abzuweisen. Wer aufgestiegen ist, fürchtet den Absturz viel mehr als diejenigen, die immer oben waren. *Mein Reichtum bestehet in meiner täglichen Arbeit hauptsächlich. Habe ich mir etwas erspart so ist es auch mit Mühe und Fleiß geschehen, folglich ist es billig daß ich im Frieden genieße was mir Gott beschert und auch in allen Zufällen etwas im Vorrat habe. In einer großen Stadt leben mit dem Decorum der mein Stand erfordert ohne unnutze Ausgaben beläuft sich jährlich auf eine considerable Summe. Folglich muß ich alles ausmessen.*

Und sie kannte ihre Grenzen. Wenn sie auch mit Goethe davon geträumt haben mag, sie zu sprengen und in kühner Rücksichtslosigkeit nur noch zum eigenen Gefallen zu malen, so war

Johann Heinrich Wilhelm Tischbein, Goethe in der Campagna di Roma.
Öl auf Leinwand

das eben nur ein Traum, der sich nie erfüllen würde. Goethe, der sich als Mann künstlerisch viel mehr erlauben konnte und nicht von den Einkünften seiner Dichtung leben mußte, hatte es leicht, Kunst für den Verkauf und Kunst für die Ewigkeit zu trennen, ja, er machte es sich damit entschieden z u leicht. Kunst ist eine Ware und ihrem Wesen nach käuflich.

Ihr Goethe-Porträt schuf Angelica ohne Auftrag, nur für sich. Man kann sich vorstellen, daß er sich unbehaglich bei den Sitzungen in ihrem Studio fühlte. Er war ihr ausgeliefert, Objekt ihrer scharfen, prüfenden, liebenden, zärtlichen Blicke, konnte nicht lenken, ihr nicht vorschreiben, wie er gesehen werden wollte. Seelenspionage! In bewußtem Gegensatz zu Tischbein, der das im Vorjahr geplante große Goethe-Gemälde mittlerweile begonnen hatte, verzichtete Angelica auf jede Inszenierung,

Alexander Trippel.
Büste von Johann Wolfgang Goethe, 1787-88

auf Dekoration, auf Requisiten. Ihr Porträt ist ganz schlicht, privat, intim gehalten, in ein dunkles Oval eingefaßt wie in ein Medaillon. Alles Licht liegt auf dem Gesicht des Dichters.

Der gefiel sich bei Tischbein – *mein Porträt wird glücklich, es gleicht sehr und der Gedanke gefällt jedermann* –, bei ihr aber überhaupt nicht: *Angelica malt mich auch, daraus wird aber nichts. Es verdrießt sie sehr, daß es nicht gleichen und werden will. Es ist immer ein hübscher Bursche, aber keine Spur von mir.*

Mit der Ähnlichkeit ist das freilich so eine Sache. Gewöhnlich schätzen wir die Bilder, die uns so zeigen, wie wir gesehen werden wollen, ob ähnlich oder nicht. Goethe wollte bedeutend wirken. Wie bei Tischbein eben, der ihn als Kulturheroen zeigt, *in einen weißen Mantel gehüllt, in freier Luft auf Ruinen sitzend*, über das Schicksal der menschlichen Werke nachsinnend.

Oder wie bei Alexander Trippel, der seinen vom Prinzen von Waldeck bestellten Goethe nach dem Muster eines Apollo-Hauptes gestaltete: *Meine Büste ist sehr gut geraten; jedermann ist damit zufrieden. Gewiß ist sie in einem schönen und edlen Stil gearbeitet, und ich habe nichts dagegen, daß die Idee, als hätte ich so ausgesehen, in der Welt bleibt.* Sie gefiel Goethe also offenbar gerade darum, weil sie ihm nicht besonders ähnlich war. Gegen Idealisierung hatte er nichts, im Gegenteil, sie war das herrschende Prinzip der Ästhetik, der er selbst verpflichtet war. Um künstlerische Perfektion zu erlangen, müsse der Künstler sich über die bloße Darstellung der gewöhnlichen Natur mit all ihren Gebrechen und Fehlern, aber auch über die Eigenarten der Zeitmode erheben, forderte Angelicas Mentor Sir Joshua Reynolds in seinen »Discourses on Art«.

Man hat Goethe sein abschätziges Urteil über Angelicas Porträt meist nachgesprochen (er mußte es ja schließlich wissen) und es weit hinter Tischbeins Gemälde gestellt, sogar apodiktisch behauptet, letzteres gelte der Nachwelt *als die gültige bildliche Vorstellung von Goethe in Italien und als das beste Bild des Dichters überhaupt.* Diese theatralische Inszenierung, die zur Parodie geradezu einlädt? Und hätte eine Frau, hätte Angelica das total mißglückte linke Bein gezeichnet, wie wäre sie verlacht worden! Was ihr angekreidet wurde, war freilich noch schlimmer, nämlich ein ganz falscher, viel zu hübscher Dichter.
War ihr Goethes Porträt mißraten, weil sie wieder einmal ihrer (fälschlich als Sehschwäche interpretierten) Neigung zur Schönmalerei nachgegeben hatte? Aber hätte sie das bei Goethe nötig gehabt? Wahrscheinlicher ist, daß er ihr Porträt so stark abwehrte, weil er sich bei aller äußeren Unähnlichkeit doch innerlich zu gut getroffen und entblößt fühlte. Weich, empfindsam, unentschieden, so wenig charaktervoll wie viele

Matta Wagnest, Das Porträt ist eine sehr persönliche Sache!
Ein Videoobjekt, 1992

seiner gedichteten Figuren, Werther, Clavigo, Tasso, die alles andere als Tischbein-Goethes sind. Und zu jung für seine Jahre. Einer, der mit Ende dreißig seine Freundin Charlotte von Stein anschwärmte wie ein Minnesänger seine Dame; der eine Bildungsreise unternommen hatte, die andere mit zwanzig machten, und im Umgang mit seinen Künstlerfreunden in dieses Alter zurückfiel; der seine italienischen Tagebuchaufzeichnungen nach seiner Rückkehr nicht mehr lesen und weitergeben mochte, weil er sich für sie schämte.

Wenn Goethe in den Augen Tischbeins ein *wirklicher Mann* war, so hat er im Umgang mit Angelica seine femininen Züge kultiviert. *Goethes Bild hat sie sehr zart ergriffen, zarter als er ist; daher die ganze Welt über Unähnlichkeit schreiet, die aber doch im Bilde wirklich existiert. Die zarte Seele hat ihn sich so gedacht, wie sie ihn gemalt,* bemerkte Herder. Die zarte Seele hatte ihn gemalt, wie er sich ihr – und sie sich ihm zeigte. Die Künstlerin Matta Wagnest brauchte in einer Videosequenz nur wenige Schritte, um Angelicas Goetheporträt in ein Selbstporträt übergehen zu lassen.

Abgesehen von den Zeichnungen, die Angelica zu seinen Dramen schuf, hat Goethe in der »Italienischen Reise« nur eines der Gemälde lobend erwähnt, die während seines Aufenthalts in Rom entstanden. *Angelica malt jetzt ein Bild das sehr glücken wird: die Mutter der Gracchen wie sie einer Freundin, welche ihre Juwelen auskramte, ihre Kinder als die besten Schätze zeigte. Es ist eine sehr natürliche und sehr glückliche Komposition.*

Neidvoll bewundert hat er ihren Fleiß, die einzige Tugend, auf die sie selbst stolz war. Man könne viel von ihr lernen, *besonders arbeiten, denn es ist unglaublich was sie alles endigt*, schreibt er, und: *Sie arbeitet so viel und gut, daß man gar keinen Begriff hat, wie's möglich ist und glaubt doch immer sie mache nichts.* Er selbst hatte mit dem Beenden seine Schwierigkeiten.

Die Gesamtwürdigung, die er Angelica zuteil werden ließ, ist vergiftet: *Sie hat ein unglaubliches und als Weib wirklich ungeheures Talent. Man muß sehen und schätzen was sie m a c h t, nicht das was sie z u r ü c k l ä ß t. Wie vieler Künstler Arbeiten halten Stich, wenn man rechnen will was fehlt.*

Egmont

Ich kenne für mich nur noch zwei gleich schreckliche Dinge, wenn man die Campagna di Roma anbauen und Rom zu einer polizierten Stadt machen wollte, in der kein Mensch mehr Messer trüge. Kommt je ein so ordentlicher Papst, was denn die 72 Kardinäle verhüten mögen, so ziehe ich aus. Nur wenn in Rom eine so göttliche Anarchie und um Rom eine so himmlische Wüstenei ist, bleibt für die Schatten Platz, deren einer mehr wert ist als dies ganze Geschlecht. Diese Sätze Wilhelm von Humboldts waren Goethe aus dem Herzen gesprochen. Auch für den seinem Amt entlaufenen Weimarer Minister war die Stadt ein poetischer, weil gesetzloser, der Tagespolitik entrückter Raum, meistens jedenfalls. Denn so ganz konnte er die römische Mißwirtschaft doch nicht billigen, die aktuellen Ereignisse nicht ignorieren. Seinem ehrgeizigen, tatendurstigen Herzog gegenüber gab er sich politisch interessiert. Er lese fleißig die Zeitungen, schrieb er ihm und entwarf nur als Gedankenspiel kühne Pläne für eine kriegerische Eroberung des Kirchenstaats, obwohl er die militärischen Ambitionen des Herzogs eigentlich mißbilligte. *Ich bin an der friedlichen Seite der Welt, Sie am kriegrischen Ende und alles berechnet man könnte keine antipodischere Existenz haben.*

Im Herbst 1787 hatte sich Carl August einem 25 000 Mann starken preußischen Heer angeschlossen, das in die Niederlande einmarschiert war, um dem mit einer preußischen Prinzessin verheirateten Erbstatthalter gegen die aristokratische Partei der rebellierenden »Patrioten« zum Sieg zu verhelfen. Goethe sah darin eine eigentümliche Parallele zu seinem »Egmont«, den er im August fertiggestellt und im September nach Weimar geschickt hatte. Man könne versucht sein, sein Stück, das Ereignisse aus der niederländischen Geschichte des 16. Jahrhunderts aufgreift, als historisch verkleidetes Schlüsseldrama zu lesen, meinte er. Wie damals, als die niederländischen Stände sich gegen die spanischen Besatzer aufgelehnt hatten, ging es in seinen Augen auch bei den aktuellen Auseinandersetzungen um den Konflikt zwischen *den traditionell gewachsenen Rechten und Freiheiten einer dezentralisierten Gesellschaft und den unerbittlichen Ambitionen einer vereinheitlichen, rationalisierenden Zentralgewalt.*

Der »Egmont« hatte Goethe viel Kopfzerbrechen bereitet. Als Minister eines absolutistischen Fürsten, der je nach Interessenlage die Seiten wechselte, bewegte er sich mit seinem Stoff auf vermintem Gelände. Das spiegelt sich auch im Entwurf des Titelhelden, der als Ausnahmemensch über oder jenseits der interessegeleiteten Welt der Politik steht, in die er verstrickt ist. Nun, fern von Weimar, brachte Goethe sein Stück zu einem politisch, persönlich und künstlerisch gewagten Ende. Sehr wahrscheinlich im intensiven Gespräch mit der Freundin in der Strada Felice: *Angelika, der ich das Gedicht wie es fertig wurde nach und nach vorgelesen hatte, interessierte sich mit Zärtlichkeit für dasselbe.*

Mutig, heiter und ohne Falsch ist dieser Graf Egmont, im schönsten Sinne leichtsinnig und dem Genuß des Augenblicks hingegeben, von der Margarethe von Parma, der in Brüssel residierenden spanischen Statthalterin, mehr als nur wohlgelitten, vom Volk geliebt und in inniger Liebe verbunden mit seinem Clärchen, einem Mädchen aus dem Volke, das sich ganz an ihn verloren hat.

Egmonts großmütige, eigentlich sträfliche Vertrauensseligkeit wird ihm und auch der Geliebten zum Verderben. Weil er die Warnungen seines politischen Freundes Wilhelm von Oranien in den Wind schlägt, kann Herzog Alba, der finstere, despotische Feldherr des Königs von Spanien, ihn gefangennehmen lassen. Clärchen versucht das Volk zu seiner Befreiung aufzuwiegeln, scheitert aber und nimmt sich das Leben. In der Nacht vor seiner Hinrichtung erscheint die Geliebte Egmont im Traum. Goethes Tableau ist inspiriert von der religiösen Malerei der Visionen, Verklärungen, Apotheosen, Allegorien, die er in römischen Kirchen und Galerien überreichlich konsumiert hatte. Angelica hat es als Illustration zur Werkausgabe gezeichnet, vielleicht auch mitentworfen.

Hinter Egmonts Lager scheint sich die Mauer zu eröffnen, eine glänzende Erscheinung zeigt sich. Die Freiheit in himmlischem Gewand, von einer Klarheit umflossen, ruht auf einer Wolke. Sie hat die Züge von Clärchen und neigt sich gegen den schlafenden Helden. Sie drückt eine bedaurende Empfindung aus, sie scheint ihn zu beklagen. Bald faßt sie sich, und mit aufmunternder Gebärde zeigt sie ihm das Bündel Pfeile, dann

den Stab mit dem Hute. Sie heißt ihn froh sein, und indem sie
ihm bedeutet, daß sein Tod den Provinzen die Freiheit ver-
schaffen werde, erkennt sie ihn als Sieger und reicht ihm einen
Lorbeerkranz. Wie sie sich mit dem Kranze dem Haupte nahet,
macht Egmont eine Bewegung wie eines der sich im Schlafe
regt, dergestalt, daß er mit dem Gesichte aufwärts gegen sie
zu liegen kommt. Sie hält den Kranz über seinem Haupte
schwebend, man hört ganz von weiten eine kriegrische Musik
von Trommeln und Pfeifen: bei dem leisesten Laut derselben
schwindet die Erscheinung. Der Schall wird stärker. Egmont er-
wacht …

Die Weimarer Freunde hatten mit dem Stück Probleme. Die
Traumvision am Ende – in seiner scharfsinnigen Kritik sprach
Schiller vom *Salto mortale in eine Opernwelt* – erschien ihnen
befremdlich, ja ärgerlich. Herzog Carl August und Charlotte
von Stein, die wichtigsten Menschen in Goethes Leben, waren »not amused«. Charlotte meinte eifersüchtig, Goethe habe
eine gewöhnliche Dirne zur Göttin gemacht. In der Phantasie
hatte er sie mit Clärchen betrogen, und sie ahnte, daß er das
bald auch in Wirklichkeit tun würde.
Der Herzog, der sich selbst gern mit Mädchen aus dem Volke amüsierte und ein fleißiger Bordellbesucher war, wird an
Clärchen keinen Anstoß genommen haben, scheint aber einige Stellen des Dramas aus politischen Gründen mißbilligt zu
haben. Die Krönung Egmonts zum Märtyrer der Freiheit war
schon fast ein aufrührerischer Akt des Dichterfreundes, der die
Kritik seines Herrn mit diplomatischer Geschmeidigkeit pa-
rierte. *Gewiß auch konnte kein gefährlicherer Leser für das Stück*
sein als Sie. Wer selbst auf dem Punkte der Existenz steht um
welchen der Dichter sich spielend dreht, dem können die Gauke-
leien der Poesie, welche aus dem Gebiet der Wahrheit ins Gebiet

der Lüge schwankt weder genug thun, weil er es besser weiß, noch
können sie ihn ergötzen, weil er zu nah steht und es vor seinem
Auge kein Ganzes wird.

Wie nachhaltig verärgert Goethe über die Kritik der Freunde
war, zeigt die »Italienische Reise«, in der er die grundsätzliche
Auseinandersetzung mit ihnen von einem Nebenschauplatz
aus führte. *Schon die ersten Briefe aus Weimar über Egmont*
enthielten einige Ausstellungen über dieses und jenes. Alles soll,
so will es der behagliche Leser, im natürlichen Gange fortgehen;
aber auch das Ungewöhnliche kann natürlich sein, scheint es
aber demjenigen nicht der auf seinen eigenen Ansichten verharrt.
Ein Brief dieses Inhalts war angekommen, ich nahm ihn und ging
in die Villa Borghese; da mußt' ich denn lesen, daß einige Sze-
nen für zu lang gehalten würden. Ich dachte nach, hätte sie aber
auch jetzt nicht zu verkürzen gewußt, indem so wichtige Motive
zu entwickeln waren. Was aber am meisten den Freundinnen ta-
delnswert erschien, war das lakonische Vermächtnis, womit Eg-
mont sein Clärchen an Ferdinand empfiehlt.
Worum geht es? Ferdinand, das ist der Sohn von Herzog Alba,
der Egmont das Todesurteil überbringen muß. Am Ende eines
langen Gespräches, in dem der Sohn des Feindes sich ihm als
Freund gezeigt hat, bittet Egmont den Jüngling, sich um Clärchen zu kümmern, nicht wissend, daß sie tot ist: *Ich kenn ein*
Mädchen; du wirst sie nicht verachten weil sie mein war. Nun
ich sie dir empfehle sterb ich ruhig. Du bist ein edler Mann, ein
Weib, das den findet ist geborgen. Man kann verstehen, daß
diese knappe Übergabe der Geliebten von Edelmann zu Edelmann bei Frauen nicht gut ankam, weshalb Goethe eine Frau
zu seiner Verteidigung aufrief. Seine römische Freundin erklärte den Weimarern, wie er gelesen und verstanden werden
wollte. Alles im »Egmont« war genau so, wie es sein mußte,

in der Szene mit Ferdinand habe Clärchens *nur auf eine sub-*
ordinierte Weise gedacht werden können, *um das Interesse des*
Abschieds von dem jungen Freunde nicht zu schmälern. Und gerade die anstößige Traumvision des Helden sei eine besonders
subtile Erfindung, die längere Erklärungen über seine Gefühle
für Clärchen überflüssig mache.

Sonntags kam ich zu Angelica, und legte ihr die Frage vor. Sie
hat das Stück studiert und besitzt eine Abschrift davon. Möchtest
Du doch gegenwärtig gewesen sein, wie weiblich zart sie alles aus
einander legte, und es draus hinausging, daß das, was Ihr noch
mündlich von dem Helden erklärt wünschtet, in der Erscheinung
implicite erhalten sei. Angelica sagte: da die Erscheinung nur
vorstelle, was in dem Gemüte des schlafenden Helden vorgehe, so
könne er mit keinen Worten stärker ausdrücken, wie sehr er sie
liebe und schätze als es dieser Traum tue, der das liebenswürdige
Geschöpf, nicht zu ihm herauf, sondern über ihn hinauf hebe.
Ja es wolle ihr wohl gefallen, daß der, welcher durch sein ganzes
Leben gleichsam wachend geträumt, Leben und Liebe mehr als
geschätzt, oder vielmehr nur durch den Genuß geschätzt, daß die-
ser zuletzt noch gleichsam träumend wache, und uns still gesagt
werde, wie tief die Geliebte in seinem Herzen wohne, und welche
vornehme und hohe Stelle sie darin einnehme.

Sollte Angelica das wirklich so gesagt haben? Jedenfalls ist
es in ihrem Sinne gesprochen. Ein Märchen, so geliebt zu
werden – und von einem solchen Mann! Ihre zweite Zeichnung zum »Egmont« ist ein Liebesbrief an Goethe. Sie gestaltete die große Begegnung von Egmont und Clärchen am
Schluß des dritten Aufzugs als Augenblick vollkommener see-
lischer Intimität. In rückhaltloser Hingabe schmiegt sich das
Mädchen an den Geliebten, der sie zärtlich zu sich zu erheben
scheint.

Angelica Kauffmann, Illustration zu Johann Wolfgang von Goethe,
Egmont und Klärchen. Graphit, Kreide, 1787

Die Szene spielt in Clärchens Wohnung. Egmont ist ihr soeben
in seiner Pracht und Herrlichkeit erschienen, im spanischen
Gewand, dekoriert mit dem Orden des Ritters vom goldenen
Vlies, ein strahlender Gott.

Clärchen *Laß mich schweigen! Laß mich dich halten. Laß mich*
dir in die Augen sehn Alles drin finden, Trost und Hoffnung und
Freude und Kummer. (Sie umarmt ihn und sieht ihn an.) Sag
mir! Sage! ich begreife nicht! Bist du Egmont? Der Graf Egmont?
Der große Egmont, der so viel Aufsehn macht, von dem in den
Zeitungen steht, an dem die Provinzen hängen.
Egmont. *Nein Clärchen das bin ich nicht.*
Clärchen *Wie?*

Egmont *Siehst du, Clärchen! – Laß mich sitzen! – (Er setzt sich, sie kniet vor ihn auf einen Schemel, legt ihre Arme auf seinen Schoß und sieht ihn an.) Jener Egmont ist ein verdrießlicher, steifer, kalter Egmont. Der an sich halten, bald dieses, bald jenes Gesicht machen muß, geplagt, verkannt, verwickelt ist wenn ihn die Leute für froh und fröhlich halten. Geliebt von einem Volke das nicht weiß was es will, geehrt und in die Höhe getragen von einer Menge mit der nichts anzufangen ist, umgeben von Freunden denen er sich nicht überlassen darf, beobachtet von Menschen die ihm auf alle Weise beikommen möchten; arbeitend und sich bemühend, oft ohne Zweck, meist ohne Lohn – O laß mich schweigen wie es dem ergeht, wie es dem zu Mute ist. Aber dieser, Clärchen, der ist ruhig, offen, glücklich, geliebt und gekannt, von dem besten Herzen das auch er ganz kennt und mit voller Liebe und Zutrauen an das seine drückt. (Er umarmt sie) Das ist dein Egmont!*
Clärchen *So laß mich sterben! Die Welt hat keine Freuden auf diese!*

Angelica habe ein Titelkupfer zum Egmont gezeichnet, Lips gestochen, *das wenigstens in Deutschland nicht gezeichnet, nicht gestochen worden wäre*, schrieb Goethe spitz an Charlotte von Stein. *Dieser fünfte Band von Goethes Schriften, der durch eine Vignette und Titelkupfer, von der Angelica Kauffmann gezeichnet und von Lips in Rom gestochen, verschönert wird*, leitete Schiller seine Rezension des »Egmont« ein. Gegen den Titelhelden hatte er einiges einzuwenden. Das im Rousseauischen Geschmack als Naturkind gearbeitete Clärchen aber fand er *unnachahmlich schön und wahr gezeichnet. Auch im höchsten Adel ihrer Unschuld noch das gemeine Bürgermädchen, und ein Niederländisch Mädchen, durch nichts veredelt als durch ihre Liebe, reizend im Zustand der Ruhe hinreißend und herrlich im Zustand des Affekts.*

Das Mädchen aus dem Volke

Roberto Zapperi meint, Angelica hätte für Goethe eine römische Frau von Stein werden können, eine Gefahr, die der Dichter gesehen und bewußt vermieden habe, weil er in Rom keine Wiederholung alter Beziehungsmuster, sondern ein neues Leben suchte und auf handfestere, sinnliche Freuden aus war. Daß sie eine *wirkliche Gefahr für seine Gefühle* gewesen sei, glaubt auch Goethes Biograph Nicholas Boyle, der allerdings nicht sicher ist, daß Goethe so genau wußte, was gut für ihn war, nämlich nach dem frustrierenden Verhältnis zu Frau von Stein endlich eine gesunde, sexuelle Beziehung, ein Clärchen. *Acht Jahre älter als Goethe und kinderlos, strahlte Angelica bei aller liebevollen Wärme doch genug Mütterlichkeit aus, um in einem milderen Klima jenen Bannkreis einer sexuell neutralisierten Emotion um sich zu legen, den Goethe in den vergangenen zwölf Jahren seines Lebens als ihm gemäß erachtet hatte.* Der Erzähler von Hanns-Josef Ortheils Goethe-Roman »Faustinas Küsse« sieht in Angelica gar eine Art böse Fee, die den Dichter behext und ihn allzu lange fern von den Liebesfreuden gehalten habe, die er zur seelischen Gesundung dringend benötigte.

Es gibt gute Gründe, an dieser Einschätzung zu zweifeln, auch wenn Goethe durch seine Stilisierung Angelicas zur hohen, vornehmen Freundin sie nahelegt und die Dreieckskonstellation dazu verführt. Schon wieder eine platonische Freundschaft mit einer älteren, glücklos verheirateten Frau! Aber das ist auch schon so ziemlich alles, was sich an Gemeinsamkeiten zwischen der Hofdame aus der deutschen Provinz und der weit herumgekommenen, international berühmten Malerin in Rom entdecken läßt. Zwischen ihnen lag eine wesensprägende Standeskluft. Charlotte von Stein war Aristokratin bis in die Fingerspitzen. Für sie war Egmonts Clärchen eine Dirne.

Angelica, die es durch harte Arbeit und selbstverleugnende Anpassung nach oben geschafft hatte, konnte sich sehnsüchtig mit ihr identifizieren. War sie nicht auch ein Mädchen aus dem Volk?

Ihre Wiege stand in Chur, der Heimat ihrer Mutter, aber in älteren Lexikonartikeln ist als ihr Geburtsort oft Schwarzenberg im Bregenzerwald angegeben, wo der Vater herkam. Vermutlich weil sie selbst dort ihre wahre Heimat sah. *Homeland is one of the magical fantasy words like unicorn and soul,* sagt Zadie Smith in ihrem Roman »White Teeth«. Je älter Angelica wurde, desto mächtiger wirkte sein Zauber. Ihren Besuchern zeigte sie sich gern im modischen Kostüm des unschuldigen Naturkindes aus den Bergen. *Ich erwärmte mich an Leib und Seele bei Angelika. Wir brachten einige Stunden im traulichen Geschwätze zu. Sie erzählte mir aus ihren Kinder- und Jugendzeiten, könnte ich die mit eignen Worten so naiv und lieblich wieder erzählen!* schrieb die Schriftstellerin Friederike Brun, die ganz gerührt war von dem sentimentalen Ursprungsmärchen, das ihr Angelica auftischte. Das Exposé für einen Heimatfilm: *Angelika Kauffmann wurde geboren im Bregenzer-Wald. Zwischen Hohenembs und Feldkirch läßt man linker Hand einen hohen pyramidalischen Berg liegen; am Fuß des Berges liegt das Dorf Dornbirn. Neben dem Dorf gehet ein Pfad in den Bregenzer Wald hinauf; auf diesem erreicht man bald einen einsamen Bergplan, wo unter Obstbäumen auf frischen Matten das Dörfchen Schwarzenberg in tiefer Einsamkeit liegt: dort ward Angelika geboren, und dort steht noch ihr Familienhaus. Frühe kam sie aus dem Alpentale weg, von dem aber für immer süße Bilder der Ruh' und Unschuld ihr in Herz und Geist blieben. Oftmals kehrte sie auf ihren vielen Reisen über die Alpen für Wochen und Monate ins väterliche Tal zurück, und gern würde sie dort ihr Leben*

beschließen, wäre das Klima weniger rauh: »denn die Menschen
leben da unschuldig wie die Kinder!« setzte sie hinzu, mir die
Sitten des einfaltvollen Bergvolkes, und die malerischen Trachten
desselben beschreibend, mit lieblich herzigem Ton!

Dabei ist Angelica vermutlich nur zweimal in ihrem Leben
in Schwarzenberg gewesen. Aber Schwarzenberg war von
Kindheit an bei ihr, in Gestalt des Vaters, der ihr in der wäl-
derischen Sprache seiner Heimat davon erzählte und sie wie
ein Landmädchen zu Fleiß, Gefälligkeit, selbstverleugnender
Zurückhaltung und Bescheidenheit erzog. Zum erstenmal
und für längere Zeit kam sie 1757, nach dem Tod der Mutter, in
den Bregenzerwald. Joseph Kauffmann hatte den Auftrag, die
Pfarrkirche von Schwarzenberg mit Fresken auszustatten, und
übertrug ihr als seiner Mitarbeiterin die Gestaltung von dreizehn Apostel-Köpfen, eine Arbeit, die die 16jährige bravourös
bewältigte. Sie lernte die große Verwandtschaft kennen – der
Vater hatte vier Brüder und eine Schwester – und das harte
Dasein an diesem abgelegenen Gebirgsort, dessen Bewohner
meist von der Viehzucht lebten. Nach Mailand, wo sie von der
besten Gesellschaft hofiert worden war, kann das für Angelica nicht ganz leicht gewesen sein – ein Kulturschock –, aber
sie fand in Schwarzenberg die Sicherheit einer Herkunft und
nahm es als *Vaterland* an. Ein Selbstbildnis, auf dem sie sich in
der Tracht der Bregenzerwäldlerinnen darstellte, hält das programmatisch fest.
Bis zu ihrem nächsten Besuch verging fast ein Vierteljahrhun-
dert. Während dieser ganzen Zeit waren die Kauffmanns in
enger Verbindung zur Familie geblieben, und in London hatte
ihnen eine Cousine Angelicas den Haushalt geführt. Als sie im
Sommer 1781 mit Zucchi, dem frisch angetrauten Ehemann,
und dem kranken Vater nach Italien reiste, machten sie unter-

Angelica Kauffmann,
Selbstbildnis in der Tracht der Bregenzerwäldlerinnen.
Öl auf Leinwand, um 1757-1759

wegs in Schwarzenberg Station. Wieder dokumentierte sie das
durch ein Selbstbildnis in der Tracht der Heimat, auf dem sie
sich ungewöhnlich realistisch zeigt als verblühte, abgearbeitete,
müde, traurige Frau. Vielleicht hat ihr das ländliche Kostüm
diesen ungeschönten Blick in den Spiegel aufgezwungen?

Auch als vornehme Dame blieb sie das Kind, das sie einmal
gewesen war. *Ein sanftes, bescheidenes Weib. Sie macht keine
Prätensionen, und läßt auch anderem Verdienste widerfahren.
Im Umgang ist sie sehr still und schüchtern, und urteilt fast
über nichts. Dies ist Folge ihrer Erziehung,* erkannte Friedrich
Münter. Sie wußte natürlich, daß ihr dieses anspruchslose Auftreten Sympathien eintrug – so berühmt und so bescheiden! –,
aber es war keine Pose. *Madame Angelica* w a r ein veredeltes,
kultiviertes Clärchen. Wie mädchenhaft klingen die Briefe, die

sie nach Goethes Abreise an ihn schrieb! *Mir traumte verwichne Nacht sie waren wieder gekommen ich sahe sie von ferne – eilte Ihnen entgegen bis zur Haustüre faßte Ihre beide Hände die ich so fest an mein Herz gedruckt daß ich davon erwachte, ich war böse auf mich daß ich mein geträumtes Glück zu lebhaft gefühlt und mir selbsten dadurch das Vergnügen abgekürzt.*

Angelica und die schöne Mailänderin (1)

Zu Goethes Lieblingsbildern in Rom gehörte Tizians soge-nannte »Himmlische und irdische Liebe« (»Amor sacro e amor profano«) in der Villa Borghese. Zwei Frauen, die eine in ein weißes, festliches, fließendes Gewand gekleidet, die andere nackt bis auf ein nachlässig übergeworfenes Schamtuch, sitzen rechts und links auf den vorderen Ecken eines mit Wasser ge-füllten antiken Brunnen-Sarkophags, in dem der Amorknabe herumplanscht. Im Hintergrund eine pastorale, bewohnte Landschaft, weidende Schafe, ein Landgut, ganz in der Ferne ein Kirchturm. Es ist kein »Scheideweg-Bild«, der Betrachter wird nicht aufgefordert, sich zwischen ihnen zu entscheiden. Jede der beiden Frauen ist ganz für sich und steigert die Wir-kung, den Reiz der anderen. *Die »Himmlische und Irdische Liebe«. Die Frau, die ihren nackten Leib der ganzen Natur, von der sie ihn empfangen hat, wieder zurückgibt, und die, die das geschlossene Gefäß hütet und ihre Schönheit als Rätsel hinter my-stischen Schleiern verschlossen für sich und nur für den Einen bewahrt,* notierte Harry Graf Kessler, als er das Bild im Juni 1899 sah.

Möglicherweise hilft Tizians Gemälde zu erklären, weshalb Goethe fast reflexhaft immer gleich Angelica herbeiruft, wenn er Herzog Carl August von irdischen Liebesgelüsten geschrieben hat. Und auch, warum er seinen Ferienflirt mit einer schönen jungen Frau so auffällig mit seiner Beziehung zu ihr verknüpfte.

Die Zeit der Villeggiatur ist nun da und Alles macht sich aus Rom heraus, was nur irgend kann und weiß. Mädchen, Weiber, Bücher, Gemälde und alle Arten von Hausrat sind jetzt wohlfeiler zu haben, weil Alles Geld braucht. Man lebt und macht sich lustig, um alsdann bis zum Carneval wieder eingezogen zu bleiben, schrieb Goethe dem Hofrat Schnauß, einem Kollegen vom Geheimen Consilium, aus Frascati. Er war schon ein paarmal an diesem schon in römischen Zeiten beliebten Erholungsort – Tusculum – gewesen, als Gast von Reiffenstein.

In der großen »Hexenküche« seiner Villa fabrizierten sie enkaustische Bilder und Glaspasten, Basteleien, mit denen der Hofrat als Animateur seine vornehmen Kunden gerne beschäftigte, um keine Langeweile aufkommen zu lassen und sie bei Laune zu halten. Auch Goethe scheint mehr Spaß daran gehabt zu haben, als er später zugab. *Die Beschäftigung, Pasten zu fabrizieren,* sei noch eher *für Männer geeignet* gewesen, meinte er. *Die refraktäre, in Feuer unschmelzbare Masse wurde aufs zarteste pulverisiert und durchgesiebt, der daraus geknetete Teig in Pasten eingedrückt, sorgfältig getrocknet und sodann, mit einem eisernen Ring umgeben, in die Glut gebracht, ferner die geschmolzene Glaspaste darauf gedruckt, wodurch doch immer ein kleines Kunstwerk zum Vorschein kam, das einen jeden freuen mußte, der es seinen eignen Fingern zu verdanken hatte.*

Auch einige Malerfreunde hatten sich dort eingefunden, mit denen Goethe den ganzen Tag zeichnete, malte, tuschte und klebte. *Abends werden die Villen im Mondschein besucht, und sogar im Dunkeln die frappantesten Motive nachgezeichnet.*

Noch halte er sich in der Stille, *und sogar (ich weiß nicht, ob es lobens oder scheltenswerth ist) die Frauen haben keinen Teil an*

Johann Wolfgang von Goethe, Idylle in den Albaner Bergen.
Bleistift, Pinsel, 1788

mir. Mit der einzigen Angelika gehe ich um, die der Achtung jedes wohlgesinnten Menschen wert ist, schrieb Goethe dem Herzog am 28. September.

Das mit der Stille und den (irdisch liebenden) Frauen sollte sich bald ändern. Anfang Oktober fuhr Goethe für drei Wochen mit Angelica in den Urlaub nach Castel Gandolfo, in allen Ehren natürlich. Zucchis hatten dort ein Haus, Goethe wohnte in der benachbarten Villa ihres Geschäftsfreundes, des reichen englischen Kunsthändlers und Bankiers Thomas Jenkins, der außer ihm noch weitere Gäste beherbergte. Der in den Albaner Bergen hoch über dem Albaner See gelegene Ort, schon damals die Sommerresidenz des Papstes, war ein Treffpunkt der guten Gesellschaft, ein italienisches Karlsbad gewissermaßen.

Wir leben hier wie man in Bädern lebt, berichtete Goethe. *Nur mache ich mich des Morgens beiseite, um zu zeichnen, dann muß man den ganzen Tag der Gesellschaft sein, welches mir denn auch ganz recht ist für diese kurze Zeit; ich sehe doch auch einmal*

*Menschen ohne großen Zeitverlust und viele auf einmal. Angelica
ist auch hier und wohnt in der Nähe, dann sind einige muntere
Mädchen, einige Frauen, Herr von Maron, Schwager von Mengs,
mit der seinigen, teils im Hause, teils in der Nachbarschaft; die
Gesellschaft ist lustig und es gibt immer was zu lachen. Abends
geht man in die Komödie, wo Pulcinell die Hauptperson ist, und
trägt sich dann einen Tag mit den bon-mots des vergangenen
Abends. Tout comme chez nouz – nur unter einem heitern köst-
lichen Himmel.*

In eines dieser munteren Mädchen hat sich Goethe ziemlich
heftig verliebt.

*Eine Mailänderin interessierte mich die acht Tage ihres Bleibens,
sie zeichnete sich durch ihre Natürlichkeit, ihren Gemeinsinn,
ihre gute Art sehr vorteilhaft vor den Römerinnen aus*, schrieb
er nach Hause, und im nächsten Satz war er schon wieder bei
der Freundin: *Angelica war, wie sie immer ist, verständig, gut,
gefällig, zuvorkommend.* Aus einem ihrer Briefe an Goethe wissen wir den Namen dieser Mailänderin: Maddalena Riggi. Sie
war 22 Jahre alt und im Vorjahr nach Rom zu ihrem Bruder gezogen, der Geschäftsmann war und für die Bank von Goethes
Gastgeber als Bevollmächtigter (*complementario*) arbeitete.

In der »Italienischen Reise« hat Goethe aus seiner Beziehung
zu Maddalena eine Novelle in Fortsetzungen gesponnen, eine
versöhnliche Variante zum »Werther«. Sie erzählt von einer
Fast-Liebe, die fast in die Katastrophe geführt hätte, aber eben
nur fast.

*Blitzschnell und eindringlich genug, wie es einem müßigen Her-
zen zu gehen pflegt, das in selbstgefälligem ruhigem Zustand
nichts befürchtet, nichts wünscht, und das nun auf einmal dem
Wünschenswertesten unmittelbar nahe kommt*, habe sich seine

Angelica Kauffmann, Maddalena Riggi.
Öl auf Leinwand, 1795

Neigung zu der jungen Frau entschieden, schreibt der Erzähler. Sie hatte hellbraune Haare, einen hellen Teint und war von einem *offnen, nicht sowohl ansprechenden als gleichsam anfragenden Wesen.* Besonders gut gefiel ihm ihr Bildungswille. Was gibt es Reizvolleres für einen Mann als eine Frau, die von ihm lernen will? *Sie beklagte sich, nicht über vernachlässigte aber all-*

zu ängstliche Erziehung: man lehrt uns nicht schreiben, sagte sie, weil man fürchtet, wir würden die Feder zu Liebesbriefen benutzen; man würde uns nicht lesen lassen, wenn wir uns nicht mit dem Gebetbuch beschäftigen müssten; uns in fremden Sprachen zu unterrichten daran wird niemand denken, ich gäb alles darum Englisch zu können. Herrn Jenkins mit meinem Bruder, Madam Angelica, Herrn Zucchi, die Herren Volpato und Camoccini hör' ich oft sich untereinander Englisch unterhalten, mit einem Gefühl das dem Neid ähnlich ist: und die ellenlangen Zeitungen da liegen vor mir auf dem Tische, es stehen Nachrichten darin aus der ganzen Welt, wie ich sehe, und ich weiß nicht was sie bringen.

Es ist desto mehr Schade, versetzte ich, da das Englische sich so leicht lernen läßt; Sie müßten es in kurzer Zeit fassen und begreifen. Machen wir gleich einen Versuch, fuhr ich fort, indem ich eins der grenzenlosen Englischen Blätter aufhob, die häufig umherlagen. Ich blickte schnell hinein und fand einen Artikel: daß ein Frauenzimmer ins Wasser gefallen, glücklich aber gerettet und den Ihrigen wiedergegeben worden. Es fanden sich Umstände bei dem Falle die ihn verwickelt und interessant machten, es blieb zweifelhaft ob sie sich ins Wasser gestürzt um den Tod zu suchen, so wie auch, welcher von ihren Verehrern, der Begünstigte oder Verschmähte, sich zu ihrer Rettung gewagt. Ich wies ihr die Stelle hin und bat sie aufmerksam darauf zu schauen. Darauf übersetzt' ich ihr erst alle Substantiva und examinierte sie, ob sie auch ihre Bedeutung wohl behalten. Gar bald überschaute sie die Stellung dieser Haupt- und Grundworte und machte sich mit dem Platz bekannt, den sie in Perioden eingenommen hatten. Ich ging darauf zu den einwirkenden, bewegenden, bestimmenden Worten über und machte nunmehr, wie diese das Ganze belebten, auf das heiterste bemerklich, und katechisierte sie so lange bis sie mir endlich, unaufgefordert, die ganze Stelle, als stünde Italienisch auf dem Papiere, vorlas, welches sie nicht ohne Bewegung ihres

zierlichen Wesens leisten konnte. Ich habe nicht leicht eine so
herzlich geistige Freude gesehen als sie ausdrückte, indem sie mir
für den Einblick in dieses neue Feld einen allerliebsten Dank aus-
sprach. Sie konnte sich kaum fassen, indem sie die Möglichkeit
gewahrte die Erfüllung ihres sehnlichsten Wunsches so nahe und
schon versuchsweise erreicht zu sehen.

Goethe als Pygmalion / Henry Higgings, die schöne Mailänderin als Eliza Doolittle, eine Englischlektion als Einführung
in die Liebeskunst! Kaum ist sie zu ihrem befriedigenden Abschluß gekommen, als Angelica auftritt und sofort erkennt,
was mit den beiden los ist. Sie ist auf so etwas vorbereitet gewesen (wie die Marschallin im »Rosenkavalier«, die weiß, daß
sie ihren jungen Geliebten verlieren wird), das ist der Lauf der
Welt, aber nun, da es wirklich geschehen ist, schmerzt es doch
sehr. Eine neue Herausforderung für den Dichter, der beide
Frauen haben will und Angelica durch zarteste Aufmerksamkeit zeigt, daß sie für ihn die »first Lady« bleibt. So gewinnt er
sie als Verbündete und Schutzherrin seiner irdischen Liebe.

Die Gesellschaft hatte sich vermehrt, auch Angelica war ange-
kommen; an einer großen gedeckten Tafel hatte man ihr mich
rechter Hand gesetzt, meine Schülerin stand an der entgegen-
gesetzten Seite des Tisches und besann sich keinen Augenblick,
als die übrigen sich um die Tafelspitze komplimentierten, um
den Tisch herumzugehen und sich neben mir nieder zu lassen.
Meine ernste Nachbarin schien dies mit einiger Verwunderung
zu bemerken, und es bedurfte nicht des Blicks einer klugen Frau,
um zu gewahren daß hier was vorgegangen sein müsse und daß
ein zeither bis zur trockenen Unhöflichkeit von den Frauen sich
entfernender Freund wohl selbst sich endlich zahm und gefangen
überrascht gesehen habe.

*Ich hielt zwar äußerlich noch ziemlich gut Stand, eine innere Be-
wegung aber gab sich wohl eher kund durch eine gewisse Verle-
genheit, in der ich mein Gespräch zwischen den Nachbarinnen
teilte, indem ich die ältere zarte, diesmal schweigsame Freundin
belebend zu unterhalten, und jene, die sich immer noch in der
fremden Sprache zu ergehen schien und sich in dem Zustande
befand desjenigen der mit einem Male von dem erwünscht auf-
gehenden Lichte geblendet, sich nicht gleich in der Umgebung zu
finden weiß, durch eine freundlich ruhige, eher ablehnende Teilnahme zu beschwichtigen suchte.*

Noch am gleichen Abend wird der Erzähler aus seinen Träumen gerissen. Er muß erfahren, daß seine schöne Mailänderin
verlobt ist und kurz vor der Hochzeit steht.

*Die Sonne ging unter, und ich wußte mich unter irgend einem
Vorwand von der Gesellschaft loszumachen, die, ohne es zu
wissen, mich auf eine so grausame Weise belehrt hatte. Daß
Neigungen denen man eine Zeitlang unvorsichtig nachgegeben,
endlich aus dem Traume geweckt, in die schmerzlichsten Zustände sich umwandeln, ist herkömmlich und bekannt, aber
vielleicht interessiert dieser Fall durch das Seltsame, daß ein
lebhaftes wechselseitiges Wohlwollen in dem Augenblicke des
Keimens zerstört wird, und damit die Vorahnung alles des
Glücks, das ein solches Gefühl sich in künftiger Entwickelung un-
begrenzt vorspiegelt. Ich kam spät nach Hause, und des andern
Morgens früh machte ich, meine Mappe unter dem Arm, einen
weiteren Weg, mit der Entschuldigung nicht zur Tafel zu kommen.
Ich hatte Jahre und Erfahrungen hinreichend, um mich, obwohl
schmerzhaft, doch auf der Stelle zusammen zu nehmen. Es wäre
wunderbar genug, rief ich aus, wenn ein wertherähnliches Schick-*

sal dich in Rom aufgesucht hätte, um dir so bedeutende bisher
wohlbewahrte Zustände zu verderben.

Ich wendete mich abermals rasch zu der inzwischen vernachläs-
sigten landschaftlichen Natur und suchte sie so treu als möglich
nachzubilden, mehr aber gelang mir sie besser zu sehen. Das we-
nige Technische was ich besaß reichte kaum zu dem unschein-
barsten Unriß hin, aber die Fülle der Körperlichkeit, die uns jene
Gegenden in Felsen und und Bäumen, Auf- und Anstiegen, stillen
Seen, belebten Bächen entgegen bringt, war meinem Auge fühl-
barer als sonst, und ich konnte dem Schmerz nicht feind werden,
der mir den innern und äußern Sinn in dem Grade zu schärfen
geeignet war.

Angelica habe ihm Schmeichelhaftes über sein Landschafts-
zeichnen gesagt und ihm Hoffnungen (für seine weitere Ent-
wicklung) *unter gewissen Bedingungen* gemacht, schrieb Goethe an Herder. Uneingeschränkt bewundert haben wird sie das
Gedicht, in dem er seiner Ferienliebe ein zauberhaftes Erinne-
rungsbild widmete: »Amor ein Landschaftsmaler«. Dem Dichter, der melancholisch auf eine graue Nebel(lein)wand starrt,
erscheint der kleine geflügelte Gott und läßt auf ihr erst eine
schöne, sonnige, blumenbunte Landschaft entstehen:

> *Hab' ich doch, so sagt' er, dir bewiesen,*
> *Daß ich dieses Handwerk gut verstehe;*
> *Doch es ist das schwerste noch zurücke.*
>
> *Zeichnete darnach mit spitzem Finger,*
> *Und mit großer Sorgfalt an dem Wädchen,*
> *G'rad' an's Ende, wo die Sonne kräftig*
> *Von dem hellen Boden wiederglänzte,*
> *Zeichnete das allerliebste Mädchen,*

Wohlgebildet, zierlich angekleidet,
Frische Wangen unter braunen Haaren,
Und die Wangen waren von der Farbe
Wie das Fingerchen, das sie gebildet.

O du Knabe, rief ich, welch ein Meister
Hat in seine Schule dich genommen,
Daß du so geschwind und so natürlich
Alles klug beginnst und gut vollendest?

Weil die Schöne auf einmal zu leben beginnt und auf den Dichter zugeht, den es nun auch nicht mehr auf seinem Platz hält, bleibt die Frage unbeantwortet. Es werden wohl zwei Meister gewesen sein: der Landschaftsmaler Philipp Hackert und Angelica Kauffmann, die von Zeit zu Zeit zusammengearbeitet haben. Zum Beispiel Anfang 1787 bei einer mythologisch-allegorischen Szene für den russischen Grafen Rossomerski. Sie zeigte, wie drei Nymphen die Fackel des schlafenden Cupido mit dem Wasser einer Felsenquelle auslöschen.

Die schöne Mailänderin (2)

Die drei römischen Kapitel, mit denen Goethe die in Castel Gandolfo begonnene Geschichte fortsetzt und zum versöhnlichen Ende bringt, verwandeln die schöne Mailänderin immer mehr in ein Clärchen, Angelica in ihre Schutzheilige und ihn selbst in einen Grafen Egmont.

Im Dezember 1787 erfährt der Erzähler (von Angelica), daß der Bräutigam der jungen Frau aus unbekanntem Grund, aber nicht *unter den Vorwänden jener Villeggiatur*, die Verlobung mit ihr gelöst habe. Aus Schrecken und Entsetzen darüber sei sie in ein heftiges Fieber gefallen, *welches für ihr Leben fürchten lasse. Indem ich mich nun tagtäglich, und die erste Zeit zweimal erkundigen ließ, hatte ich die Pein, daß meine Einbildungskraft sich etwas Unmögliches hervorzubringen bemüht war, jene heitern dem offnen, frohen Tag allein gehörigen Züge, diesen Ausdruck unbefangenen, still vorschreitenden Lebens, nunmehr durch Tränen getrübt, durch Krankheit entstellt, und eine so frische Jugend durch inneres und äußeres Leiden so frühzeitig blaß und schmächtig zu denken.* Das hört sich fast wie das Eingeständnis einer Schuld an, so als habe Maddalena möglicherweise um ihn und nicht um den abtrünnigen Bräutigam getrauert.

Im Februar, in der Karnevalszeit, begegnet der Erzähler seiner Mailänderin ganz unverhofft wieder – in Begleitung von Angelica.

Auf dem Venetianischen Platz sah ich den Wagen der Madam Angelica und trat an den Schlag sie zu begrüßen. Sie hatte sich kaum freundlich zu mir herausgeneigt, als sie sich zurückbog um die neben ihr sitzende, wieder genesende Mailänderin mir sehen zu lassen. Ich fand sie nicht verändert: denn wie sollte eine gesunde Jugend sich nicht schnell wieder herstellen; ja ihre Augen schienen frischer und glänzender mich anzusehen, mit einer Freudigkeit die mich bis ins Innerste durchdrang. So blieben wir eine Zeitlang ohne Sprache als Madam Angelica das Wort nahm und indessen jene sich vorbog zu mir sagte: ich muß nur den Dolmetscher machen, denn ich sehe, meine junge Freundin kommt nicht dazu auszusprechen, was sie so lange gewünscht, sich vorgesetzt und mir öfters wiederholt hat, wie sehr sie Ihnen verpflichtet ist für den Anteil den Sie an Ihrer Krankheit, an Ihrem Schicksal genommen. Das erste was ihr bei ihrem Wiedereintritt in das Leben tröstlich geworden, heilsam und wiederherstellend auf sie gewirkt, sei die Teilnahme ihrer Freunde und besonders die Ihrige gewesen, sie habe sich auf einmal wieder aus der tiefsten Einsamkeit unter so vielen guten Menschen wieder in dem schönsten Kreise gefunden.

Das ist alles wahr, sagte jene, indem sie über die Freundin her mir die Hand reichte, die ich wohl mit der meinigen, aber nicht mit den Lippen berühren konnte.

Mit stiller Zufriedenheit entfernt' ich mich wieder in das Gedräng der Toren, mit dem zartesten Gefühl der Dankbarkeit gegen Angelica, die sich des guten Mädchens, gleich nach dem Unfalle, tröstend anzunehmen gewußt und, was in Rom selten ist, ein bisher fremdes Frauenzimmer in ihren edlen Kreis aufgenommen hatte, welches mich um so mehr rührte, als ich mir schmeicheln durfte, mein Anteil an dem guten Kinde habe hierauf nicht wenig eingewirkt.

Die letzte Szene spielt kurz vor Goethes Abreise in Rom, in Maddalenas Wohnung am Tiberhafen.

Man wird es natürlich finden, daß ich bei meinen Abschiedsbesuchen jene anmutige Mailänderin nicht vergaß. Ich hatte die Zeit her von ihr manches Vergnügliche gehört: wie sie mit Angelica immer vertrauter geworden und sich in der höhern Gesellschaft, wohin sie dadurch gelangt, gar gut zu benehmen wisse. Auch konnte ich die Vermutung nähren und den Wunsch daß ein wohlhabender junger Mann, welcher mit Zucchis im besten Vernehmen stand, gegen ihre Anmut nicht unempfindlich und ernstere Absichten durchzuführen nicht abgeneigt sei.

Nun fand ich sie im reinlichen Morgenkleide, wie ich sie zuerst in Castel Gandolfo gesehen; sie empfing mich mit offner Anmut und drückte, mit natürlicher Zierlichkeit, den wiederholten Dank für meine Teilnahme gar liebenswürdig aus. »Ich werd' es nie vergessen, sagte sie, daß ich aus Verwirrung mich wieder erholend, unter den anfragenden geliebten und verehrten Namen auch den Eurigen nennen hörte; ich forschte mehrmals, ob es denn auch wahr sei? Ihr setztet Eure Erkundigungen durch mehrere Wochen fort, bis endlich mein Bruder Euch besuchend für uns beide danken konnte. Ich weiß nicht, ob er's ausgerichtet hat wie ich's ihm auftrug, ich wäre gern mitgegangen, wenn sich's geziemte.« Sie fragte nach dem Weg den ich nehmen wollte, und als ich ihr meinen Reiseplan vorerzählte, versetzte sie: »Ihr seid glücklich so reich zu sein, daß Ihr Euch dies nicht zu versagen braucht; wir andern müssen uns in die Stelle finden welche Gott und seine Heiligen uns angewiesen. Schon lange seh' ich vor meinem Fenster Schiffe kommen und abgehen, ausladen und einladen; das ist unterhaltend, und ich denke manchmal woher und wohin das alles?« Die Fenster gingen gerade auf die Treppen von Ripetta, die Bewegung war eben sehr lebhaft.

Sie sprach von ihrem Bruder mit Zärtlichkeit, freute sich seine Haushaltung ordentlich zu führen, ihm möglich zu machen daß er, bei mäßiger Besoldung, noch immer etwas zurück in einem vorteilhaften Handel anlegen könne; genug, sie ließ mich zunächst mit ihren Zuständen durchaus vertraut werden. Ich freute mich ihrer Gesprächigkeit; denn eigentlich macht' ich eine gar wunderliche Figur, indem ich schnell alle Momente unseres zarten Verhältnisses, vom ersten Augenblick an bis zum letzten, mir wieder vorzurollen gedrängt war. Nun trat der Bruder herein, und der Abschied schloß sich in freundlicher mäßiger Prosa.

Als ich vor die Türe kam, fand ich meinen Wagen ohne den Kutscher, den ein geschäftiger Knabe zu holen lief. Sie sah heraus zum Fenster des Entresols, den sie in einem stattlichen Gebäude bewohnten; es war nicht gar hoch, man hätte geglaubt sich die Hand reichen zu können.

»Man will mich nicht von Euch wegführen, seht Ihr, rief ich aus, man weiß, so scheint es, daß ich ungern von Euch scheide.«

Was sie darauf erwiderte, was ich versetzte, den Gang des anmutigsten Gespräches, das von allen Fesseln frei, das Innere zweier sich nur halbbewußt Liebenden offenbarte, will ich nicht entweihen durch Wiederholung und Erzählung; es war ein wunderbares zufällig eingeleitetes, durch innern Drang abgenötigtes lakonisches Schlußbekenntnis der unschuldigsten und zartesten wechselseitigen Gewogenheit, das mir auch deshalb nie aus Sinn und Seele gekommen ist.

Menschen wie sie Gott erschaffen hat

Noch in der Villegiatura hatte Goethe Angelica die ersten vier Bände seiner Schriften überreichen können, die er für sie in der Prachtausgabe in rotem Saffianleder bestellt hatte. In einem Brief vom 27. Oktober, in dem er sich bei seinem Verleger über die mangelnde Qualität von Papier und Druck und allzu viele Fehler beschwerte, kündigte er ihm die Druckplatte an, die Lips nach Angelicas *schöner Zeichnung* zum Egmont hergestellt hatte, und erbat für sie ein Anerkennungshonorar in »Naturalien«: *Der Madam Angelika darf ich kein Geld anbieten, dagegen wünschte ich durch Bücher unsere Erkenntlichkeit zu zeigen und eine gute Einleitung in die Zukunft zu machen.*

Schicken Sie deswegen auf das baldigste

> *Wielands poetische Schriften die kleine neue Ausgabe.*
> *Herders zerstreute Blätter 3 Bände.*
> *Desselben Volkslieder. 2 Bände.*
> *Vossens kleine Gedichte.*
> *Höltys Gedichte,*
> *Vossens Odyssee*

sämtlich in englischen Band gebunden, wohl gepackt, unter der
bekannten Adresse an Herrn Tischbein nach Rom.

Als Goethe knapp zwei Wochen später Angelica seinen neu-
en Hausgenossen vorstellte, war gerade das obere Stück des
Obelisken vor SS. Trinità die Monti eingetroffen, sechs Wochen
nachdem man mit dem Transport der beiden tonnenschweren
Teile begonnen hatte. Der aus Frankfurt gebürtige, in Zürich
lebende Musiker Philipp Christoph Kayser war ein Jugend-
freund Goethes, der große Stücke auf ihn hielt und viel von
ihm erhoffte. Schon seit Jahren plante der Dichter eine große
deutsche Opera buffa – »Scherz, List und Rache« –, die Kayser vertonen sollte. Die nähere Bekanntschaft mit der italienischen Oper hatte sein Interesse an diesem Projekt neu aufflammen lassen und ihm zu weiteren poetisch-musikalischen
Gemeinschaftsarbeiten Lust gemacht. Auch seine kleinen
Stücke »Claudine von Villa Bella« und »Erwin und Elmire«
wollte er zu Singspielen formen; »Egmont« sollte mit Vorspiel,

Porträt Philipp Christoph Kayser.
Kupferstich nach einer Zeichnung von Johann Heinrich Lips

Zwischenmusiken und Arien ein Stück weit »veropert« werden. Zur bequemeren Realisierung all dieser Vorhaben lud er Kayser zu sich nach Rom ein, der im November 1787 eintraf und in die Wohngemeinschaft am Corso aufgenommen wurde. Goethes Ärger über die Umstände, die der neue Gast ihm machte, überdauerte mehr als vier Jahrzehnte und ging in die Schilderung des »Zweiten römischen Aufenthaltes« ein: *Vorerst gingen mehrere Tage hin bis ein Klavier beigeschafft, probiert, gestimmt und nach des eigensinnigen Künstlers Willen und Wollen zurecht gerückt war, wobei denn immer noch etwas zu wünschen und zu fordern übrig blieb. Indessen belohnte sich baldigst der Aufwand von Mühe und Versäumnis durch die Leistungen eines sehr gewandten, seiner Zeit völlig gemäßen, die damaligen schwierigsten Werke leicht vortragenden Talentes.* Ab und zu konzertierte Kayser vor geladenen Gästen, zu denen natürlich auch Angelica Kauffmann gehörte.

Der Musiker war ein scheuer, grüblerischer, eigenbrötlerischer Mann mit einem Hang zur Schwermut und dem Wesen nach ein Gelehrter. Viel Zeit verbrachte er in den Bibliotheken mit dem Studium alter Handschriften. In Rom beschäftigte er sich intensiv mit altitalienischer polyphoner Musik, für deren Schönheit er Goethe die Ohren öffnete. Auch mit italienischer Volksmusik hat er sich eingehend befaßt. Wenn er so etwas wie Ehrgeiz besessen haben sollte, so ließ er davon nichts merken. Jedes Streben nach gesellschaftlicher Anerkennung sei ihm fremd gewesen, heißt es, lieber habe er die zweite Bratsche gespielt, *als das Orchester zu dirigieren.* Also ein Mitarbeiter nach dem Herzen Goethes, der ihn wohlwollend lobte. Er sei *einer von den Menschen, durch deren Nähe man gesunder wird, sehr brav, verständig, ordentlich, gesetzt, in seiner Kunst so fest und sicher, als man sein kann.*

Ob Goethe auch nach dem Herzen Kaysers war? Er wird ihn bewundert und sich von ihm erdrückt gefühlt, auch manchmal sich über seine leichtfertigen Urteile geärgert haben. Als er nach der gemeinsamen Zeit in Rom Vertonungen von Gedichten Goethes (je zwei aus »Claudine von Villa Bella« und »Egmont«, außerdem das »Mailied«) und Herders für eine Veröffentlichung – »Römische Nebenstunden« – zusammenstellte, wollte er sie Angelica Kauffmann widmen. Sein Begleitbrief läßt erkennen, wie intensiv sie auch an den musikalischen Projekten Goethes Anteil genommen, vielleicht auch Lieder Kaysers *mit der öfters schönen Altstimme ihres Geschlechts* gesungen hat. Von Goethe selbst erfahren wir darüber nichts, wie er sich überhaupt über ihre innige Beziehung zur Musik ausgeschwiegen – und sie indirekt (durch sein Konzert für Angelica) doch bezeugt hat.

Sein nächstes großes Projekt nach dem »Egmont« war die Bearbeitung und Vollendung eines Trauerspiels über das traurige Schicksal des großen Renaissance-Dichters Torquato Tasso, der von seinen Zeitgenossen als ehrgeizig, empfindlich, paranoisch beschrieben wird. Nachdem er bei seinem Fürsten, dem Herzog Alfons von Ferrara, in Ungnade gefallen war, wurde er gemütskrank und blieb viele Jahre in einem Irrenhaus eingesperrt. Goethe, der Tassos Fall mit dessen unschicklicher Leidenschaft zur Prinzessin Leonore, der Schwester des Herzogs, motivieren wollte, hatte sich in der Heimat des Dichters Inspiration für sein Drama erhofft. Auf der Hinreise nach Rom ließ er sich in Ferrara Tassos angebliches Gefängnis zeigen; im römischen Kloster S. Onofrio besuchte er das Grab des Dichters und betrachtete seine Büste. Doch er kam mit dem Stück nicht voran. Die Geschichte des unglücklichen Tasso gehörte zu seiner Weimarer Existenz, die er mit der Reise nach Italien hinter sich gelassen hatte. *Wenn es mit Fertigung meiner Schriften unter glei-chen Konstellationen fortgeht, so muß ich mich im Laufe dieses Jahres in eine Prinzessin verlieben, um den Tasso, ich muß mich dem Teufel ergeben, um den Faust schreiben zu können, ob ich mir gleich zu beiden wenig Lust fühle*, meinte er im Januar 1788. Keine Prinzessin, ein Clärchen sollte es sein.

Das unruhige Verlangen, das ihn umtrieb, scheint sich in sei-nen Studien zu spiegeln. Er zersplitterte sich, wollte soviel gei-stigen Besitz wie möglich erjagen und heimbringen. In seinem Leben habe er nicht leicht *operosere, mühsamer beschäftigte Tage zugebracht*, bekennt er im Bericht über den »Zweiten Rö-mischen Aufenthalt«. Da war – seit der Ankunft Kaysers – das neue zeitraubende Interesse für Musik. Und da waren die *stö-renden Naturbetrachtungen*, die ein geregeltes Studium von *Poesie, Kunst und Altertum* verhinderten. *Männern vom Fach wird es vielleicht gar zu naiv vorkommen, wenn ich erzähle, wie ich tagtäglich, in einem jeden Garten, auf Spaziergängen, kleinen Lustfahrten, mich der neben mir bemerkten Pflanzen bemäch-tigte.*

Auf der Suche nach der *Gesetzlichkeit der Pflanzenorganisation* studierte Goethe fasziniert die Vermehrung der Pflanzen, also ihre und damit auch seine Sexualität. *Man kann den rechten Begriff von den zwei Geschlechtern nicht fassen wenn man sich solche nicht an Einem Individuo vorstellt*, notierte er, und: *Je mehr die Zeugungskraft bei einem Wesen subordiniert ist desto schwerer ist es zu erklären. Wo die Zeugungskraft und die Exi-stenz einander gleich sind desto erklärbarer ist das Wesen.* Reif-fenstein überzeugte ihn von den Vorteilen der Fortpflanzung durch Stecklinge, er bewunderte die *gewaltige Lebens- und Vermehrungskraft* von Nelkenstöcken, notierte eine *Monstrose Nelke von Angelika* und erlebte *Auffallendes* mit Samenkapseln, nämlich nächtliche Ergüsse: *Ich hatte derselben mehrere von Acanthus mollus nach Hause getragen und in einem offenen Kästchen niedergelegt; nun geschah es in einer Nacht, daß ich ein Knistern hörte und bald darauf das Umherspringen an Decke und Wänden wie von kleinen Körpern. Ich erklärte mir's nicht gleich, fand aber nachher meine Schoten aufgesprungen und die Samen umher zerstreut.*

Verräterisch ist auch Goethes immer stärker werdendes Interesse an der Darstellung des menschlichen Körpers. Bisher hatte er sich nur im Zeichnen und Aquarellieren von Landschaften versucht. Im August 1787 wandte er sich, inspiriert durch Trippels Arbeit an seiner apollinischen Porträtbüste, einem neuen Fach zu. *Nun hat mich zuletzt das A und O aller uns bekannten Dinge, die menschliche Figur, angefaßt und ich sie, und ich sage: Herr, ich lasse dich nicht, du segnest mich denn, und sollt' ich mich lahm ringen,* läßt er diese Epoche in der »Italienischen Reise« beginnen. An Charlotte von Stein schrieb er nicht ganz so feierlich: *Die menschliche Gestalt tritt in alle ihre Rechte und das übrige fällt mir wie Lumpen vom Leibe. Ich habe ein Prinzip gefunden das mich wie ein Ariadnischer Faden durch die Labyrinthe der MenschenBildung durchführen wird. Wenigstens hoff ich's.*

Angeleitet von seinem neuen Favoriten, dem Maler Johann Heinrich Meyer, zeichnete er den menschlichen Körper, nach Gipsmodellen und Stück für Stück. *Ich begab mich in die Schule, lernte den Kopf mit seinen Teilen zeichnen und nun fing ich erst an die Antiken zu verstehen. Damit brachte ich November und Dezember hin. Mit dem ersten Januar stieg ich vom Angesicht zum Schlüsselbein, verbreitete mich auf die Brust und so weiter, alles von innen heraus, den Knochenbau die Muskeln wohl studiert und überlegt, dann die antiken Formen betrachtet, mit der*

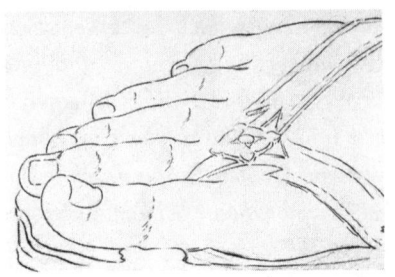

Johann Wolfgang von Goethe, Der große Fuß.
Federzeichnung, 1788

Natur verglichen und das charakteristische sich wohl eingeprägt.
Mein sorgfältige, ehmalige Studien der Osteologie und der Kör-
per überhaupt, sind mir sehr zustatten gekommen und ich habe
gestern die Hand, als den letzten Teil, der mir übrig blieb, absol-
viert, schrieb er am 25. Januar 1788 an Herzog Carl August.

Um die Prinzipien idealer Schönheit zu ergründen, zerstückelte
er den menschlichen Körper, daß es eine Art hatte, schreibt
Robert Gernhardt. Die Abgründigkeit dieses Zerstückelungs-
und Systematisierungswahns könne erst ermessen, *wer sich in*
Fennels »Corpus der Goethe-Zeichnungen« vertieft und auf ein
so unfreiwillig komisches Stückwerk stößt wie den Versuch einer
Schematisierung des menschlichen Mundes, von Nummer 1 bis
Nummer 14, samt der Umsetzung 8, 9, 13 und 14 in idealtypische
Lippenprofile.

In den Kontext dieser Studien gehört das einzige (undatierte)
Brieflein Goethes an Angelica Kauffmann, das sich aus seiner
Zeit in Italien erhalten hat. So entspannt und geistreich also
hat er ihr geschrieben:

Es scheint daß man in dem Studio de tedeschi, in contro al Ron-
danini, von einer Extremität zur andern gehe. Vorige Woche
zeichnete man die Menschen wie sie Gott erschaffen hat, und die-
se Woche will man sie ganz in Stahl und Eisen kleiden.

164

Johann Wolfgang von Goethe, Zwei männliche Aktzeichnungen.
Bleistift, Feder 1788

Nach diesem Eingang folgt eine Bitte, teuerste Freundinn.
Besitzen Sie ein Kupfer, worauf ein Held in nordischer Rüstung,
das heißt vom Kopf bis zu Fuß gewaffnet, vorgestellt wird; so bitte
ich darum auf einige Tage.
Es ist eine sonderbare Zaubergeschichte in Arbeit, welche ich
Sonntags vorzulegen hoffe. Am sbaglieren [verfehlen] wollen wirs
nicht fehlen lassen, in Hoffnung einmal zu treffen.
Ich bitte nicht um Vergebung, denn ich habe einmal Generalpar-
don.
Leben Sie bestens wohl. G.

Die Zeichnungen Goethes *von Menschen wie sie Gott erschaf-*
fen hat sind überliefert: *Zwei Männerakte in gewagten Verdre-*
hungen, unbegriffene, ja lebensunfähige Gestalten.

Der Sieg des Barbaren

Cupido, loser eigensinniger Knabe,
Du bat'st mich um Quartier auf einige Stunden!
Wie viele Tag' und Nächte bist du geblieben,
Und bist nun herrisch und Meister im Hause geworden.

Von meinem breiten Lager bin ich vertrieben,
Nun sitz' ich an der Erde Nächte gequälet,
Dein Mutwill' schüret Flamm' auf Flamme des Herdes,
Verbrennet den Vorrat des Winters und senget mich Armen.

Du hast mir mein Gerät verstellt und verschoben,
Ich such' und bin wie blind und irre geworden.
Du lärmst so ungeschickt, ich fürchte das Seelchen
Entflieht, um dir zu entfliehn, und räumet die Hütte.

Die Winternächte waren sehr dunkel in Rom. Es gab keine
Straßenlaternen, nur die Lämpchen vor den Madonnen-Bild-
stöcken an den Straßenecken glimmten schwach. Die Römer
konnten es nicht leiden, wenn die Fremden ihre Kutschen mit
Fackeln beleuchteten. Das sei hier nicht üblich, ließ man sie
wissen, sie *könnten sich damit üble Händel auf den Hals ziehen.*
Nur kleine Handlaternen wurden geduldet. *All die schlecht ge-*
schmierten Kutschen schleichen also, wie arme Seelen im Fege-
feuer, ächzend und quiekend durch die Nacht, in diesem schauer-
lichen Aufzug, schrieb Charles de Brosses. *Und auch jetzt noch*
schreit es manchmal: »Volti la lanterna!« *Das heißt* »Laterne weg!*
Stört mich gefälligst nicht in meinen Verrichtungen!« *Und jeder-*
mann kommt dem Befehl nach. Sagen Sie selbst, gibt es etwas
Anmutvolleres als diese bürgerliche Freiheit unter dem Schirme
des Heiligen Vaters?

Ob Goethe auch manchmal *Volti la Lanterna* rief, wenn er im Winter des Jahres 1788 nachts unterwegs war? Irgendwann im Dezember hatte er sich heftig verliebt, in ein Mädchen aus dem Volke, das sich ihm, möglicherweise mit Wissen und Einverständnis der Mutter, ohne Eheversprechen nach kurzer Belagerung liebend hingab.

Nun konnte er dem Herzog, der ihn zu derlei Aktivitäten aufgemuntert hatte, antworten, er könne ihm schon *von einigen anmutigen Spazirgängen erzählen. So viel ist gewiß und haben Sie, als ein Doktor longe experientissimus, vollkommen recht, daß eine dergleichen mäßige Bewegung, das Gemüt erfrischt und den Körper in ein köstliches Gleichgewicht bringt. Wie ich solches in meinem Leben mehr als einmal erfahren, dagegen auch die Unbequemlichkeiten gespürt habe, wenn ich mich von dem breiten Wege, auf dem engen Pfad der Enthaltsamkeit und Sicherheit einleiten wollte.*

In den »Römischen Elegien«, in denen der Dichter seine Eroberung auf klassischem Boden als Triumph feierte, schlug er den hohen »Goethe in der Campagna«-Ton an und begab sich in die Gesellschaft von Göttern und Heroen. *Und der Barbare beherrscht römischen Busen und Leib* heißt es da, und *Alexander Caesar und Heinrich und Friedrich die Großen, / Gäben die Häfte mir gern ihres erworbenen Ruhms / Wenn ich ihnen dies Lager auf eine Nacht nur vergönnte / Aber die Guten, man hält leider im Orkus sie fest.*

Im päpstlichen Rom allerdings war ein solches Verhältnis nicht ungefährlich, es konnte die Liebenden in den Kerker und den Liebhaber ins Ehegefängnis bringen. Tiefste Verschwiegenheit war geboten. Wer Goethes Freundin war, wissen wir bis heute nicht. In den »Römischen Elegien« nennt er sie Faustina, aber das war sicher nicht ihr richtiger Name. War sie unverheiratet?

Eine Witwe mit Kind? Wo lernte er sie kennen? In einer Osteria? Goethe bezahlte sie, aber sie war ihm treu und Sex mit ihr sicher:

Eines ist mir verdrießlich vor vielen Dingen, ein andres
  Bleibt mir abscheulich, empört jegliche Faser in mir;
Nur der bloße Gedanke. Ich will es euch Freunde, gestehn
  Gar verdrießlich ist mir einsam das Lager zu Nacht.
Aber ganz abscheulich ists, auf dem Wege der Liebe
  Schlangen zu fürchten und Gift unter den Rosen der Lust.
Wenn im schönsten Moment der hin sich gebenden Freude
  Deinem sinkenden Haupt lispelnde Sorge sich naht.
Darum macht mich mein Mädchen so glücklich sie teilet
                                    das Lager
  Gerne mit mir und bewahrt Treue dem Treuen genau.

Wes das Herz voll ist, des gehet der Mund über! In der letzten Elegie, die der Verschwiegenheit als Schutzgöttin der Liebenden gewidmet ist, erzählt der Dichter, wie schwer es ihm falle (gefallen sei), sein schönes Geheimnis zu wahren: *Keiner Freundin darf ichs vertrauen sie möchte mich schelten, / Keinem Freunde: vielleicht brächte der Freund mir Gefahr.* Er wird Angelica also vermutlich nichts verraten haben, aber sicher ist das natürlich nicht, vielleicht hat er beim Schelten ja auch an Charlotte von Stein gedacht. Wie die Affäre mit der Mailänderin zeigt, mußte er Angelicas Eifersucht nicht fürchten. Sie hätte ihm vermutlich zu bedenken gegeben, was er selbst wußte: w i e riskant die Affäre für ihn selbst, vor allem aber das Mädchen war. Entdeckung oder gar eine Schwangerschaft konnten ihr Leben ruinieren. Schließlich war Angelica selbst einst durch die Ankunft eines Fremden ins Unglück gestürzt worden, der sie mit Geschichten umgarnt hatte wie Goethe seine Faustina:

1   *Angelica Kauffmann, Die verlassene Ariadne.*
Öl auf Leinwand, um 1770

2   *Angelica Kauffmann, Hektors Abschied von Andromache.*
Öl auf Leinwand, 1768

3 *Angelica Kauffmann, Bildnis Johann Joachim Winckelmann.*
Öl auf Leinwand, 1764

4   *Angelica Kauffmann, Josef Johann Graf Fries.*
     Öl auf Leinwand, 1788

5 *Angelica Kauffmann, Amor und Psyche.*
Öl auf Leinwand, 1792

6   *Angelica Kauffmann, Johann Wolfgang von Goethe, 1787*

7   Angelica Kauffmann,
Selbstbildnis in Bregenzerwäldlerinnentracht, 1781

8   Angelica Kauffmann, Selbstbildnis.
Öl auf Leinwand, 1787

Sie erfreut sich an ihm, dem freien rüstigen Fremden,
  Der von Bergen und Schnee, hölzernen Häusern erzählt.
Auch wenn Goethe Angelica nichts sagte, feinfühlig wie sie
war, wird sie sein Geheimnis geahnt, ja gewußt haben.

Abfahrender Liebhaber

Goethe mußte jetzt ernsthaft an die Rückkehr nach Weimar
denken. Karneval und Ostern wollte er noch abwarten und
sich dann auf den Heimweg machen. Ende Januar 1788 verfaßte er einen Bericht, in dem er dem Herzog über den Verlauf
und Ertrag seiner Bildungsreise Rechenschaft ablegte. Das Fa-
zit stellte er vorweg: alles optimal gelaufen – oder doch fast.
*Die Hauptabsicht meiner Reise war: mich von den physisch mo-
ralischen Übeln zu heilen die mich in Deutschland quälten und
zuletzt unbrauchbar machten; sodann den heißen Durst nach
wahrer Kunst zu stillen, das erste ist mir ziemlich das letzte ganz
geglückt,* schrieb er, und zwei Monate später: *Ich darf wohl sagen, ich habe mich in dieser anderthalbjährigen Einsamkeit selbst
wiedergefunden; aber als was? – Als Künstler.* Von seinen Maler-
träumen hatte er sich insgeheim verabschiedet.
Mit dem Reisestipendium des Herzogs war er nicht ganz aus-
gekommen, er hatte noch einen Teil des Honorars für die Ausgabe seiner »Schriften« zuschießen müssen. Bei seiner Lebens-
art hätte er *wohlfeiler davon kommen sollen,* gab er zu, habe
aber darauf sehen müssen, sein *Inkognito durch eine mäßige
und schickliche Freigiebigkeit respektabel zu machen.* Daß er einige Künstler mit ernährt habe, sei letztlich gewinnbringend
gewesen, da er sich in ihnen *zugleich Lehrer Freunde und Diener erworben* habe. Tatsächlich hatte er in Rom *jene fürstliche
Kenntnis: wozu die Menschen zu brauchen sind, immer mehr*

erweitert und geschärft. Auch über die Zukunft machte er sich Gedanken. In Weimar wollte er sein Leben neu ordnen und sich weitgehend aus Politik und Administration zurückziehen.

Als frisch Verliebter, dem die Trennung von seinem Mädchen drohte, genoß er Rom nun mehr als je zuvor. *Ich kann sagen daß ich die höchste Zufriedenheit meines Lebens in diesen letzten acht Wochen genossen habe,* bilanzierte er unter dem Datum des 14. März. Sogar am römischen Karneval, den er im Vorjahr mit ein paar herablassenden Bemerkungen abgetan hatte, fand er nun Geschmack. Fast das Beste daran war vielleicht die Zeit der Erwartung, in der man mit Vorbereitungen beschäftigt war. Der Corso wurde gefegt und gesäubert. Die Glocke des Capitol erklang als *Signal der vollkommenen Carnevalsfreiheit.* Die Bewohner des Corso hängten Teppiche aus und stellten Stühle auf die Straße, die bald einem großen Saal glich. Mit klingendem Spiel zog das Militär auf, um über die öffentliche Ordnung zu wachen. Man sah immer mehr Masken auf den Straßen. Hohe Herrschaften paradierten mit ihren Kutschen, der Gouverneur und die Senatoren eröffneten die Feierlichkeiten mit Pomp und großem Gefolge. Die Masken schmissen mit Konfetti, einem Gemisch aus Gips und Kreide, und bald tobten wilde Schlachten. Auf den Nebenstraßen spielten die Kinder sich totschlagen (*ammazzieren*). Dann der Höhepunkt, das Pferderennen auf dem Corso, das für die Teilnehmer wegen der Enge der Straße eine lebensgefährliche Angelegenheit war, immer kam es zu bösen Stürzen. Nachts vergnügte man sich im Theater oder ging auf Bälle. Schließlich der letzte ausgelassene Abend der *Moccoli.* Goethe saß in Angelicas Kutsche. *Wir haben Dein dabei gedacht, und Dich zu uns in den Wagen gewünscht,* schrieb er an Fritz von Stein.

Nun wird es für einen jeden Pflicht, ein angezündetes Kerzchen in der Hand zu tragen und die Favoritverwünschung der Römer sia ammazzato hört man von allen Ecken und Enden wiederholen.

Sia ammazzato chi non porta moccolo! Ermordet werde, der kein Lichtstümpfchen trägt! ruft einer dem andern zu, indem er ihm das Licht auszublasen sucht. Anzünden und ausblasen und ein unbändiges Geschrei: sia ammazzato, bringt nun bald Leben und Bewegung und wechselseitiges Interesse unter die ungeheure Menge.

Ohne Unterschied, ob man Bekannte oder Unbekannte vor sich habe, sucht man nur immer das nächste Licht auszublasen, oder das seinige wieder anzuzünden und bei dieser Gelegenheit das Licht des Anzündenden auszulöschen. Und je stärker das Gebrüll sia ammazzato von allen Enden widerhallt, desto mehr verliert das Wort von seinem fürchterlichen Sinn, desto mehr vergißt man, daß man in Rom sei, wo diese Verwünschung, um einer Kleinigkeit willen, in kurzem an einem und dem andern erfüllt werden kann.

Die Bedeutung des Ausdrucks verliert sich nach und nach gänzlich. Und wie wir in andern Sprachen oft Flüche und unanständige Worte zum Zeichen der Bewunderung und Freude gebrauchen hören, so wird sia ammazzato diesen Abend zum Losungswort, zum Freudengeschrei, zum Refrain aller Scherze, Neckereien und Komplimente.

So hören wir spotten: sia ammazzato il Signore Abbate che fa l'amore. Oder einen vorbeigehenden Freund anrufen: Sia ammazzato il Signore Filippo. Oder Schmeichelei und Kompliment damit verbinden: Sia ammazzata la bella Principessa! Sia ammazzata Signora Angelica la prima pittrice del secolo.

Alle diese Phrasen werden heftig und schnell mit einem langen haltenden Ton auf der vorletzten oder drittletzten Sylbe ausgerufen. Unter diesem unaufhörlichen Geschrei geht das Ausblasen und Anzünden der Kerzen immer fort. Man begegne jemandem im Haus, auf der Treppe, es sei eine Gesellschaft im Zimmer beisammen, aus einem Fenster ans benachbarte, überall sucht man über den andern zu gewinnen, und ihm das Licht auszulöschen.

Am 17. März 1788, dem Montag vor Ostern, traf ein Schreiben des Herzogs Carl August in Rom ein, das Goethe nach Weimar zurückrief. *Ihren freundlichen, herzlichen Brief beantworte ich sogleich mit einem fröhlichen: ich komme!* schrieb der Dichter unglücklich zurück. *Diese Woche geht im Taumel vorüber. Sobald uns der dritte Feiertag erschienen ist, mache ich ernstliche Anstalt zur Abreise.* Er war sehr beeindruckt von den Zeremonien und Konzerten der Karwoche, die er im Jahr zuvor wegen der Reise nach Neapel verpaßt hatte. *Die Kapellmusik ist undenkbar schön. Besonders das Miserere von Allegri und die sogenannten Improperien, die Vorwürfe, welche der gekreuzigte Gott seinem Volke macht. Sie werden Karfreitags frühe gesungen. Der Augenblick, wenn der aller seiner Pracht entkleidete Papst vom Thron steigt, um das Kreuz anzubeten, und alles Übrige an seiner Stelle bleibt, jedermann still ist, und der Chor anfängt: Populus meus quid feci tibi? ist eine der schönsten unter allen merkwürdigen Funktionen.*

Dann ging es noch einmal ans Einkaufen. *Reisen heißt kaufen. Reisen heißt plündern.* Kayser, der mit Goethe nach Weimar gehen sollte und wollte, mußte besorgen, *was von Musik transportabel ist,* also Noten. Goethe erwarb für sich selbst und für den Herzog und dessen Mutter Zeichnungen, Stiche, Gemmen, Münzen … Einen Abguß von Raffaels Schädel, der ihn zum Schwärmen brachte: *Ein wahrhaft wundersamer Anblick!* Und er verlor sein Herz an eine antike Statue, die der Kunsthändler

Rega in Neapel illegal nach Rom geschafft hatte und ihm zum Kauf anbot:

Der abgebrochene Kopf paßte ganz genau zu Hals und Rumpf; das freundliche Gesichtchen schien sich schon zum voraus eines werten Besitzers zu erfreuen und die hohlen ausgebohrten Locken taten aus dem Kasten heraus die beste Wirkung …

Wir erbaten uns vier und zwanzig Stunden Bedenkzeit, welche Rega zwar zugestand, aber doch während dem Lauf derselben um Entscheidung bat. Es sei ihm darum zu tun, wiederholte er, daß dieses köstliche Altertum in Privathände komme, wo es eine Zeitlang verborgen bleiben könne. Sollten wir Bedenken tragen es zu kaufen; so würde er sich alsdann an den nächsten Bildhauer wenden und demselben die Statue antragen. Hielte dieser sie auch nur ein Jahr, so lange er restauriere, verborgen, so habe er, der Verkäufer, weiter keine Gefahr noch Verdruß zu befürchten.

Die Versuchung sei sehr groß gewesen, so Goethe, aber er habe ihr widerstanden, zumal seine Anreise festgesetzt gewesen sei und er die nötigen Vorkehrungen nicht mehr selbst habe treffen können. Er habe deshalb *diese große Gunst des Schicksals* auf Angelica übertragen und ihr dadurch seine Dankbarkeit *für so manche Freundschaft* beweisen wollen.

Der Freund, den er mit diesem ziemlich dubiosen Angebot zu ihr schickte, kam mit einer ablehnenden Antwort von Trinità dei Monti zurück. *Sie hatte ihren Dank für unsern guten Willen geäußert, dagegen jedoch erklärt, daß sie und ihr Gemahl nur entschieden gute Malereien angeschafft; auf Bildhauerarbeiten aber, selbst bei den vorteilhaftesten Anerbietungen, sich nicht eingelassen hätten. Auch uns wolle sie raten dieser Lockung zu widerstehen. Wer nicht in Rom seßhaft sei müsse dergleichen nicht unternehmen um Vorteil daraus zu ziehen und auch alsdann sei dieser Handel ein eignes Handwerk; diejenigen die sich regelmäßig damit abgäben wüßten in solchen Fällen nur gar zu gut durch*

allerlei Mittel den Verkauf an wohlhabende Fremde zu hindern
und den Gang der Sache dergestalt einzurichten daß ein solcher
Gegenstand doch zuletzt in ihre Hände fallen müßte.

Daß Goethe den Zucchis (*die umsichtige Frau, mehr aber noch*
der ökonomische Gemahl) ihre Ablehnung nie recht verziehen
hat – und sich selbst nicht, daß er ihrem Rat folgte und der
Statue entsagte –, zeigt eine andere, später entstandene Version dieser Geschichte, die in den Bericht vom »Zweiten römischen Aufenthalt« einging. Darin stilisierte er das Bildwerk
zum Symbol Faustinas. Wie gerne hätte er die Geliebte als Besitz mit nach Hause genommen, was ihm Angelica ausgeredet
hätte – oder hat?

Wie aber denn doch zwischen einer leidenschaftlichen Liebes-
neigung und einem abzuschließenden Heiratskontrakt noch
manche Gedanken sich einzudringen pflegen, so war es auch
hier, und wir durften ohne Rat und Zustimmung unsrer edlen
Kunstverwandten, des Herrn Zucchi und seiner wohlmeinenden
Gattin, eine solche Verbindung nicht unternehmen, denn eine
Verbindung war es im ideell-pygmalionischen Sinne, und ich
leugne nicht, daß der Gedanke dieses Wesen zu besitzen, bei mir
tiefe Wurzeln gefaßt hatte. Ja, als ein Beweis wie sehr ich mir
hierin schmeichelte, mag das Bekenntnis gelten, daß ich dieses
Ereignis als einen Wink höherer Dämonen ansah, die mich in
Rom festzuhalten und alle Gründe, die mich zum Entschluß der
Abreise vermacht, auf das tätigste niederzuschlagen gedächten.
Glücklicherweise waren wir schon in den Jahren, wo die Vernunft
dem Verstand in solchen Fällen zu Hülfe zu kommen pflegt, und
so mußte denn Kunstneigung, Besitzeslust und was ihnen sonst
beistand, Dialektik und Aberglaube, vor den guten Gesinnungen
weichen, welche die edle Freundin Angelica, mit Sinn und Wohl-
wollen an uns zu wenden die Geneigtheit hatte. Bei ihren Vor-
stellungen traten aufs klarste die sämtlichen Schwierigkeiten und

Bedenklichkeiten an den Tag, die sich einem solchen Unterneh-
men entgegenstellten.
[So] wurde denn nach und nach Begierde, Wunsch und Vorsatz
gemildert, geschwächt, doch niemals ganz ausgelöscht, besonders
da sie endlich zu großen Ehren gelangte; denn sie steht gegen-
wärtig im Museo Pio-Clementino in einem kleinen angebauten,
aber mit dem Museum in Verbindung stehenden Cabinet, wo im
Fußboden die wunderschönen Mosaiken von Masken und Laub-
gewinden eingesetzt sind.

Schließlich dann all die Abschiede, von Orten, Kunstwerken, Menschen. Herzensergüsse, Tränen, Versprechen, Pläne für Besuche, Einladungen. Nächstes Jahr in Weimar, übernächstes Jahr in Rom. Geschenke empfangen, Geschenke machen, einpacken. Den Abguß der Juno Ludovisi, der sich schlecht transportieren ließ, bestimmte Goethe für Angelica. Noch eine Nacht mit der Geliebten, eine Nacht mit den Freunden. Noch einmal ging er den Corso entlang, bog in die Via Condotti zur Piazza di Spagna ab, stieg die Spanische Treppe zu SS. Trinità dei Monti hoch. Der Obelisk war immer noch nicht aufgerichtet. Ein letztes Mal bei Angelica, in ihrem Studio, ihrem Garten. Der Frühling hatte *mit Macht und Lust seinen Einzug gehalten … Der Lorbeer, das Viburnum, der Buchs, die Mandeln, Pfirsiche, die Citronen blühen teils, teils haben sie verblüht. Alle Dächer sind grün, und die alten Mauern werden durch das neue gelbliche Laub des Epheus und durch die herunter hängenden Blüten des Viburnum gar lustig. Anemonen, Ranunkeln, Tulipanen, Hyazinthen, Primeln pp stehn in allen Gärten munter und froh, die ersten sogar auf Wiesen. Alles macht Vergnügen und wenn ich nun nach Norden ziehe werde ich den Frühling immer vor mir finden.*

Am 23. April brach Goethe mit Kayser auf. Diesmal wollte er den Weg über Mailand, den Splügenpaß, Chur (Angelicas Geburtsstadt), den Bodensee nehmen. *Mein Abschied von Rom betrübt drei Personen innigst*, schrieb er. Er war eben ein Menschenfänger. *Sie werden nie wieder finden, was sie an mir gehabt haben, ich verlasse sie mit Schmerzen. In Rom hab' ich mich selbst zuerst gefunden, ich bin zuerst übereinstimmend mit mir selbst glücklich und vernünftig geworden, und als einen solchen haben mich diese dreie in verschiedenem Sinne und Grade gekannt, besessen und genossen.* An wen hat Goethe gedacht? Denn es gibt mehr als drei Kandidaten. An seine römische Geliebte? An Fritz Bury? An Karl Philipp Moritz? An Meyer? Ganz sicher jedenfalls an Angelica Kauffmann.

Was die Trennung für sie bedeutete, hat Goethe im »Tasso« die Prinzessin Leonore von Este aussprechen lassen.

> *Er scheide nur; allein ich fühle schon*
> *Den langen ausgedehnten Schmerz der Tage, wenn*
> *Ich nun entbehren soll was mich erfreute.*
> *Die Sonne hebt von meinen Augenlidern*
> *Nicht mehr sein schön verklärtes Traumbild auf;*
> *Die Hoffnung ihn zu sehen füllt nicht mehr*
> *Den kaum erwachten Geist mit froher Sehnsucht;*
> *Mein erster Blick hinab in unsre Gärten*
> *Sucht' ihn vergebens in dem Tau der Schatten.*
> *Wie schön befriedigt fühlte sich der Wunsch*
> *Mit ihm zu sein an jedem heitern Abend!*
> *Wie mehrte sich im Umgang das Verlangen,*
> *Sich mehr zu kennen, mehr sich zu verstehn!*
> *Und täglich stimmte das Gemüt sich schöner*
> *Zu immer reinern Harmonien auf.*

Welch eine Dämmrung fällt nun vor mir ein!
Der Sonne Pracht, das fröhliche Gefühl
Des hohen Tags, der tausendfachen Welt
Glanzreiche Gegenwart, ist öd und tief
Im Nebel eingehüllt der mich umgibt.
Sonst war mir jeder Tag ein ganzes Leben;
Die Sorge schwieg, die Ahnung selbst verstummte.
Und glücklich eingeschifft trug uns der Strom
Auf leichten Wellen ohne Ruder hin:
Nun überfällt in trüber Gegenwart
Der Zukunft Schrecken heimlich meine Brust.

Und dann sagt sie:

Ihn muß ich ehren, darum liebt ich ihn;
Ich mußt' ihn lieben, weil mit ihm mein Leben
Zum Leben ward wie ich es nie gekannt.
Erst sagt ich mir, entferne dich von ihm!
Ich wich und wich und kam nur immer näher,
So lieblich angelockt, so hart bestraft!
Ein reines wahres Gut verschwindet mir,
Und meiner Sehnsucht schiebt ein böser Geist
Statt Freud und Glück verwandte Schmerzen unter.

»Ich hasse die Pendants«
Herder, Angelica und Goethe

Herders Prüfungen

Nach Goethes heimlicher Abreise nach Italien waren die Weimarer Freunde zunächst gekränkt und betrübt gewesen, doch seine erlebnisgesättigten Briefe versöhnten sie dann wieder, oder doch fast. Mit Neugier, Bewunderung, Neid und Sehnsucht folgten sie im »Residenzdorf« Weimar Goethes Erzählungen aus der Hauptstadt der Welt. Unser Mann in Rom! Wie gerne wären sie an seiner Stelle gewesen!

Die Herzoginmutter Anna Amalia, die sich schon lange mit dem Gedanken an eine Italienreise getragen hatte, beschloß nun, den Plan in die Tat umzusetzen, und zog Goethe zu Rate, der ihr vorsorglich im November 1787 Filippo Collina, den Sohn seiner Wirtsleute, als nützliches Werkzeug für die Reise nach Weimar schickte, obwohl der Abreisetermin noch längst nicht feststand. *Wenn man nicht einen Italiener an die Italiener hetzt so kommt man nicht fort.* Mit Reiffenstein und Angelica arbeitete er einen Reiseplan aus, besichtigte mit der Freundin mögliche Unterkünfte in Rom und beriet sich mit ihr über Details. *Die Herzogin muß eine römische Dame zur Seite haben welche sie überall einführt, und wenigstens zu Anfang begleitet. Ich habe mit Angelika (die ein Engel von Verstand und Conduite ist) darüber gesprochen.*

Der arme Collina mußte dann freilich noch fast ein Dreivierteljahr in Weimar warten, bis die Herzoginmutter endlich am 15. August 1788 früh um sechs Uhr mit ihrem Gefolge in zwei Kutschen aufbrach. Im ersten Wagen saßen sie, ihre Hofdame Luise von Göchhausen und der Kammerherr von Einsiedel, im zweiten die Kammerfrauen Musculus und Roth(in), der Leibarzt Huschke und der Musiker und Komponist Kayser, den es weg von Weimar und Goethe und zurück nach Italien zog. *Der Koch Goulon fuhr in einer Chaise voraus und Collina ritt.*

Der Hofprediger und Konsistorialrat Johann Gottfried Herder hätte sich auch eine sehr viel weniger aufwendige Italienreise nicht leisten können. Seine Titel klangen prächtiger, als seine Bezahlung war, von der er mit Frau und sechs Kindern leben mußte. Doch dann eröffnete sich ihm ganz unverhofft eine Mitfahrgelegenheit. Anfang Mai 1788 nämlich fragte ein alter Bekannter, der Trierer Domherr Johann Friedrich Hugo von Dalberg, bei ihm an, ob er nicht Lust habe, ihn (auf seine, Dalbergs, Kosten) im Herbst und Winter auf eine längeren Reise zu begleiten, die auf jeden Fall auch nach Italien und Rom führen sollte. Herder hatte Lust. Oder hatte er sich, Goethe vor Augen, diese Lust zur Pflicht gemacht? *Reisen mußte ich, wenn es auch auf den Walfischfang gewesen wäre, und da diese Gelegenheit und Anerbietung kam, sahe ich sie als einen Wink des Schicksals an, den ich nicht ausschlagen durfte*, schrieb er am 22. Juni an den Göttinger Gelehrten Christian Gottlob Heyne, kurz nach Goethes Rückkehr nach Weimar.

Das von Walter Killy herausgegebene Literaturlexikon nennt Herder einen Theologen und Kulturphilosophen, aber was steckt nicht alles in den Schubladen dieser knappen Berufs- und Tätigkeitsbezeichnungen! Ein ungemein ideenreiches, anregendes, in viele Disziplinen – Kunst, Literatur, Ästhetik, Geschichte, Archäologie, Anthropologie, Psychologie, Sprache etc. – ausgreifendes, sich zerstreuendes, schriftstellerisch produktives Schaffen, das neben Herders aufreibenden, ungeliebten Berufspflichten einherging. Mit dem um fünf Jahre jüngeren Goethe verband ihn seit dessen Straßburger Zeit (1771) eine vertraute, geistig stimulierende, vor allem für Goethe profitable, schwierige Freundschaft. In den Anfängen der Beziehung war Herder der Führende, Goethe der Werbende gewesen, doch nach dessen Übersiedlung nach Weimar änderte sich das. Zwar setzte sich Goethe erfolgreich für die Berufung des Freundes nach Weimar ein, aber ihre Stellung und Lage dort war so verschieden, daß es zu Spannungen kommen mußte.

Herder war empfindlich und leicht gekränkt, aber auch eine robustere Natur hätte es schwer gehabt, nicht zuzeiten mit Mißbilligung und Neid auf einen so erfolgreichen, charismatischen Freund zu blicken. Daß Goethe aus seiner Verachtung des Christentums kein Hehl machte, war auch für einen aufgeklärten, freisinnigen Theologen, wie Herder einer war, schwer zu ertragen; daß Goethe Fürstenfreund und Höfling war, kollidierte mit seinen republikanischen Sympathien. Und doch kam er von ihm nicht los, hing an ihm mit bewundernder, eifersüchtiger Liebe.

Eifersüchtig auch in bezug auf Goethes Verhältnis zu seiner Frau. Die beiden konnten nämlich ausgesprochen gut miteinander. Zu der Zeit, als Caroline mit Herder verlobt war, hatte der Dichter im Stile Werthers heftig, man kann schon sagen unverschämt, mit ihr geflirtet. Nun trat er manchmal als Friedensstifter auf, wenn die Herders Ehekrach hatten. Carolines »elektraische« Wutausbrüche waren berüchtigt. Sie war freilich auch psychisch und physisch überfordert: Ein Ehemann, den sie anbetete und der sie mit seiner launenhaften Reizbarkeit zur Verzweiflung brachte; die vielen Schwangerschaften, die Sorge um die Kinder, die dauernd krank waren und gepflegt werden mußten. Und dann diente sie ihrem Mann auch noch als Sekretärin, übernahm einen Teil seiner Korrespondenz, machte Abschriften, las Korrektur.

Als Herder sich am 6. August in aller Herrgottsfrühe von ihr losriß und mit seinem Diener Werner in die Kutsche stieg, weinte sie heftig und war kaum zu trösten. In den Wochen vor

Unbekannt, Caroline Herder.
Öl auf Leinwand, 1783/90

seiner Abreise hatte Goethe den Freund reichlich mit Informationen, Ratschlägen, Empfehlungen für die Reise versorgt. Sein Reisejournal wollte er ihm nicht mitgeben. *Denn es ist im*

Grunde sehr dummes Zeug, das mich jetzt anstinkt. Aber auch so blieb Herder unterwegs an ihn in Nachahmung und Widerspruch gebannt.

Wenn seine Italienreise verglichen mit der Goethes so viel unglücklicher erscheint, liegt das freilich auch daran, daß er aus seinem Herzen keine Mördergrube machte und seiner Frau immer ganz offen schrieb, was ihn bewegte, kränkte, ärgerte. Wie anders würden Goethes Briefe aus Italien, würde seine »Italienische Reise« aussehen, wenn er alles Unangenehme nicht programmatisch ausgeblendet hätte. Man stelle sich vor, er hätte Sätze geschrieben wie »War mit Reiffenstein in der Peterskirche, ein pedantischer Langeweiler und Wichtigtuer, aber mir nun einmal nützlich«. »Seit Wochen vertue ich meine Zeit mit Zeichnen und komme nicht weiter, weshalb plage ich mich eigentlich so«. »Der alte Zucchi verdrossen, wie kann SIE diesen Menschen ertragen?« »Schauderhafte Märtyrerbilder«. »Schon wieder Läuse, man bekommt sie einfach nicht los!«

Herders Leiden begannen in Augsburg, wo er sich mit Dalberg verabredet hatte und erfahren mußte, daß noch eine Frau mitreisen würde, nämlich eine lebens- und liebeslustige Witwe, die 33jährige Sophia Friederike von Seckendorff, eine geborene von Kalb. Das degradierte ihn zum fünften Rad am Wagen. Es war nun nichts mit der erhofften Rolle als geschätzter Freund einer hochgestellten Persönlichkeit. Außerdem brachte ihn die skandalöse Liaison auch berufsmäßig in Bedrängnis. Als Geistlicher m u ß t e er sie mißbilligen, und das zeigte er denn auch. Die Seckendorff wiederum empfand den unbequemen Begleiter als Spielverderber und kostspieligen Mitesser und stichelte gegen ihn. Je länger die Reise währte, desto mehr eskalierte die Situation und steigerte sich Herder in ohnmächtige Wut hinein.

Zu Hause war Caroline ganz außer sich vor Empörung über

das, was ihrem Mann angetan wurde. Die Seckendorff, dieses unmögliche Weib! Mit ihren mitfühlenden Briefen goß sie Öl ins Feuer, auch wenn sie ihrem Mann zugleich riet, er solle sich seine Existenz nicht durch ein Weib verderben lassen. *Bedenke, daß diese Zeit nicht wieder kommt. Suche oft die Angelica auf, die Goethe so hochhält,* schrieb sie am 11. September, acht Tage bevor Herder mit Dalberg und der *gnädigen Frau* in Rom ankam. *Da sind wir in der Hauptstadt der Welt, und alles Ungemach der Reise ist vergessen und verschwunden.* Sie stiegen erst einmal behelfsmäßig in einem Haus am Corso ab, um von dort aus in Ruhe nach einer passenden Unterkunft zu suchen, und fragten dann sofort nach Post. Herder ging leer aus, was ihn in größte Unruhe versetzte. Seit einem Monat war er ohne Briefe von zu Hause. Wahrscheinlich, so zürnte er, war Goethe schuld, der die Reisestationen falsch angegeben hatte.

Deinen letzten Brief habe ich Augsburg an meinem Geburtstage [25. August] erhalten. Ich ging gestern Abend zu Buri, und glaubte bei ihm würden welche sein; ich sahe Göthes Quartier, und Buri, den herzlichsten, liebevollsten Jüngling, aber keine Briefe. Er ging mit mir zu Angelika, die mir nichts als Göthes alten Brief von Konstanz zu geben hatte, für den ich ihm sehr danke. Reifstein kam auch hin, daß ich also den ersten Abend gleich 3. Deutsche sprach: Er hat Göthes Geldanweisung erhalten, sage ihm das; die Angelika wartet auf eine Antwort von ihm; sie hat nachgerechnet daß sie sie schon haben könnte, sage ihm das auch. Sie ist eine feine, zarte, reine Seele, ganz Künstlerin, äußerst simpel, ohne Reize des Körpers, aber in allem sehr interessant; der Hauptzug ist Simplizität, Reinheit und Feinheit. Schade für die Kunst und Menschheit, daß sie schon etwas altert.

Am 1. Oktober, ein paar Tage nachdem endlich ein Brief Carolines bei ihm angekommen war, ließ er seine römische Zeitrechnung neu beginnen: *Freitag abend den 19. September kamen*

wir hier an; ich ging noch zu Buri und mit ihm zu Angelika, wo
das erste, was ich in Rom sah, Goethes Büste von Trippel war. Es
war wie beim Wettlauf von Hase und Igel, Goethe war immer
schon da.

Schwarzer Rock

In seinen guten Stunden war Herder von bezaubernder Liebenswürdigkeit. Seinen Kindern schrieb er unterhaltend und
belehrend die reizendsten, ihrem Alter und Charakter ange-
paßten Briefe, den älteren Söhnen von *römischen Altertümern,*
schönen Göttern und Göttinnen und vortrefflichen Gebäuden,
der kleinen Luise *von Gärten und hübschen Bildern* und dem
fünfjährigen Emil *von Weintrauben und andern schönen Sa-*
chen. Der *kernfeste* Adalbert, ein Bub von neun Jahren, bekam
einen Brief über lauter Tiere. *Als ich nach Italien kam und sah,*
wie sich die Tiere veränderten, dachte ich manchmal, was würde
Adalbert, wenn er hier wäre, sagen? Der würde schreien: »Vater,
da ist eine ganze Herde schwarzer Schweine, und exzellente kleine
Schweinchen, so glatte Ferkel, als ob sie geputzt wären!« Oder:
»Ei sehen Sie doch Vater, die weißen Ochsen, mit den kuriosen,
großen Hörnern: Die Hörner sehen so aus, wie ich auf den Kup-
fern die Leier Apolls gesehen habe.« Oder: »Ach, da hat sich ein
großer Ochs losgerissen, alle römischen Jungen laufen ihm nach;
was das für die unnützen, müßigen, zerrissenen u. zerlumpten
Buben für ein Fest ist!« Oder: »Ei, was die Schafe da für kuriose,
lange, struppichte Wolle haben u.s.f.« Aber von diesem allen will
ich Dich jetzt nicht unterhalten, sondern von ehernen, oder stei-
nernen Tieren.
Seinen Unmut schüttete Herder über seiner Frau aus. Das
Wetter war angreifend (*der verdammte Sirocco*), er hatte Kopf-

Caroline Herder mit ihren vier ältesten Söhnen.
Geschnittene Silhouette, 1782

schmerzen, war vom Rheuma geplagt, vertrug das Essen nicht und sprach kaum Italienisch. Das römische Wechselbad von Kunst-Glanz und Menschen-Elend verstörte ihn. Als protestantischer Geistlicher fühlte er sich in Feindesland und war abgestoßen von dem Prunk der päpstlichen Kirche. Sein Diener Werner war ernsthaft krank gewesen, und die römischen Ärzte taugten nichts. Zum Glück war Anfang Oktober die Herzoginmutter Anna Amalia mit Gefolge in Rom eingetroffen, und ihr Arzt Huschke hatte Werner retten können.

Über die Frau von Seckendorff mußte er sich weiterhin schwarz ärgern. Ob bei der Wohnungssuche oder beim *Kurs*, dem obligatorischen Besichtigungsprogramm, sie machte ihm alles in Rom zu *Gift und Ekel*. Er hatte sie sogar im Verdacht, bei der Herzogin und ihrer Hofdame Luise von Göchhausen gegen ihn zu intrigieren, und brütete Verschwörungstheorien aus: *Auch die Angelica suchen sie zu sich zu ziehen, und wollen eine Coterie bilden, zu der ich nicht gehöre. Das mögen sie, ich kanns nicht ändern ... Vielleicht ist die Seckendorff die Urheberin meiner*

ganzen Reise. Sie wollte in Italien sein, weil die Herzogin dahin-
ging, und sah mich als den gutmütigsten Tropf an, mit dem sie
durchkommen, und zugleich als einen Mann von Namen, der sie
decken könnte. Die Herzogin brachte Goethe auf den Gedanken,
und so regt Eins das Andere; wir kommen überall nur zuletzt
dazu, weil man uns brauchen kann und weil kein anderer da ist;
und leider lassen wir uns brauchen.

Wenn Herders Klagen nach zwei bis drei Wochen in Weimar
ankamen, gab Caroline sie an Goethe weiter und meldete
dessen Kommentare und Analysen zustimmend nach Rom
zurück, was inzwischen vergessene Kränkungen wiederauf-
wärmte, Herder auf die Palme brachte und seine Eifersucht
auf den Freund frisch entfachte. Was die arme Caroline dann
wieder Wochen später zu lesen bekam, wenn es ihrem Mann in
Rom längst leid tat, daß er seinem Ärger freien Lauf gelassen
hatte. *Goethe hat gut reden, alle seine Ratschläge in Ansehung*
Roms taugen nicht; er hat wie ein Künstlerbursche hier gelebet.
Da schwätzt er und warnt mich vor dem schwarzen Rock, und
macht, daß ich den meinigen nicht mitnehme. Und nun muß
ich mir einen hier machen lassen, weil ich mit Keinem andern,
auch keinem gestickten in eine Gesellschaft kommen kann, und
so hat er mehr geredet; ich habe mich manchmal schon über ihn
geärgert, daß ein Mensch, der 2. Jahr in Rom gewesen ist, einen
so ziehen läßt. Ich würde es, da ich jetzt 2. 3. Wochen in Rom bin,
keinem Fremden so tun.

Nach außen versuchte er halbwegs gute Miene zum bösen
Spiel zu machen und die Beziehungen zur Herzogin und zu
Angelica zu pflegen. Man traf sich zu gemeinsamen Unterneh-
mungen und verbrachte viele Abende miteinander beim Tee,
in der Strada Felice oder bei der Herzoginmutter, Reiffenstein
immer dabei, der Anna Amalia nicht von der Seite wich. Zu

ihrem Geburtstag am 24. Oktober schrieb Herder ein Huldi-
gungsgedicht, das Dalberg vertonte und Frau von Seckendorff
vortrug:

> *Sei gegrüßet, schöne Sonne,*
> *sei willkommen, Tag der Wonne*
> *in der Musen Heiligtum,*

begann es und schloß mit einem Wunsch, den er eher an sich
selbst richten mußte:

> *Genieße diese Tage,*
> *die lang' erwünschten Tage*
> *im alten Heiligtum.*
> *Auch im Andenken werde*
> *Dir einst auf fremder Erde*
> *Rom ein Elysium.*

Auch Angelika sang die wohlwollend aufgenommenen Verse.
*Sie singt recht schön. Sie ist ein gar zartes Wesen, recht eine Seele
von einer Frauen. Ich bin aber leider sehr wenig bei ihr, weil ich
nicht dazu komme.* Das sollte sich in den nächsten Monaten
gründlich ändern.

Sehr unschuldig

Mit Bildern konnte Herder nicht viel anfangen, aber die taktile
Kunst antiker Statuen faszinierte ihn. Wenn möglich studierte
er täglich *an diesen Gestalten der alten Welt*, die er als *einen
Kodex der Humanität in den reinsten, ausgesuchtesten, harmo-
nischsten Formen* pries. *Mir verschwinden dabei Raum und Zeit.*

Wenn man seine Aufzeichnungen liest, versteht man, warum. Vielleicht war ja tatsächlich auch die Humanität im Spiel, aber man fühlt sich doch eher an einen Mann erinnert, der genüßlich den »Playboy« durchblättert.

Der Hermaphrodit am Fenster steht ganz gerade, den Kopf gerade, das Haar von einem kleinen Scheitel auf beide Seiten schön gearbeitet, das Gesicht weiblich-schön-unschuldig. Die Schultern etwas nach hinten, daher Gesicht und Kopf etwas abwärts, dabei treten die schönen starkgeschwollnen jugendlichen Brüste vor, Bauch noch etwas mehr, und das Glied wird das vornehmste. Es hebt sich sanft (fast drei Viertel) bis zum Gewande, das sie mit beiden Händen aufhebt, beide Testikeln gleich und dicht an; das Glied sanft elastisch, nur oben etwas entblößt und da bis zum Löchchen gearbeitet. … Eine niedliche Wollust ist in der Stellung mit dem sanften Vorsinken der Knie, Vortreten der Beine, der Brust, des Kopfes, Zurücktreten der Schultern. Sie ist nicht völlig mannshoch. Vier Daumen lang die schöngeschwollne elastische Scham.

Andrer Hermaphrodit liegt auf der linken Seite, das Auge sanft geschlossen. Das rechte Bein, das auf der Decke liegt, dehnt sich gleichsam, sie sanft zu berühren, das Knie etwas vorwärts. Wade, Bein und Fuß sind sanft angespannt, und mit dem Zeh hebt er spannend die Decke, die vom linken aufgelegten Fuß herunterläuft. Eine ungemein wollüstige Stellung, die recht einladet, nach hinten zu greifen. Da findet man denn eine sanft aufliegende, sanft angespannte weibliche linke Brust, deren Knöspchen man noch fühlen kann; ein schöner wollüstig gebogener Unterleib mit Nabel und sanft angespanntem männlichen Gliede. Es ist ziemlich lang, elastisch, hebt sich aber nicht bis zum Leibe, sondern bis zur Mitte; elastisch gebogen ruht's auf der Decke, die Eichel nur oben etwas entblößt, den Testikel angezogen. Ein schöner jungfräulicher Kopf und Hals, schön gebeugt; die Haare zierlich gearbeitet, man möchte den ganzen gebognen Rücken, Schultern, alles genießen und fühlen.

Mit solchen belebenden, erregenden Betrachtungen verbrachte der schon ziemlich kahlköpfige Herr Superintendent viele Stunden seines römischen Aufenthaltes. Er war aufgelebt, seitdem er sich von Dalberg getrennt hatte und umgezogen war in eine Wohnung *alla Piazza d'Espagna, accanto alla Piazza Manganelli. Der Platz Manganelli ist vor mir und der Spanische Platz weiter hin; ich habe die Morgen- und Mittagsonne, und in der Nacht große Stille. Vor meinem einen Fenster geht eine Treppe auf die Trinità de Monti herauf, fast bis unmittelbar vor Reifensteins und der Angelika Haus; von der Herzogin bin ich auch so gar weit nicht.*

Der *alte Herder* werde immer besser, er sei lustig und guter Dinge und verbringe die meiste Zeit bei ihr, schrieb Herzogin Anna Amalia an Goethe. Er werde hier der *Archevêque*, der Erzbischof, genannt, und man gratuliere ihr, einen solchen Mann bei sich zu haben. *Er gefällt sehr, sogar bei den Damen. Doch hat seine liebe Frau nichts zu befürchten, denn er bleibt ihr treu wie ein Generalsuperintendent.* Goethe schickte diesen Brief zur Erheiterung an Caroline Herder weiter, die ihn ihren älteren Söhnen zeigte. Gottfried schrieb dem Vater nach Rom, was die Herzogin über ihn geschrieben hatte. Besonders lustig wird der das nicht gefunden haben.

Die Seckendorff war er nun zwar los, aber Goethe, *ein Glücksbegünstigter von der Natur*, wie ihn die eigene Frau nannte, verfolgte ihn weiterhin. In Weimar war mittlerweile Karl Philipp Moritz zu einem längeren Besuch eingetroffen, der eine Art Götzendienst mit Goethe trieb. Er war oft bei Caroline und beeindruckte sie und ihre Freunde mit geistreichen Ansichten über Kunst und Poesie, die Caroline ihrem Mann nach Rom übermittelte: *Wir kamen auf Goethens Werke zu sprechen: da sagte er mir, wie er durch das Studium der Perspektive darauf gekommen sei, den Mittelpunkt in einem Stück aufzusuchen; oder um ein Stück zu beurteilen, müsse man den Mittelpunkt aufsuchen. Den müsse man nun nicht am Ende des Stücks sondern in der Mitte suchen ... So ist in Egmont der Mittelpunkt die Szene, da Clärchen vor Egmont kniet und frägt: bist du der Egmont pp u. er antwortet nein der Egmont bin ich nicht dem das Volk anhangt pp Dein Egmont bin ich und Clärchen: so laß mich sterben, die Welt hat keine Freuden auf diese. Hier sei der höchste Punkt des Stücks. Er und Clärchen. Politik ist ihm nichts, gegen dieses Verhältnis – an dieser Szene hängt nun sein Tod und Clärchens freiwilliger Tod.* Ebendiese Szene hatte Angelica illustriert.

In Rom war Herder von Menschen umgeben, die Goethe *unbeschreiblich* liebten und sein Andenken lebendig hielten. In ihm bekriegten sich Mißgunst und der Stolz darauf, der beste Freund dieses großen Mannes zu sein. *Bei Büri sind nie die Tränen weit, wenn ich mit einiger Innigkeit von Dir rede. Ich habe mit ihm die Paläste Colonna und Borghese gesehen, das Einzige, was ich außer Rondanini, wo ich mit Hirt war, von Gemäldegalerien gesehen habe. Sie jagen mich immer zu meinen geliebten Statuen zurück, von denen ich schon sogar träume.*
Die Angelika ist eine liebe Madonna; nur in sich gescheucht und verblühet auf ihrem einzelnen schwachen Zweige. So ein ehrlicher Preuße Reifenstein und so ein guter Venezianer ihr Zucchi sein mag: so stehet sie doch allein da ohne Stütze und Haltung; daher ich allemal mit betrübtem Herzen von ihr scheide. Du hast ihr sehr wohlgetan, und sie findet an mir nichts von dem wieder, was sie an Dir verloren.
Mitte Dezember war er zum erstenmal zum sonntäglichen

Mittagessen bei Angelica. *Bisher sind immer Hindernisse gewesen: sie ist eine gar zarte, jungfräuliche Seele, wie eine Madonna, oder wie ein Täubchen. In kleiner Gesellschaft zwischen 2. und 3. ist sie gar lieblich; sie lebt aber sehr eingezogen, ich möchte sagen, in einer malerischen Ideenwelt, in der das Vögelchen auch nur alle Früchte und Blumen mit dem Schnäbelchen berühret. Ihr alter Zucchi ist ein braver Mann in seiner Art; er kommt mir aber immer wie ein Venezianischer Alter in der Komödie vor, und im Grunde wird mir hier alles wie ein Schauspiel. Die große Welt, die Kardinäle, Monsignori, Principi und Principesse fangen an mich auch zu ennuyieren; es ist indessen auch gut, dies Schauspiel gesehen zu haben, an etwas Ernsthafteres ist hier nicht Zeit zu denken. An Liebe vollends hier gar nicht; sie scheint in diesem Lande gar nicht Sentiment, sondern sinnlicher Genuß zu sein.* Das ging gegen Goethe.

Die Herzoginmutter lud Herder ein, sie Anfang des neuen Jahres für ein paar Wochen nach Neapel zu begleiten, um dem für Rom ungewöhnlich kalten Winter zu entfliehen und nach der Rückkehr in ihr neues Logis, die Villa Malta, mit einzuziehen, deren Grundstück an den Garten Angelicas angrenzte. *Sie liegt in der höchsten Gegend von Rom, hat unbändig viel Gelaß, und ich werde wahrscheinlich auch in ihr mein Plätzchen finden.*

German Schwärm

Am 20. Februar war Herder wieder in Rom. *Seit gestern sind wir wieder in Rom; und statt des hellen, ewig beweglichen Meers stehn stille, dunkle Zypressen mir vor den Augen, an denen sich kein Wipfelchen reget. Alles ist stumm und tot um uns her, weil die Villa Aquaviva oder Malta, wo wir auf dem Pincio wohnen, meistens schon unter den Gärten liegt. Rom mit seinen Dächern und Kupulen ist unter uns, und auch da wars äußerst tot auf den Straßen, gegen Neapel gerechnet, als wir gestern Abend unsern Einzug hielten.* Er war ungern zurückgekehrt. Die Stadt der Sirene Parthenope hatte ihn erobert.

Ich reiste ganz mißmütig mit ihm nach Napel, schrieb Herzogin Anna Amalia launig an Caroline Herder. *Was geschah da! Die zauberische Parthenope mit allem ihrem Reiz umschlung den Philosophen mit schönen gerundeten Armen, sie liebkosete ihn, nannte ihm ihren Sohn ihren Liebling. Wer konnte da widerstehen! Unser Philosophe fing an zu lächeln ...* Dieser Sieg der neapolitanischen Sirene habe die *kalte Weisheit* nicht ruhen lassen, so Anna Amalia weiter. Im Philosophen sei ein kleiner Kampf entstanden. Um ihren Sieg zu behaupten, habe Parthenope *eine ihrer zauberischsten Sirenen* abgeschickt, *die durch Gestalt, Gesang, und zaubrischte Attituden, der schönsten griechischen Kunst ihn entzückte – Weg war die trockene Weisheit: wie mit einen elektrischen Funken wurde Leben Wonne und Seligkeit über sein ganzes Wesen ergossen, er wurde ein Gott und wollte selbst schaffen.*

Herder, der das Schreiben der Herzogin einem seiner Briefe beilegte, erklärte Caroline säuerlich, der Spaß beruhe darauf, *daß als Hamiltons H[ure], sie heißt Madam Hardt ihre tausend Stellungen und Figuren im Griechischen Gewande machte, ich sie neckte, und sie gegenteils ihre baccantischen Attituden in der Gesellschaft immer an mich adressierte. Übrigens ist sie a fonds eine sehr gemeine Person in ihrem Innern, ohne feineres Gefühl wie ich glaube für irgend etwas, was erhaben, groß und ewig schön ist; eine Äffin aber, daß nichts drüber geht.* Wenn Herder sich in Neapel wohl fühlte, dann sicher nicht wegen Emma Hart.

Die Stadt mit ihrer Umgebung war für ihn, was Sizilien für Goethe gewesen war, er fühlte sich in eine homerische Welt versetzt. *O wie ist die Natur hier groß und schön! Ich glaube*

meine Seele ist von hier nach den Nordländern herübergeflogen;
hier, wenn ich hier meine Heimat hätte, wiegte sie sich wie ein
Vogel auf den Zweigen. … Lebe wohl Engel, und denke an Deinen
einsamen Ulysses am Ufer des Meeres freundlich.

Am liebsten wäre er nach Neapel gleich nach Hause gereist, zu
seiner Ariadne, wie er Caroline nun gern nannte (*wir wollen
den Namen Elektra jetzt fahren lassen*), aber die Herzoginmutter wollte ihn noch nicht gehen lassen. Außerdem mußte er
Trippel noch für ein Porträt sitzen. Herzog Carl August hatte
für sich eine Replik von Goethes Büste und als Pendant dazu
die Büste Herders bestellt. *O der leidigen Pendants! Goethe hat
sich als einen Apollo idealisieren lassen; wie werde ich Armer
mit meinem kahlen Kopf dagegen aussehen*, schrieb Herder ah-
nungsvoll.
Auch Angelica wollte ihn malen, *zum Pendant von Goethe den
sie auch gemalet hat. Ich hasse die Pendants, und weiß überhaupt
nicht, ob sie dazu Zeit gewinnen wird, sonst wäre es der Mühe
wert, zu sehen, wie sie mich sieht, und denket. Goethes Bild hat
sie sehr zart ergriffen, zarter als er ist … Der Herzogin Bild ist
vortrefflich; aber auch ganz und gar idealisieret. Sie kann nicht
anders und ist überhaupt eine Engelsfrau, oder vielmehr Jungfrau, das sie leider noch sein mag.*

Das ist nicht ohne Komik, denn was den Trieb zur Idealisierung angeht, war Herder Angelica zumindest ebenbürtig,
wenn nicht überlegen. In den Wochen und Monaten nach seiner Rückkehr von Neapel sah er sie fast täglich und steigerte
sich immer mehr in eine hysterisch anmutende Verklärung der
Malerin hinein, die er auch Caroline aufzwang. Die Arme hatte
ja keine andere Wahl, als das Engelswesen, das er ihr schilderte,
nun ihrerseits in den höchsten Tönen zu loben.

Angelica Kauffmann, Bildnis Johann Gottfried Herder.
Öl auf Leinwand, 1791

Caroline:

Ich hoffe und hoffe gewiß, daß Du Dich von der zarten holden
Angelica wirst malen lassen; dies wäre mir lieber als Deine Büste.
Ihr Andenken an mich rührt und erfreut mich allemal so ganz
eigen, daß eine so treffliche und seelenvolle Künstlerin meiner ge-
denkt; o sage ihr doch, wie ich sie recht herzlich, besonders durch
Deine Erzählungen liebe und ehre.

Herder:

Je mehr ich sie kennen lerne, desto mehr gewinne ich dies seltne
jungfräuliche Kunstwesen lieber; eine wahre himmlische Muse
voll Grazie, Feinheit, Bescheidenheit und einer ganz unnenn-
baren Güte des Herzens. Sie hat mich auch recht gern, und die
Stunden, die ich bei ihr zubringe, sind mir ohne allen Vergleich
die liebsten, die ich in Italien genossen habe; es sind aber nur we-
nige, weil sie äußerst fleißig ist, und ich mag sie in ihrer Arbeit
nicht stören. Sie grüßet Dich aufs schönste, mit einer so lieblichen

Furchtsamkeit und Bescheidenheit, als ob sie ein höheres Wesen grüßte.

Caroline:

Ich habe die Engelsfrau außerordentlich lieb; sage es ihr und gebe ihr einen zärtlichen Kuß von mir. Ich hoffe daß sie Deinen lieben ernsten heiligen Kopf recht gut machen wird.

Herder:

Was mich in den letzten Wochen auf eine sonderbare Weise, wenn ich so sagen darf, gereinigt und veredelt hat, ist der Angelika Freundschaft. O daß ich so viel Zeit in Rom verloren und mich gequält habe, ohne diese zarte und edle Seele, die so schüchtern und zurückgezogen, wie eine himmlische Erscheinung ist, näher kennen zu lernen. Jetzt da ich seit meiner Reise nach Neapel klärere Augen und eine ruhigere Seele habe, ist mir diese Frau über alles, was in und um Rom ist, teuer. Ich bin bei ihr so gern, und immer in dem Zustande einer süßen und stillen Verehrung, wie auch sie es gegen mich zu sein scheinet, und wirklich ist. Von Dir spricht sie in ihrer holden Schüchternheit eben also, und sieht Dich wie ein höheres, glückliches Wesen an; ihr Eindruck wird mir wohl tun auf mein ganzes Leben: denn er ist von allen Buhlereien, aller Eitelkeit und Falschheit entfernt; sie weiß nichts davon und ist bei aller Engelsklarheit und Unschuld, von der alle ihre Arbeiten zeugen, vielleicht die kultivierteste Frau in Europa.

Caroline:

Nochmals der besten Angelica meinen zärtlichsten Kuß.

Herder:

Sie ist wie geläutertes Gold, zart wie eine in sich zurück gescheuchte Taube, die aber in einer eignen, großen und fröhlichen

Welt, die in ihr ist, lebet; und dabei die Moralität, Frömmigkeit,
Sittsamkeit, Reinheit und Unschuld selbst. Ich ließ sie neulich …
die Stelle des Briefes die von ihr handelt, lesen; sie brach auf ein-
mal in Tränen aus und war so bewegt, daß sie sich lange nicht fas-
sen konnte. Sie hat Dich wie einen Engel, ja ich möchte sagen wie
eine Göttin lieb. An Goethe sage doch nichts spezielles von dem,
was ich über Angelika schreibe; hat Er doch kaum den Mund über
sie geöffnet.

Caroline:
O wie danke ich Gott daß er dir die treffliche Angelica gezeigt und
gegeben hat. Ja ich gönne Dir, Du mein EinzigGuter, dieses reine
schöne Glück, und ich teile es mit Dir so inniglich treu, wie Du
mich ja kennest.

Herder:
Die gute Angelica grüßt Dich herzlich. Sie hat mir am 1ten
Ostertage den Ring für Dich geschickt, mit dem ich siegle; ich soll
ihn nur diesseit der Alpen als mein ansehn und Dir ihn sodann
von ihr schwesterlich geben. Niemand weiß von dem frommen
Geschenk als sie und Reifenstein, der ihn bestellt hat. Er legt das
Symbol, (das wahre Kennzeichen ihrer reinen, verschwiegnen
und zarten Seele) auf seine Art so aus, daß Freundschaft und
Liebe, wie er sagt, die Nahrung der Seele sein; ihr Sinn ist aber
wohl der, daß ihr Seelchen, als ein Schmetterling auf dem Myr-
tenkranz, auf unserm Bande der Freundschaft und Liebe ruhe,
und auch abwesend unter uns schwebe. Sage niemandem davon
etwas; nimm aber das liebe gute Andenken wohl auf, eine zartere,
reinere Seele gibt's schwerlich auf Erden: sie hat als frommes
Opferlamm ihrer Kunst von frühester Jugend auf in der wunder-
barsten Geschäftigkeit gelebt und lebt (jetzt nahe dem 50. Jahr wie
ich glaube) noch so. Sie hat eine herzliche Liebe zu mir gefaßt,

und ich liebe und verehre sie ordentlich wie eine Heilige. Glaube indessen nicht, Herzensweib, daß mich die Freundschaft zu ihr nur einen Tag länger in Rom halten werde, als recht ist; sie würde selbst die erste sein, die mir die Reise anriete, wenn sie mich müßig sehe: denn sie hat bei aller ihrer Zartheit einen sehr klaren Sinn, der sie in Allem leitet und eine sehr männliche Seele. Auch ich nehme mich selbst vor aller zu großen Teilnehmung in acht, und sehe die ganze sonderbare Fügung dieser Freundschaft nur als einen Keim für die Zukunft an. Nimm sie auch so an, liebe Seele, ihr Dasein weckt auch die späte Klugheit in mir auf, für mich und Dich und die Meinigen still und fleißig zu leben, oder vielmehr ich werde auch durch sie darin bestärkt, da mich alles dazu aufzufordern scheint.

Caroline:
Liebes Herz, wie sonderbarlich ich mich an dem erfreue und erquicke was Du mir von der Angelica sagst, ist unbeschreiblich; ich bin recht zärtlich bewegt und strecke meine Arme nach ihr aus, um ihr zu danken, für ihre Liebe und ihr wohltuendes Dasein für Dich. Ja diese heilige Seele hat Dir Gott gegeben, für Dein langes Entbehren eines treuen Gemütes und Ungemachs in Rom. Schreibe ihr das Zärtlichste und Süßeste von mir – sie ist meine Heilige, meine Engelsschwester – ach daß mir das Glück nicht gewollt hat, unter einer solchen Seele erzogen zu werden – jetzt dauerst Du mich, daß Du Rom verlassen mußt.

Herder:
Hier ist ein Brief an Dich von der guten, guten Angelika; es ist ein Engel von einer Frauen, die mir mit ihrer Güte alles siebenfach vergilt und wegwischt, was mir andre ihres Geschlechts widriges getan hatten. Sie ist aber auch ganz und gar nicht von dem gemeinen Geschlecht der Weiber, so wenig als Du es bist, wie ich Dir oft

gesagt habe: sie ist an Tätigkeit ein Mann und hat mehr getan als
50 Männer in den Jahren tun können und mögen. Deinen Kuß
habe ich ihr im Brief zu lesen gegeben, ohne ihn abzustatten. Ich
habe einige Male ihre Stirne geküßt, und sie hat unvermutet mei-
ne Hand ergriffen und wollte sie küssen, das ist unser Verhältnis.
Nimm ihren Brief gut auf; sie ist nicht stark in Worten, aber in
Taten eine redliche Seele. Das Italienische und Englische spricht
und schreibt sie schön; das Deutsche ist ihr eine seltenere Sprache.
Ihre guten Wünsche begleiten mich gewiß, und ihre Freundschaft
gegen uns wird gewiß dauren, solange sie und wir leben.
Und so noch ein paar Briefe weiter, bis zu Herders Abreise am
14. Mai.

Besonders Angelicas englische Biographinnen waren höchst
befremdet von diesem exzessiven Schwelgen in empfindsamen
Freundschaftsbekundungen. *It is impossible not to see something*
very German, something of the s c h w ä r m , in Herder's devotion,
bemerkt Adeline Hartcup. Doch es gibt einen spezifischeren
Grund für Herders Angelica-Kult: Goethe. *Hole der Henker*
den Gott, um den Alles ringsumher eine Fratze sein soll, die
er nach seinem Gefallen brauchet; oder gelinder gesagt, ich
drücke mich weg von dem großen Künstler, dem einzigen rück-
strahlenden All im All der Natur, der auch seine Freunde und
was ihm vorkommt bloß als Papier ansieht, auf welches er
schreibt, oder als die Farbe des Paletts, mit der er malet. Gott sei
Lob und Dank, daß er mich nicht zu einem so hellstrahlenden
Spiegel des Universums gemacht hat; ich mag gern eine dunkle
Scherbe bleiben. Die »Kunstreligion«, die Goethe aus Italien
mitgebracht hatte, war Herder zuwider; seine Selbstvergötte-
rung und die Idolatrie, die Freunde wie Karl Philipp Moritz
mit ihm trieben, fand er hassenswert, seine römische Be-
kehrung zu körperlicher Liebe und illegitimen Beziehungen

ärgerlich. Der Brief, in dem Caroline ihm Anfang März von Goethes Verhältnis mit einem Weimarer Clärchen, Christiane Vulpius, erzählte, gab der »Schwärm«-Spirale neuen Schwung.

Herder wollte Goethe menschlich und moralisch übertreffen und machte die bescheidene Angelica zu seiner Heiligen, die Anbetung viel eher verdiente, wie er fand. Er wollte ihn aber auch als Mann bei ihr ausstechen und die Stelle in ihrem Herzen besetzen, die Goethe eingenommen hatte. Während der Freund in Weimar Caroline über seine, Herders, Abwesenheit hinwegtröstete, saß er in Rom bei Goethes Angelica und drückte ihr zarte Küsse auf die Stirn. *Wo alles sinnlich ist, wird man unsinnlich; man sucht mit seiner Seele etwas, das man mit den Sinnen nicht findet.* Vielleicht auch einen Ausweg aus der Midlife-Crisis, in die ihn die Reise geführt hatte. *Ich fühle es, Buhlereien schicken sich nicht mehr für meine Jahre.* Seelen altern nicht. Aber sie haben Geschlechter.

Weshalb hätte Herder die angeblich harmlosen Zärtlichkeiten, die er mit Angelica tauschte, seiner Frau so genau beschrieben, wenn sie nicht mit unkeuschen Begierden gemischt gewesen wären? Einst war Caroline seine Psyche gewesen. Nun war sie seine irdische Liebe (*wir sind ja eins mit Seele und Körper*) und hieß oft Elektra, wenn es gutging auch Penelope oder Ariadne. Herder flog auf Unschuld; die Unberührtheit des verblühten Jungfräuleins, das er in Angelica sehen wollte, hatte ihren eigenen Sex-Appeal. Nathaniel Hawthorne über eine Freundin: *Um sie ist eine sehr angenehme Atmosphäre von Altjüngferlichkeit; in dieser kleinen welkenden Rose spüren wir noch den Duft von Morgenfrische – die Entschädigung dafür, daß niemand sie je an seinem Busen getragen hat und man immer nur am Stamm an ihr gerochen hat.*

Doch lag in Herders »Schwärm«, dem Eifer, mit dem er Angelicas Unschuld behauptete und sie zum Engel stilisierte, auch ein Stück Verachtung und viel Unsicherheit. *Verblühet auf ihrem einzelnen schwachen Zweige! Auf ihrem Stamme vertrocknet!* Richtige Frauen waren wie Caroline, heirateten und gebaren ihren Männern möglichst viele Kinder. Die jungfräuliche, unfruchtbare Angelica, die als Frau unerfüllt geblieben war, das Opferlamm der Kunst, konnte einem leid tun! Wirklich? Eine berufstätige und höchst erfolgreiche Frau, die mehr arbeitete als 50 Männer, das hat Herder zu schaffen gemacht. Es ist nicht zu übersehen, daß er sie mit seiner Idealisierung entmündigte. In einem Gedicht, in dem er ihre Allegorie der Malkunst (»Die Farbengebung«) besang, zeigte er sie als Inspirierte, ein Werkzeug *himmlischer Begeisterung*, die in ihren Bildern immer nur sich selbst abbildet:

> *Du malest, was du bist. Auf Edens Auen*
> *Gibst du, in Menschen, Engel uns zu schauen.*

Und Angelica? Sie gehörte zu den rezeptiven Menschen, die gezwungen sind, auf den Ton, den andere vorgeben, zu reagieren, aber welche Frau wäre für die Huldigungen eines so bedeutenden und gewinnenden Mannes nicht empfänglich gewesen? Sie hat Herders Seelenumarmungs- und Anbetungsspiel gefällig mitgespielt, auch wenn es sie gestört haben mag, daß er ihr dauernd von seiner Frau vorschwärmte, der er von ihr vorschwärmte. Küßt du meine Stirn, küsse ich deine Hand! In ihr Inneres hat sie ihn nicht blicken lassen, selbst vom falschen Grafen hat er nicht von ihr, sondern von Goethe (über Frau von Stein und Caroline) erfahren. *Die Geschichte, wie sie Dir die Stein gesagt hat, ist gewiß falsch, ob ich gleich die eigentlichen Umstände nicht weiß. Sie wollte sie mir einmal erzählen, kam*

Alexander Trippel, Johann Gottfried Herder, 1790

*aber nicht dazu vor tiefem Schmerz, den sie verbiß, auch noch
im Andenken.*

Wenn man das leere, weiche, charakterlose Porträt betrachtet,
das sie von Herder gemalt hat, kann man auf den Gedanken
kommen, daß ihr sein Werben im Grunde ein wenig unan-
genehm war, vielleicht weil sie spürte, wie ambivalent seine
Gefühle ihr gegenüber waren. Und weil er Wesenszüge in ihr
verstärkte, die eher der Mäßigung bedurft hätten.

Ob es ihm gefallen hat, wie sie ihn sah? Mit Trippels Büste jedenfalls war Herder so wenig zufrieden, daß er den Bildhauer
(während er sich schon auf der Rückreise nach Weimar befand) um Korrekturen bat:
*Zuerst wünschte ich, daß die Schultern nicht so breit ausfielen,
der Kopf bekommt dadurch etwas Kolossalisches und Gigan-
tisches, welches in einer großen Höhe zwar Wirkung machte, aber*

in einer Höhe, wo unsre Büsten meist gesetzt werden, scheint
es mir drückend und schwer zu werden. Zweitens auf der Stirn
wünschte ich etwas mehr Haar. Jetzt ist sie fast kahl in der
Buste, welches mich gar zu philosophisch macht; das Haar, das
über das Ohr in einer Locke fällt, wünscht' ich dagegen etwas
dünner gehalten, damit es mit dem Haar auf der Stirn in Ver-
hältnis käme. – Drittens dünkt mich die Augenbraue etwas zu ge-
spannt, und schräg sich hinaufziehend; ich habe sie, mich dünkt,
etwas gerader und sanfter. Auch wird das ganze Gesicht dadurch
etwas Einnehmenderes bekommen, wenn die Spannung aufhöret.
– Verzeihen Sie, bester Mann, daß ich die Bitten an Sie tue. Jedem
ist doch sein Gesicht und seine Person lieb; man ärgert sich, wenn
darüber etwas gesagt, und freuet sich in die Seele des Künstlers,
wenn es in Allem, Allem als Muster der Vollkommenheit gerühmt
wird. Insonderheit wünscht man doch immer, daß das Bild ei-
nen guten Eindruck von der Person gebe. Mich dünkt, der
Kontrast zwischen mir und Göthe sei etwas zu stark: er sieht wie
ein junger Alexander oder Apollo aus, und ich gegen ihn wie ein
kahler, trockner Alter.

Tasso in Tivoli

Anfang Mai 1789, morgens oder spätnachmittags, an einem
sonnigen Tag, in Tivoli, im Park der Villa d'Este. Vogelgesang,
das Plätschern von Brunnen. In der schattigen Rotonda dei
Cipressi unterhalb der Villa lagert eine bunte Gesellschaft
auf und zwischen den herumliegenden antiken Trümmern
von Säulenstümpfen und reliefgeschmücktem Mauerwerk:
die Herzogin Anna Amalia, ihre Hofdame Luise von Göchhausen, der Kammerherr von Einsiedel, Angelica Kauffmann und ihr Ehemann Antonio Zucchi, Hofrat Reiffenstein,

Johann Georg Schütz, Anna Amalia von Sachsen-Weimar-Eisenach mit Angelica Kauffmann und Freundeskreis im Park der Villa d'Este in Tivoli. Aquarell, 1789

einige von Goethes Künstlerfreuden und Johann Gottfried Herder.

Sie habe den Anwesenden für diesen Tag eine Überraschung versprochen, sagt die Herzogin, Näheres würden sie jetzt gleich von dem verehrten Herrn Superintendenten erfahren. Der hatte inzwischen ein Manuskript hervorgeholt. Es sei ja allgemein bekannt, sagt er, daß Goethe an einem neuen Stück über den Dichter Torquato Tasso arbeite, und er wisse, daß die Verehrer des Dichters, also alle die hier beisammen seien, schon lange begierig darauf warteten. Nun könne er sie mit einer Lesung der ersten Szenen dieses Dramas erfreuen, die seine liebe Frau Caroline mit Erlaubnis des Dichters abgeschrieben und ihm nach Rom geschickt habe.

Ich bitte Dich um alles, lasse die Deine Reisegefährten nicht se-
hen; am wenigsten der Göchhausen, hatte Caroline geschrieben.
Ich glaube Dir damit eine gute Stunde zu machen, da ich Dir aus
mir selbst nichts erquickendes reichen kann. Mich dünkt das sei
ein wunderschöner Anfang; der Vorhang so schön aufgemacht.
Die Prinzessin, ihre Freundin und der Dichter so wunderschön
anziehend, man kennt sie und liebt sie nun und wird alles mit
ihnen teilen. Luise von Göchhausen, die kleinwüchsige Hofdame Anna Amalias, die sich den Spitznamen Thusnelda gefallen lassen mußte, war scharfzüngig und spottlustig. Caroline
fürchtete, sie werde das Stück *gar zu speziell auf* Goethe, den
Herzog, die Herzogin und Frau von Stein beziehen, was sich
der Verfasser ausdrücklich verbeten hatte: Der Dichter nehme
für seine Charaktere zwar Züge von wirklichen Menschen, das
sei ja auch notwendig, aber er bilde sie nicht als Ganzes ab.
Er habe Goethens Szene mit Vergnügen gelesen, antwortete
Herder. *Er kann nicht anders, als sich selbst idealisieren, und*
immer aus sich schreiben, so daß er sich zugleich selber malet.
Ich habe diesen Akt keinem gewiesen; höchstens weise ich ihn der
Herzogin allein, und bin neugierig, was sie darüber sagen werde.
Vielleicht tue ich aber auch das nicht.

Nun also tat er es – und mehr. Die Versuchung, sich trotz seiner
Eifersucht öffentlich mit der Dichtung Goethes zu produzieren, war zu groß gewesen, und wahrscheinlich ging es ihm wie
seiner Frau, er fand sie wunderschön, was auch wieder ärgerlich war.
Vielleicht sagte Herder in seiner Vorrede, er sei anfangs im
Zweifel gewesen, ob er die Szenen einem größeren Kreis, also
nicht nur der Herzogin, zugänglich machen dürfe, da sie Weimarer Verhältnisse berührten und die Personen der Handlung
lebenden Personen nicht ganz unähnlich seien. Er habe sich

aber doch dazu entschlossen, da das Stück ohnehin demnächst im Druck erscheinen werde. So wolle er seine Hörer jetzt nach Belriguardo in den Park eines Lustschlosses führen, den sie sich ganz so vorstellen könnten wie den Ort, an dem sie jetzt säßen. Ein Ort, der mit dem Namen des gleichen Geschlechtes verbunden sei, das auch in Goethes Drama eine prominente Rolle spiele. Die eine der beiden vornehmen Damen, mit denen er sie jetzt bekannt machen wolle, nämlich sei die Prinzessin Leonore von Este.

Und dann begann er aus dem Drama zu lesen, dessen Held so viel Ähnlichkeit mit seinem haßgeliebten Freund hatte, an sich und der Welt leidend, leidenschaftlich, in seine Träume versponnen, empfindsam, mißtrauisch, ehrgeizig, kindlich, unbeständig, Liebhaber und Liebling der Frauen, die er mit seinen Dichtungen betört.

> *Sein Auge weilt auf dieser Erde kaum;*
> *Sein Ohr vernimmt den Einklang der Natur;*
> *Was die Geschichte reicht, das Leben gibt,*
> *Sein Busen nimmt es gleich und willig auf:*
> *Das weit zerstreute sammelt sein Gemüt,*
> *Und sein Gefühl belebt das Unbelebte.*
> *Oft adelt er was uns gemein erschien,*
> *Und das Geschätzte wird vor ihm zu nichts.*
> *In diesem eignen Zauberkreise wandelt*
> *Der wunderbare Mann und zieht uns an*
> *Mit ihm zu wandeln, Teil an ihm zu nehmen:*
> *Er scheint sich uns zu nahn, und bleibt uns fern.*

Am 9. Mai schrieb Herder an Caroline: *Vorgestern Nacht sind wir von Tivoli zurückgekommen, wo wir sehr vergnügte Tage gehabt haben, und ich schätze sie mit unter die glücklichsten meines*

Lebens, das ist unter die glücklichsten, die ich in Italien erlebt habe; deren sind mir wenige worden. Die Gegenden der Natur haben Reize auf mich, die mir immer unaussprechlich, das ist sehr einsam still waren; so war Tivoli, das Adieu von Rom und ein wahrer Hymnus für mich im höchsten Grad. Unsere sehr zahlreiche Gesellschaft stimmte sehr gut zusammen, und für mich (ich glaube für alle, unerkannter Weise) war Madam Angelika, eine schweigende sittliche Grazie, gleichsam der Zusammenklang, der der ganzen Natur und Gesellschaft Ton gab. Von der »Tasso«-Lesung in Tivoli steht nichts in seinem Brief.

Angelica Kauffmann an Goethe, am 23. Mai 1789:
Mit welchem Vergnügen ich zugehört kann ich Ihnen nicht sagen. Ich denke es ist unter Ihren schönen Werken eines der schönsten. Herr Herder hat mir die Schrift gelassen. Habe ihm auch recht herzlich dafür gedankt.

Angelicas Lamento

Lasciatemi morire!
E chi volete voi che mi conforte
In cosí dura sorte,
In cosí gran martire?
Lasciatemi morire.
Claudio Monteverdi, Lamento d'Arianna.

An Johann Wolfgang von Goethe.

1. Brief

Rom den 10 Mai 8 8 [Samstag]

Teurer Freund!

Ihr Abschied von uns durchdrang mir Herz und Seele, der Tag Ihrer Abreis war einer der traurigen Tagen meines Lebens, für die liebe Zeilen die sie mir geschrieben da Sie im Begriff waren Rom zu verlassen habe ich Ihnen schon vielmal gedankt.

Nun dank ich Ihnen herzlich für Ihr Schreiben aus Florenz welches ich mit größtem Verlangen erwartet: mir traumte vor ein paar Nächte ich hätte Briefe von Ihnen empfangen, und war getröst und sagte, es ist gut daß er geschrieben s o n s t wär ich bald aus Wehmut gestorben. Mich vergnügt zu wissen daß Sie wohl sind, der Himmel erhalte Sie immer so – ich lebe so ein trauriges Leben, in einer Art von Gleichgültigkeit, weil ich nicht sehen kann w a s ich zu sehen wünsche, ist mir alles eins was ich sehe, oder wen ich sehe, ausgenommen unseren würdigen Freund Herrn Reiffenstein, mit dem ich von Ihnen sprechen kann. Die Sonntage auf die ich mich sonsten so sehr gefreut, haben sich in traurige Tage verändert. Und Sie sagen die Sonntage kommen nicht wieder, das will ich nicht hoffen. Das Wort nicht wiederkommen tönt zu hart – nun will ich für dasmal von Sorgen nichts mehr sagen. Wissen sie wohl daß ich etwas habe das Ihnen gehört und das Sie mit viel Sorgen auferzogen haben, dem guten Schütz dank ich für das. Ihr kleiner Pinienbaum* stehet nun in meinem Garten das ist nun meine liebste Pflanze. Noch

* Der Kommentar zu den Briefen ab S. 245 erklärt einiges, worauf Angelica anspielt.

213

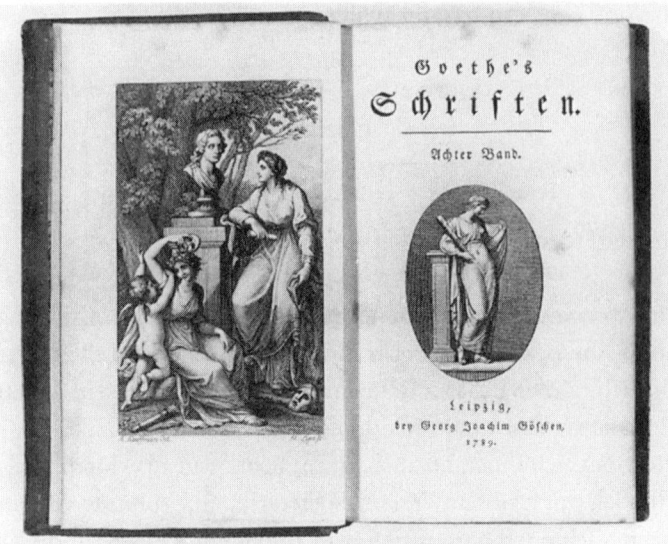

Johann Heinrich Lips nach Angelica Kauffmann, Die Komische und die
Tragische Muse huldigen Goethe. Titelkupfer, 1789

etwas habe ich das ich Ihnen gewidmet ehedem es mein war, die
Figur von der ich Ihnen gesprochen die Muse*, nur fehlt mir an
sicherer Gelegenheit es Ihnen zu schicken. Zu dem werden Sie
mir helfen, dann mir wär leid wanns sollte verloren gehen.
Die Zeichnung* für das Titelblatt habe ich mit einiger Verän-
derung etwas größer angefangen. Mir kam in Sinn wie ich Ihnen gesagt es selbsten auf das Kupfer zu bringen allein ich habe
schon lange nichts radiert weiß nicht wie es ausfallen könnte
und mit Proben könnte es sich zu lang verzögeren. Folglich
möchte ich gerne wissen ob ich die Zeichnung (die dieser Tage
wird fertig werden) dem Herrn Lips übergeben soll oder Ihnen
zuschicken. Erwarte darüber Ihren Befehl –. In Florenz werden
Sie viel Schönes gesehen haben wovon Sie mir doch etwas melden werden. Zucchi dankt Ihnen herzlich für die gütige Erin-

nerung und empfehlet sich in Ihre fortdauernde Gewogenheit. Wir sprechen täglich von Ihnen. Spina hat mir auch aufgetragen Sie seiner Hochachtung zu versichern. Die Commission betreffend der Musik habe ich nicht vernachlässiget. Vor wenig Abend habe ich den Sig: Albacini gesehen der mit dem Kopist gesprochen der wenig Hoffnung gegeben zu haben was man verlangt doch wollen wir das Mögliche tun. Befehlen Sie mir in allem was ich Ihnen dienen kann. Gönnen sie mir doch das einzige Vergnügen von Ihnen zu hören, wann ich weiß daß Sie wohl und vergnügt sind so will ich suchen mit meinem Schicksal zufrieden zu sein.
Angelica K. Z.

Bitte Ihren getreuen Achate den guten Herrn Keiser von Zucchi und mir vielmal zu grüßen es ist für mich ein Trost daß sie ein so guten lieben Freund bei sich haben. Leben sie wohl mein teurer Freund und erhalten sie mich in Gedanken

2. Brief

[Rom, 17.5. und 7.6.1788. Samstag und Samstag]

Rom den 17 Mai 88.
Tausendmal danke ich Ihnen mein teurer Freund für die Freude so Sie mir gemacht mit Ihrem zweiten Schreiben aus Florenz. Die mir aufgetragne Commission habe ich bei unserem guten Hn Rath gleich verrichtet und Sie zu entschuldigen hat mir wenig Mühe gekostet auch bei dem Abate Spina, dann beide lieben Sie, a b e r w i e i s t e s a n d e r s t m ö g l i c h. Briefe dienen auf Reisen manches Mal nur zur Hindernis das ist die Ursach daß ich Ihnen keine anerboten an Bekannte die ich in

Florenz habe. Ich bin mit H: Kaiser nicht sehr zufrieden daß er Sie so viel allein laßt und die Bibliotheken Ihrer Gesellschaft vorzieht, ach wär ich an seiner Stelle, wie sehr beneide ich diesen Freund, es ist wahr ich bin mit meinem Geiste so nahe bei Ihnen wie Ihr eigner Schatten aber die Einbildungskraft mag immer so stark sein so bleibt es doch nur bei der Einbildung. Hätte ich gewußt an wen zu adressieren so hätte ich Ihnen nach Florenz geschrieben. In Mailand werden Sie meine Antwort finden auf Ihren ersten Brief. Nichtsdestominder kann ich Ihren letzten nicht ohne Antwort lassen. Aber mir gehets wie es mir gegangen da Sie hier waren Ihre Gegenwart machte mich konfus, da sitze ich mit der Feder in der Hand, hätte vieles zu sagen, möchte gerne Ihnen vieles sagen, alle Empfindungen meines Herzens klagen, aber was hilft das, alles was ich sagen kann bringt Sie nicht zuruk. Es ist besser ich schweige, Ihr empfindliches Herz kann das übrige denken. Der 23 des verwichnen der fatale Tag hat mich in eine Trauer gesetzt aus der ich mich nicht wieder holen kann. Der schöne Himmel die schönste Gegend ja leider auch das Schöne in der Kunst sehe ich mit einer Art von Gleichgültigkeit. Ich glaube würklich ich bin an dem äußerstem Rande der Unklugheit von der wir manches Mal gesprochen. In jener Welt wird es hoffe ich bestimmt sein daß Freunde sich nicht mehr trennen, glückliches Leben mich freut schon darauf.

Hoffe zu hören daß sie in Mailand wohl angelangt sind an Ihrem Wohlsein ist mir viel gelegen Ihre Gesundheit liegt mir näher am Herzen als mein eigne. Nun kommt mir ein Zweifel ob dieser Brief Sie wohl noch in Mailand antreffen wird indem Sie den 11 bestimmt von Florenz abzureisen. In dieser Ungewißheit schließe ich nicht, bis ich aus Mailand von Ihnen höre wo Sie, wie ich schon gesagt indessen Briefe den Herr Rat eingeschlossen von mir finden werden.

Diesen Abend den 23 da ich nach Hause kam fand ich Ihren lieben Brief auf dem Tisch, wie klopfte mir das Herz da ich ihn aufbrach, wie sehr dankte ich Ihnen für den Inhalt, für die gütige Erinnerung und für die Freundschaft so Sie mir erzeigen mit Ihren lieben Zeilen meine gegenwärtige Lage etwas erträglicher zu machen. Lieber Freund der Himmel belohne Sie dafür, und bewahre Sie vor allem was Ihnen verdrießlich sein könnte. Was Sie in Bologna gefunden nämlich das Motett von Cristoforo Morales, und auch das Buch Gvidetti ec. werde ich auf dem kleinen mir gelassenen Zettel ausstreichen. Ich habe den Sig. Carlo Albacini wegen übrigen schon wiederholte Mal erinnert und gebeten das Mögliche zu tun, er verspricht es auch – werde noch ein wenig zusehen, ist da keine Hoffnung, so suche ich ein anderen Weg das Verlangte zu haben.

Ihr Tasso wird von mir mit Liebe und Freude aufgenommen werden. yet it is joining new links to the chain.* Und doch lese ich nur gerne anjetzo Ihre Worte, und was von Ihnen kommt. Vor einigen Tagen besuchte ich mit Zucchi Ihre Wohnung, um da etwas zu sehen was ich gesehen will ich Ihnen sagen nachdem ich es wieder und besser gesehen. Wir waren oben in Ihrem Cabinet*. Ich fühlte als wär ich an einem heiligen Orte, wo jemand gewohnt den man in größten Ehren halt. Konnte fast nicht von der Stelle kommen, dachte auch an die himmlische Musik* die einstens der gute Keiser uns da vorgespielt. Ach die schöne liebe Zeit. Ich muß einhalten, und sie nur noch um Verzeihung bitten daß ich meiner Feder zu freien Lauf gelassen. Zucchi empfehlet sich Ihnen auf das höflichste und freundschaftlichste, so auch der Abate Spina. Unser gute Herr Rath wird vermutlich selbsten schreiben. Nicht nur am Sonntage, sondern so oft wir uns sehen wird von Ihnen gesprochen. Ich erwarte mit größtem Verlangen Ihre Briefe aus Mailand den sie mir so gütig versprochen.

den 7 Junius 88

Verzeihen Sie die Länge dieses Briefes und die Unordnung mit
der ich geschrieben, an dem ist die Ursach mein halb verwirrter
Sinn. Kein Wort von Ihnen aus Mailand folgt dem gütigen Versprechen. Das setzt mich in Sorgen es könnte sein daß der Herr
Rath mit gestriger Post Briefe von Ihnen erhalten – allein der
ist in Frascati mit seiner Hausfrau die Hoffnung gibt zu vollkommener Besserung – bis Montag sehe ich ihn nicht. Ich will
nicht länger warten. Weil Sie es in Ihrem Brief aus Bologna
gütigst erlaubt adressiere ich Ihnen dieses nach Weimar. Wo Sie
hoffentlich glücklich angelangt* und alle Ihre Freunde wohl
angetroffen glückseliges Weimar und glückselig alle die
Ihre Gegenwart genießen können. Mir bleibt zum Trost allein
die Hoffnung daß Sie mich in Gedächtnis behalten. Daß Sie
sich in bestem Wohlsein immer befinden mögen ist der herzliche Wunsch Ihrer ergebensten
A.

Ich, Zucchi und alle Freunde empfehlen sich dem Herr Keiser.
Ich meldete Ihnen in meinem letzten daß ich die Muse in meinen Händen habe, die will ich Ihnen zuschicken durch Hülfe unseres guten Herr Rats wegen der fertigen Zeichnung des
Titelblatts erwartete ich auch einige Antwort von Ihnen. Verzeihen sie mein teurer Freund diesen langen Brief es ist die
Antwort auf zwei Schreiben mit denen Sie mich beglücket haben.
Morgen ist es Sonntag einstens ein erwünschter Tag. Leben sie
wohl.
Die Commission wegen den Intaglio werde ich nicht vernach-
lässigen, hoffe etwas Gutes zu haben.

3. Brief

[Rom, 11.6.1788. Mittwoch.]

Mein teurer Freund.

Mit größtem Verdruß vernehm ich aus Ihrem lieben Schreiben von Mailand daß Sie meine Briefe da nicht erhalten haben. Daß ich so lang leben könne ohne an Sie zu schreiben das können Sie von mir nicht denken, sollte ich meiner Neigung folgen so wär das mein einziges und liebstes Geschäfte.

Ich erhielte ihr wehrtestes aus Florenz den 9 Mai antwortete den 10. klagte Ihnen meinen Schmerz der mir bei Ihrem Abschied Herz und Seelen durchdrungen und den ich diesen Augenblick noch auf das heftigste empfinde. Sagte Ihnen unter viel anderem daß mir gelungen die Muse zu haben von der Ihnen gesprochen und die ich Ihnen damals schon gewidmet und die Ihr eigen ist und die ich Ihnen zuschicken werde sobald ich wieder von Ihnen höre.

Fragte Sie auch wegen der Zeichnung für das Titelblatt welche damals da ich schrieb schon fast fertig war – ob ich diese sollte Hn Lips übergeben oder wie Sie beliebten zu disponieren. Erzählte Ihnen auch daß Herr Schütz mir die Freude gemacht Ihre liebe Pinie in meine Besorgung zu geben. Das ist nun meine liebste Pflanze die besuche ich 3 mal des Tags wenigstens, morgens, mittag, und abends. Für die sorge ich mehr als manche Mutter für ihr Kind.

Nachdem ich Ihnen nach Mailand geschrieben erhielte ich Ihr zweites aus Florenz, konnte mit erster Post nicht antworten und weilen Sie bestimmt hatten den 11 von Mailand abzureisen sorgte ich der Brief würde sie dorten nicht mehr antreffen in diesem Zweifel erhielte ich Ihr allerliebstes aus Bologna und folg Ihrer Erlaubnis schrieb ich Ihnen ein langen Brief adressierte selben an Sie grade nach Weimar schickte ihn den 7 dieses verwichnen Sonnabend ab was werden Sie von mir denken auf alle Ihre mir so liebe Briefe so lange kein Antwort zu haben. Daß ich Sie vergessen kann das können Sie von mir nicht denken. Ja eher können Sie denken ich existierte nicht mehr als daß mir möglich wäre aufzuhören Sie zu schätzen und zu verehren. Lieber Freund Sie trösten mich in Ihrem Schreiben aus Mailand mit der schönen Hoffnung auf Wiedersehen. Ja wann ich das erlebe so werde ich mich glücklich schätzen – aber traurige Tage, und manche ruhlose Nächte werde ich durchleben ehe der glückselige Zeitpunkten kommen wird, und wann Sie wieder jenseit der Alpen bei Freunden und lieben Bekannten sein werden Gott weiß was für Veränderungen in Ihrem Herzen und in Ihren Gedanken vorgehen. Doch Rom werden Sie nicht vergessen. Rom für mich ist nicht mehr. In Rom seitdem Sie diesen Himmel verlassen scheint mir alles verändert, die Sonntage sind Trauertage für mich geworden ich hab kein Freude mehr.

Und bin nur beredsam wann ich von Ihnen sprechen kann und sehe nur gerne die Ihnen liebhaben. —

Ich danke Ihnen vielmal für die Kunstnachrichten so Sie mir gütigst in Ihrem letzten gegeben werde suchen selbe zu nutzen wann ich nur mein Gemüte ein wenig in die Ruhe bringen kann. Wann ich weiß daß Sie meine Briefe haben und ich öfters von Ihnen hören kann so wird es etwan mit mir besser werden als es dato ist. Ach ich schreibe Ihnen nur zu viel. Aber mein Herz wird dadurch etwas leichter. Sie sind gut und erlauben mir diesen kleinen Trost. Und gönnen mir folglich auch die Freude die einzige Freude oft von Ihnen zu hören. Wie glückselig, wie vergnügt sind nun alle Ihre Freunde meine Trauer ist ihre Freude. Grüßen Sie vielmal von mir Ihren lieben kleinen Freund Fritz. Zucchi empfehlet sich Ihnen auf das freundlichste, Albacine gibt mir gute Hoffnung die verlangte Musik zu haben es wird daran geschrieben. Die übrige kleine Commission werde ich nicht nachlässigen leben sie wohl mein teurer Freund leben sie recht vergnügt aber vergessen Sie mich doch nicht. Leben Sie wohl.

Angelica KZ

Viel Grüße an Hn Keiser.
Unser liebe Herr Rat ist gottlob recht wohl

Rom den 11 Juni 8 8
Egmont ist noch nicht angekommen.

4. Brief

Rom den 23 Juli 1 7 8 8 [Mittwoch]

Diese Briefe kommen zu oft werden Sie nun sagen, doch ich habe ja seit dem 28 des verwichnen nicht geschrieben – folglich darf ich es wagen mich Ihnen in Gedanken zu näheren, und mir selbsten einige vergnügte Augenblicke zu gönnen. Ihr allerliebster Brief von 26 Juni habe ich den 15 d i e s e s erhalten, mit vielen Freuden.

Herr Keyser war so gütig mir Nachricht zu geben von Ihrer glücklichen Ankunft, muß gestehen ich erschrak bei erstem Anblick des Briefes, auf dem die Marke Weimar mir zuerst in die Augen fiel, hernach eine mir noch ein wenig fremde Hand, alles das setzte mich in Sorgen Sie wären krank könnten selbsten nicht schreiben, öffnete den Brief mit zitterender Hand. Endlich beruhigte mich der Inhalt und Ihr wehrtestes welches wenig Tage darauf folgte bestätiget meine Hoffnung und meinen Wunsch daß sie wohl zuhause angelangt und in bester Gesundheit sich befinden.

Daß Sie mein teurer Freund so bald nach Ihrer Ankunft an mich gedacht, und mir geschrieben ist mir ein neues Zeugnis Ihrer Güte dann ich kann mir leicht vorstellen, Freunde, und Geschäfte in großer Menge haben auf sie gewartet. Es freut mich daß Sie Ihren jungen Freund Fritz so sehr nach Ihrem Wunsch angetroffen haben, wie sehr wird sich der erfreut haben (fast so, wie ich mich erfreuen würde sie wiederzusehen) wann oder ob dieser glückliche Augenblick wiederkommen wird das weiß der Himmel — Daß ich mit meinen Gedanken (ich darf nicht sagen wie oft) in Weimar bin das weiß ich – daß meine Tage ohne Freude und ohne Genuß vorübergehen, das weiß ich auch – mehr will ich von meinen Sorgen und Empfindungen für dasmal nichts sagen, sie haben Regen, und wir haben mit einem heiteren Himmel fast unerträgliche Hitze. Unser gute Herr Rat empfehlet sich Ihnen auf das beste er hat beide Ihre Briefe erhalten und wird das Vergnügen haben Ihnen zu schreiben sobald er von aufgetragnen Commissionen genauere Nachricht geben kann, den 19 dieses hat gemeldeter Freund Ihnen mit der fahrenden Post ein kleines Päckchen abgeschickt und das schon von mir zu oft erwähnte kleine Andenken beigelegt. Hoffe es wird sicher zu dero wertesten Hände kommen; dem Herr Lips habe ich vor ein paar Tagen die Zeichnung übergeben er verspricht auf das längste in 6 Wochen das Kupfer fertig zu haben. Die Zeichnung habe ich mit allem möglichen Fleiß ausgeführet dann es ist für Sie gemacht und Ihnen gewidmet. Und wird Ihnen zugeschickt werden sobald Herr Lips die Kupferplatte fertig hat. Man hat mir schon verschiedne Intaglios in das Hause gebracht aber entweder zu klein oder nicht gut genug, dann ich wünsche etwas Gutes, und Bedeutendes für Sie zu finden, hoffe es wird mir auch gelingen.

Verwichnen Sonntag habe ich den guten Bürey gesehen er kam zu uns, und habe mich anerboten Ihm verhülflich zu sein sollte er zu einem vorteilhaften Handel Gelegenheit haben, Zucchi ist auch sehr willig ihm in diesem Fall zu dienen, indem er auch sehr wünscht Ihnen einige Gefälligkeit erweisen zu können — Die Pinie ist schön, und seitdem ich sie in meiner Besorgung habe schon zwei gute Zoll gewachsen. Das ist mir eine liebe und sehr bedeutende Pflanze dann sie kommt von lieber Hand. [Am Rand] Egmont ist noch nicht angekommen ich dachte nur ein paar Wörter zu schreiben das ganze Blatt ist beinahe voll ohne etwas gesagt zu haben von dem Vielen was ich Ihnen zu sagen hätte. Sie wissen aber schon wie ich gegen Ihnen gesinnt bin, wie sehr ich Sie schätze, und verehre, und wie kostbar, wie lieb, mir Ihre Freundschaft ist, und wie sehr ich wünsche mich Ihrer Güte würdig zu machen – lieber Freund, ich weiß Sie sind anjetzo in einer ganz anderen Lage* als da sie in Rom waren, doch will ich hoffen, daß ihr gutes Herz sich gegen mir nicht änderen wird, und daß sie mir immer erlauben werden sie Freund zu nennen. Ihre Briefe sind die Freude meines Lebens.

Von Ihre Güte hoffe ich diese Freude oft wiederholt zu haben, das ist so oft Ihre Geschäfte es erlauben. Ein andersmal will ich Ihnen von Kunstsachen sprechen obschon hier nichts Merkwürdiges vorgehet, will ich Ihnen von meinen eignen Sachen was ich seitdem gemacht einige Nachricht geben. Obschon alles was mich betrifft sehr unbedeutend ist, und mein sinnloses Wesen in allen meinen Werken anjetzo mehr als jemalen offenbar wird. Leben Sie recht wohl und vergnügt mein bester, mein teuerster Freund, leben Sie wohl.

Zucchi empfehlet sich Ihnen auf das höflichste.
Angelica K. Z.

[Am Rand] Abate Spina empfehlet sich in Ihr gütiges Andenken.

5. Brief

Rom den 5 August 88 [Dienstag]

Schon wieder Traume werden Sie sagen –
aber ich weiß Sie verzeihen mir.

Mir traumte verwichne Nacht Sie waren wiedergekommen ich
sahe Sie von ferne – und eilte Ihnen entgegen bis zur Haustüre,
faßte Ihre beide Hände die ich so fest an mein Herz gedruckt
daß ich davon erwachte, ich war böse auf mich daß ich mein
getraumtes Glück zu lebhaft gefühlt und mir selbsten dadurch
das Vergnügen abgekürzt. Doch bin ich mit diesem Tag zufrieden, dann heute empfing ich Ihren lieben Brief von 19 Juli. Daß
Sie ohneracht der vielen mancherlei Zerstreuungen, der vielen
Geschäften – Freunden, und Bekannten im Geiste wieder zurück nach Rom kehren wundert mich nicht; daß Sie meiner gedenken ist ein Zeichen Ihrer Güte für die ich Ihnen unendlich
danke. Ich erfreue mich an Ihrem Wohlsein herzlich und wünsche Ihnen ununterbrochen den Genuß vergnügter Tagen.
Ich lebe so das Leben, in Hoffnung eines besseren
Lebens etc. nun etwas von der Kunst und vor allem von Daniel di Voltera* das Bild ist anjetzo ganz mein. Wie und auf was
Art es ist in das Haus gekommen, und was mit Herr Tischbein
für ein Abrede war, nämlich das Bild zu verkaufen den Gewinn

zu teilen etc. ist Ihnen glaube ich schon bekannt ich konnte den Gedanken nicht erdulden ein solchen Schatz von mir zu lassen, sprach mit Zucchi darüber, und wurde beschlossen an Tischbein zu schreiben um das Stück frei zu haben ihm einen Antrag zu machen, nämlich daß er für die Entdeckung dieses Schatzes eine Erkenntnis von uns annehme von 100 Zecchinen und die Zeichnungen so Herr Meyer gemacht hat, und sollte es sich jemalen ereignen daß wir uns entschließen könnten das Gemälde zu verkaufen durch seine Hülf, so bleibt die Sache bei erster Abrede den Gewinn zu teilen über diesen Antrag machte mir Tischbein drei Vorschläge entweder, daß es bei der ersten Abred bleibe das ist mit erster guter Gelegenheit das Bild zu verkaufen oder er wollte mir die tausend ausgelegte Scudi zurückgeben und noch tausend dazu und das Bild gleich zu sich nehmen. Oder ich sollte ihm tausend Scudi geben wovon ich ihm die Hälfte gleich anjetzo bezahle, und die andere Hälfte in einem halben Jahr, auf solche Art wär das Bild mein, samt den Zeichnungen. Diese letzte Proposition gefiel mir und Zucchi so, daß wir ihm mit erster Post ein Wechsel geschickt von 500 Scudi; und nun haben wir das Bild welches man ein Meisterstück nennen kann ganz unser, das lasse ich nicht von mir so lang ich lebe. Es wird in dem großen Saal mit allem Decorum aufgestellt werden der Mercur muß weichen, und kommt in die Mitte von dem Saal, die Venus*, und der Adonis*, kommen auf die Seite wo der Ganimed* und der Apollino* stehet. Das Gemälde bleibt in seinem Kasten, und es sollen es nur die sehen, die sehen können. Ich erzähle Ihnen alles so genau weilen ich weiß daß es Ihnen Vergnügen machen wird. Lieber Freund, wann werden wir es wieder zusammen sehen? Ich lebe immer zwischen Forcht und Hoffnung und leider mehr Forcht als Hoffnung – ich muß schweigen was hilft mein Klagen – Sie verlangen zu wissen was ich arbeite –. Folgende Stücke denke

Angelica Kauffmann, Vergil liest aus seiner Aeneis
Augustus und Oktavia, die in Ohnmacht fällt, vor. Kreide, 1788

ich, habe ich fertig – das Portrait für die Lady Harvey* – die
Kalmücken* – das Portrait von dem Kardinal Rezzonico für
den Senator, und heute bin ich mit dem Virgil* zuende gekommen, von der Disposition erinnern Sie sich wohl – ich bin mit
der Zubereitung in chiar e scuro sehr zufrieden, das Stück hat
viel Kraft und die Farben sind mir sehr durchscheinend geworden. Die zwei aus Shakespear* habe ich auch angefangen,
auch eins für den Herzog von Kurland* – und bald muß ich
auf das große Stück bedacht sein für die russische Kaiserin*.
Ich habe so ziemlich gearbeitet und suche es so gut zu machen als mir möglich – um das zu tun muß ich mir einbil-
den es werde Sonntag und Sie kommen in mein Studio – ach
die liebe Zeit? Doch gar nicht daran denken — mein Portrait*
oder besser zu sagen das Gemälde so ich für die Gallerie in
Florenz gemacht habe ist gütigst aufgenommen worden. Vor
ein paar Tagen hat ich Briefe daß man mich in sehr gutes Licht
und neben einen ernsthaften Mann gestellt, nichts weniger als
Michel Angiolo Buonarroti – ich wünschte in Werken, nicht
nur in effigie neben ihm stehen zu dürfen, aber er ist zu förch-
terlich —. Der Großherzog hat mich zur Zeugnis des gütigen
Aufnehms ob gesagtem Portrait, mit einer ungeschickt großen
Goldmedaillen beehret.

Nun ist es Zeit daß ich aufhöre von mir selbsten zu sprechen dann ich habe schon zu viel gesagt –. Hätten Sie von den mir gütigst versprochnen gezeichneten Gegenden nichts gemeldet, so hatte ich mir schon vorgenommen Sie darauf zu ermahnen daß ich doch gezeichnet die Gegend besitze wo ich mit Gedanken mich oft, oft, sehr oft finde lieber Freund. Rom ist schön aber nun für mich – doch stille, daß ich meiner Feder einmal Meister werden könnte. Der Brief von Ihrem jungen Freund hat mir viel Freude gemacht, auch ist mir lieb zu wissen daß Herr Keiser wiederkommt und daß ich Herr Herder kennen werde. Ab e r Sie k o m m e n n i c h t, das ist mein ewiger Schmerz und meine Klage. Leben Sie wohl und recht vergnügt und vergessen Sie mich doch nicht. Ich ehre und verehre Sie von Herzen. Angelica.

Hoffe Sie werden meine Brief von 28. Juni, und 23 Juli empfangen haben

6. Brief

Rom den 13 August 8 8 [Mittwoch]

Die Commission mit der Sie mich beehrt haben betreffend die Bracelets* für Ihro Durchlaucht die Herzogin werde ich, so auch der Herr Rat suchen bestens zu besorgen. Wir haben schon eine Diana die besser ist als die in der kleinen Zeichnung – die Minerva wird sich auch finden lassen und von geschickter Hand ausgeführet werden, das so bald wie möglich.
Egmundt ist mir übergeben worden, danke Ihnen herzlich für alles was der 5 Band Ihrer Werken* enthält. Alles was von Ihnen kommt macht mir unendlich viel Freude. Ich bitte lassen

sie den Tasso nicht zu lang ruhen, ich bitte auch im Namen der Verehrer Ihrer Werken —.

Was mag doch die Ursach sein daß die Briefe von Weimar eben so lange Zeit laufen als die Briefe aus Engelland – Ihren wertesten von 19 Juli empfing ich den 5 dieses, und zur nämlichen Zeit hatte ich Briefe aus London von 18 Juli. Zucchi empfehlet sich in dero gütiges Andenken. Abate Spina hat mir auch aufgetragen Ihnen viel Höfliches zu sagen. So auch der Comte Dolomieu und M.[onsieur]Moriss [Moritz?], alle wünschen Sie wieder zu sehen und ich mehr als alle.

A

7. Brief

Rom den 21 Sep. 88 [Sonntag]

Wie freudig bin ich an dem Tage der mir durch Ihre werteste Zeilen von Ihnen Nachricht gibt, und mich Ihres Wohlseins versichert. Für Ihre zwei Briefe nämlich von 4 August – und 1 Sep: danke ich herzlich. Aus dem letzten vernehme ich daß die Muse ist glücklich angekommen. Ich fühle großes Vergnügen daß Ihnen das kleine Andenken von mir einige Freude macht, und daß sie es ansehen als ein kleines Zeichen meiner w a h r e n u n d u n v e r ä n d e r l i c h e n Hochachtung ge g e n I h n e n. Ehe dieses dero werteste Hände erreicht werden Sie das Titelkupfer samt der Vignette empfangen haben. Die Kürze der Zeit, und das kleine Spatium, erlaubte nicht etwas mehr zuzusetzen. Nehmen Sie indessen mit der simplen Figur vorlieb – und gönnen Sie mir die Ehre den Mangel in anderen derlei Gelegenheiten zu ersetzen. Die Zeichnung hätte ich gerne mitgeschickt, aber sie war zu groß, kann aber beigelegt wer-

den, wann der Herr Rat die übrige Sachen die auf Ihren Befehl warten abschicken wird. Den 19 dieses da ich des Abends zur gewöhnlichen Zeit nach Hause kam, fand sich Bury mit Herrn Herder in dem Saale. Ich hatte große Freude diesen würdigen Mann der Ihr F r e u n d ist zu sehen übergab Ihm gleich Ihren Brief*, die Fragen nach Ihnen erwarteten kaum die Antwort. Er war eben angekommen der Besuch war kurz hat mir aber Hoffnung gegeben daß ich ihn öfters sehen werde. Die Herzogin Mutter wird noch zu Ende des Monats hier eintreffen – Sie wissen schon mein lieber Freund, wie sehr ich wünsche denen die Sie lieb haben etwas Gefälliges erweisen oder in etwas dienen zu können. Mich freut daß diese Ihre Freunde noch zur guten Jahreszeit eintreffen um auch von den Gegenden genießen zu können. Bald rückt die Zeit an die wir in Castello zugebracht haben, ein jede Stelle wo Sie gezeichnet haben, alles wird mich an das Vergnügen erinnern so nun vergangen was kann ich für ein Genuß hoffen von dem gegenwärtigen? In der Einbildung werde ich Sie sehen – wir werden uns nur auf wenige Tage dahin begeben, um ein kleine Abänderung zu machen in dem Monat Oktober. Sie trösten mich mit der Zukunft, ich will das Beste hoffen – um das Gegenwärtige erträglicher zu machen. Es macht mir sehr viel Vergnügen daß das kleine Andenken von mir welches Sie so gütig aufgenommen zu einer Zeit, u n d a n e i n e m T a g e * eingetroffen der mir immer merkwürdig sein wird. Werde ich es wohl erleben den Tag wieder mit Ihnen feiren zu können? E s i s t S o n n t a g , und anstatt Sie abzuholen habe ich Ihnen diese wenige Zeilen geschrieben, und das mit der lieben kleinen Feder die ich Ihnen geraubt habe. Nun kommt unser gute Herr Rat mit dem ich von Ihnen sprechen kann, und Sie zu uns wünschen daß unser Wünschen doch einmal erfüllt würde –
Ich habe den Herr Herder wieder gesehen*, dieser würdige

Mann ist, und spricht so wie er schreibt. Wir besahen Ihre Büste die Ihrem Freund sehr gefallen, ich bin mit der Ähnlichkeit sehr zufrieden.

Da ich vor etwas Zeit dem Herr Trippel meine Schuld dafür abstatten wollte, sagte er mir er hätte sich mit Ihnen dessentwegen schon verstanden. Folglich danke ich Ihnen unendliche Mal für das mir so liebe, und werte Geschenke bei welchem ich manche Augenblicke des Tages zubringe. Ich bin gegenwärtig mit Troyolus und Cresida beschäftiget aus dem Shakespeare, es ist etwas schwer aus einem Sujet das an sich selbsten nicht viel heißt, etwas heraus zu bringen. Doch werde ich so viel mir möglich trachten, die Schwierigkeiten zu überwinden.

Der Saale ist nun in der Ordnung, Daniel di Volterra ist aufgestellt in seinem Kasten wo das große Architekturbild so von Zucchi gemalt gehangen. Das nämliche Bild anstatt der Türe des Kastens beschließt und bewahrt den Schatz und dient wie zuvor zur Dekoration von dem Saale, in dessen Mitte der Mercur sehr gut beleuchtet wird. Die große Tafel ist kleiner gemacht worden, um mehr Platz zu haben, den Daniel di Volterra in gehöriger Ferne sehen zu können. Herr Herder hat das Stück auch unsere übrige kleine Sammlung noch nicht gesehen er war nur des Abends bei uns, auch mit dem H: Baron Dalberg. Der Garten hat dies Jahr nichts Wunderbares produziert, kein einziges Monstrum, die liebe Pinie wächst, ich hab sie nicht verpflanzet. Sie würden fast lachen über meine Sorge, wann sich dunkle Wolken an dem Himmel zeigen die das Ansehen haben eines Ungewitters so eile ich hinauf in den Garten und stelle die noch junge Pflanze unter Dach damit sie nicht geschädiget werde. Alle übrige lasse ich dem Schicksal über. Sie verlangen meine Meinung über die Gemälden die Bury gekauft hat, und von denen er Ihnen schon die Beschreibung wird gemacht haben. Die oft wiederholte Pietà* von H: Carracci zeigt an verschiednen Stellen die Hand des Meisters und ist ein gutes Bild. Das Portrait von Baroccio* gemalt ist auch sehr schön, ein Brustbild* von einem Jungen der mit kleinen Tauben spielt ist meisterlich gemalt und gar gefällig könnte wohl von Gvido sein, wie auch eine Madonna mit dem Kind* etc., ein Stück das auch seinen Wert hat. Auf Ihr Verlangen habe ich wie schon gesagt dem Bury meine kleine Beihülfe angetragen im Fall daß er ein guten Handel treffen könnte. Ein paar Tag darauf kam er zu mir und verlangte nur 60 Scudi die ich ihm mit Vergnügen gegeben habe.

Wünsche sehr daß er mit dem kleinen Bilderhandel etwas gewinnen könnte. Unser gute Herr Rat empfehlet sich Ihnen auf das freundlichste und wartet mit Verlangen auf Ihre Briefe und auf Ihre Befehle, die Bracelets sind glaube ich beinahe fertig. Hoffe sie werden gefallen. Zucchi dankt Ihnen herzlich für das gütige Andenken und empfehlet sich Ihnen auf das höflichste. So auch andere Bekannte die immer nach Ihnen fragen. Verzeihen Sie bester Freund die Länge dieses Briefes und die Unordnung meines Schreiben. Sie wissen schon es ist gut gemeint. Leben Sie wohl mein teurer Freund und vergessen Sie mich nicht. Daß sie recht vergnügt leben ist mein herzlicher Wunsch.

A. K. Z.

PS: In Ihren zwei letzten Briefen finde ich kein Wort von dem lieben Fritz. Hoffe er ist wohl, bitte ihn von mir vielmal zu grüßen. Erlauben sie mir nur noch ein paar Worte. Der Abate Spina der mir aufgetragen Ihnen viel Höfliches zu sagen, hat mir Beiliegendes* gelassen es Ihnen zu überschicken. Der Autor von dem Werk ist ein Freund von ihm dem er zu dienen wünscht, sein Werk auch außer Italien bekannt zu machen. Zu diesem Ziel empfehlet sich Spina Ihrer Güte, er hat mir auch ein Exemplar davon gelassen welches der Herr Rat Ihnen mit anderen Sachen überschicken wird, verzeihen sie mir, ich konnte diesem Freund der die größte Hochachtung gegen Sie hat diese Gefälligkeit nicht versagen. Können Sie ihm ohne einzige Beschwerde in der Sache etwas nutzen so werden Sie ihn unendlich verbinden.

Ich höre Tasso ist schon weit gekommen, so auch ein anderes Werk von dem sie mir nichts gesagt haben.

Ich denke an die Freude die Sie uns gemacht haben mit der Vorlesung Ihrer Werken, die schöne Zeit, die kommt fürchte ich nicht wieder. Gedanken der mich traurig macht.

8. Brief

[Rom, 1. 11. und 8. 11. 1788. Samstag und Samstag]

Rom den 1 Nov: 1788
Wissen Sie wohl mein teurer Freund ich komme nach Weimar – hätten Sie sich das wohl traumen können. Ihro Durchlaucht die Frau Herzogin hat unseren guten H: Rat Reiffenstein – Zucchi und mich auf das gnädigste eingeladen* entweder mit ihr zurück oder ihr zu folgen. Die Fräulein von Göchhaußen – der Herr Herder – waren zugegen stimmten auch mit überein – wie war es möglich ein so schönen Antrag der auf die gnädigste Art gemacht wurde zu widerstehen. Das Versprechen wurde gemacht, so ferne die Umstände es erlaubten. Das glückselige Weimar das, seitdem das Glück mir gegönnt Sie zu kennen, ich so oft beneidet habe, wo ich mich mit Gedanken so oft und so gerne aufhalte. Sollte ich das sehen, und Sie da sehen, oh schöner Traum! Doch noch vor die Reise angehet hoffe ich Sie noch einmal in Rom zu sehen. Indessen habe ich Ihnen

zu danken mein bester Freund daß die Frau Herzogin sich so gnädig gegen mir erzeigt diese gnädige Fürstin hat meine Wohnung schon verschiedne Mal beehret und erlaubt mir zu ihr zu kommen. Wie oft wird von Ihnen gesprochen und welche Freude fühl ich in meiner Seele. Vor einigen Abend gingen Ihr Durchlaucht mit der ganzen Gesellschaft, nämlich Herr Baron von Dalberg – die Frau von Seckendorff, Herr Herder etc. nach dem Museum*. Zucchi und ich, hatten die Ehre auch mitzukommen. Das war für mich ein großes Fest aber mir fehlte doch noch etwas mein Vergnügen vollkommen zu machen, Ihr Namen erschallte im Saale der Musen*, ich sah mich um und sahe Sie, aber nur im Geiste. Da wir alle vor dem Apollo gestanden wurde proponiert dem Gott ein Gebet zu opfern, Herr Herder sagte es würde wohl ein jeder, oder eine jede, eine eigne Bitte an den Gott zu machen haben, meine Bitte an den Apollo war daß er Sie inspiriere nach Rom zu kommen, daß mein Bitten doch erhöret würde. Das müßte sein ehedem ich nach Weimar komme. Wie angenehm ist die ganze Gesellschaft, wie gut wie vertraulich, und wie sehr lieb hab ich die Fräulein von Göchhausen. Sie ist so verständig und so lebhaft. Und findet sich so wohl so auch die Fürstin scheint sehr vergnügt zu sein. Das Wetter ist so schön. Alles zeigt sich so vortheilhaft, die Frau von Seckendorff empfehlet sich Ihnen auf das beste. Ich sehe mit Freuden aus Ihrem allerliebsten Briefe, daß Sie mit dem Titelkupfer zufrieden sind, die Zeichnung habe ich unserem guten Herr Rat gegeben die er vermutlich heute mit anderen Sachen an Sie abschicken wird. Ich höre schon viel Schönes von Ihrem Tasso – wie sehr freue ich mich auf dieses Werke, die weitläufige Hoffnung die Sie mir geben mir das Werk vorzulesen, ist für mich ein Trost, der Apollo stärke Sie doch in diesem guten Vorhaben. Indessen danke ich Ihnen zum voraus für die mir zugedachte Werke.

Ich hatte sehr gewünscht den guten Herr Keiser* wieder zu sehen. Was mag wohl die Ursach sein daß er nicht mit der Herzogin gekommen? Der Sig: Carlo Albacini hat mir folgende Musik gegeben so er für den Herr Keiser hat kopieren lassen, nämlich Passio a quattro voci per il Venerdi Santo del Sig: Ludovico Vittoria [Victoria]. – Mottetto a cinque voci, ò bone Jesù del Palestini [Palestrina]. Übriges was verlangt wurde soll nicht möglich sein zu haben sagte mir obgemeldeter Sig: Albacini. Wann Spina wieder zurückgekommen, will ich sehen was er auswirken kann, werde ihn auch Herrn Herder bekannt machen. Dieser Freund wünscht immer Sie wieder zu sehen, er ist zum Auditor des Mo:s: [Monsignore]Maggiordomo* erwählt worden, anstatt dem Conte Simonetti den wir verwichnes Jahr in Castello* gesehen haben, der schöne Mann der Ihnen so gefallen – der Commandeur Dolomieu ist auch wieder von Florenz zurückgekommen. Fragte auch gleich nach Ihnen und sagte so viel Gutes, und Liebes von Ihnen, daß ich Ihm würklich gut geworden bin, er hat mir aufgetragen ja nicht zu vergessen ein jedesmal daß ich an Sie schreibe sein Kompliment zu melden und Sie seiner wahren Hochachtung und Freundschaft zu versichern. Andere Bekannte von mir die das Glück gehabt haben Sie zu kennen fragen mich immer ob Sie nicht widerkommen, daß ich sagen könnte Ja er kommt wieder! Castello hab ich das Jahr gar nicht gesehen. Daß die Sig:a Madalena Riggi* sich nun Volpato schreibt ist Ihnen schon bekannt. Ein Spazierfahrt die sie mit uns nach der Porzellanfabrik gemacht ist Ursach daran, der junge Volpato der sich eine Frau gewünscht, hatte das Glück ihr zu gefallen, sich sehen, und sich lieben, war eins – die Sig:a Madalena hatte diesmal kein Wort wider die Capitoli einzuwenden, in Zeit von 14 Tagen war alles beschlossen bis jetzt ist das ein glückliches Paar hoffe sie werden es immer sein beide sind gut.

den 8 November

Zucchi hat mir auch aufgetragen alles Höfliches und Freundliches zu sagen und Sie zu bitten Sie wollen ihn in gütigem Andenken erhalten. Wie oft sprechen wir von Ihnen. Aber leider
nicht mit Ihnen. Ach! die liebe Zeit, die schöne Sonntage, an
die ich denken werde so lang ich lebe. Ihr Durchlaucht die Herzogin zeigt Lust von mir gemalt zu werden*. Künftige Wochen
werde ich die Ehre haben den Anfang zu machen. Wünsche
mit meiner Arbeit gefallen zu können. Mit den zwei Gemälde aus dem Shakespear bin ich nun fast zu Ende. Eine Menge
andere Sachen warten auf den Anfang – eins nach dem anderen, wird nach und nach alles gemacht. So lang die Gesundheit dauert, mit der ich bis jetzo zufrieden bin. Mir ist sehr viel
an der Ihrigen gelegen die ich zu versorgen bitte. Vor ein paar
Tagen sah ich ein Intaglio – es soll ein Tolomeo [Ptolemaius]
– sein, in Hyazinth geschnitten der mir nicht mißfallen, – indessen schicke ich Ihnen ein Abdruck hier eingeschlossen von
einer Maske – hoffe daß ohngeschädiget bleibt damit Sie mir
sagen können obs Ihnen gefallt, der Stein ist ein klarer Carneol.
Obgesagten Kopf oder Intaglio werde ich wieder sehen. Der
Stein ist sehr schön, und meisterlich geschnitten so viel ich bis
jetzo daran hab sehen können – nur hab ich auch ein Zweifel,
wegen dem Sujet, weilen man unter den vier Antiken den Kopf
eines Philosophen zu haben wünscht. Ein Wort über dieses von
Ihnen wird mich aus dem Zweifel setzen und mir zur Regel
dienen. Es freut mich daß Sie mit ihrer Situation zufrieden
sind, daß Sie Zeit haben Ihre Werke auszuführen gereicht zum
Vorteil allen denen, die Sie verehren in Ihren Werken.

Leben Sie recht vergnügt und wohl – haben Sie ein müßigen
Augenblick – so gedenken Sie meiner – bald hoffe ich wieder
ein Brief von Ihnen. Leben Sie wohl bester Freund.

A K.

235

P.S. Weiß nicht wo Herr Keißer sich befindet, um ihm die Musik die ich habe, oder etwan noch vor ihn bekommen werde zuzuschicken. Ich weiß Sie gönnen mir Freude, folglich hoffe ich werden Sie mir doch bald wieder schreiben, meine Briefe werden zu lang und doch ist nicht die Hälfte gesagt, von dem Vielen was ich Ihnen zu sagen habe. Viele Grüße an den guten Fritz

9. Brief

Rom den 24 Jan: 1789 [Samstag]

Ich hoffe daß Sie dieses Jahr 89 mit Gesundheit und Vergnügen angetreten haben, wenigstens hab ichs Ihnen von Herzen gewünscht. Oft habe ich mir vorgenommen Ihren lieben Brief zu beantworten habe etwas länger verzögert aus Forcht Sie sagen ich schreibe zu oft – ich weiß Sie haben anjetzo viele Briefe zu schreiben an Ihre Freunde die sich in Italien befinden – folglich haben Sie auch viele zu lesen, ich will in der Stille mit der Hoffnung mich trösten daß Sie mein teurer Freund, doch dann und wann meiner gedenken, ich kenne Ihre Güte.
Ihro Durchlaucht finden sich in Neapel ganz vergnügt und wohl, ich hatte gestern Briefe von unserem guten Freund Reiffenstein*, daß die Frau Herzogin die Villa genommen die an unsern kleinen Garten grenzt wird Ihnen schon bekannt sein, wer hätte es damal gedacht da wir die schöne Gegend zusammen gesehen haben. Herr Herder wird auch da wohnen, ach warum nicht auch Sie, warum eilten Sie so von Rom?
Ihr Durchlaucht finden sich so wohl daß ich hoffe das Glück zu haben selbe lange, in der Nähe bei uns zu sehen. Indessen machen wir uns zur Reise nach Weimar fertig – Sie denken etwan

es ist mir nicht ernst bei der Sach – es liegt mir so in dem Sinn, daß ich oft schon davon geträumt. Wir haben ein außerordentliche Kälte gehabt, mit Schnee und Eis, es sah so nordisch aus als nur möglich, das diente mir zur Probe ob ich ein Weimarischen Winter aushalten könnte, ich finde mich ganz wohl, so auch in diesem hat es keinen Anstand – ich will es der Zeit und dem Schicksal überlassen. —

Sie werden nun mit Ihrem Tasso fast zu Ende sein – wie sehr verlange, und erfreue ich mich, auf die Erscheinung dieses Werks. Ich bin nun fertig mit meinen zwei Gemälden aus Shakespear, und verschiednen anderen Bagatellen. Der Achilles kommt nächstens vor, ein fürchterlich großes Stück stehet vor mir. Doch der Gedanken ist schon in klein mit Farben entworfen mit ein wenig Nachdenken, Zeit und Mühe wird auch dieses gemacht werden.

Das Portrait für Ihro Durchlaucht ist schon ziemlich avanciert, werde es fertig machen wann Ihr Durchlaucht wieder von Neapel zurückkommen. Selbe werden in der Hälfte des künftigen Monats hier erwartet.

Sie verlangen von mir zu wissen was ich die Gemälde wert halte die Bury besitzt. Es ist schwer auf Gemälde ein Wert zu setzen, ich glaube daß Bury sehr wenig dafür bezahlt hat folglich sollte ich denken daß er mit ein billigen Preis und Gewinn zufrieden sein könnte, und zweifle nicht daß er es Ihnen gänzlich überlassen wird. Vor einiger Zeit kam obgesagter zu mir, sagte er hätte Gelegenheit 5 Cartons von Rubens zu kaufen um 180 Scudi. Zucchi und ich waren bereit ihm die Summa vorzustrecken; allein wurde ihm geraten zu überlegen ob er wohl sein Vorteil dabei zu finden gedenke er sagte auf das hin er wollte sich besser bedenken wenig Tage darauf hörte ich daß er besagte Cartons gekauft. Ich wünsche daß er damit ein guten Handel treffen möge.

Unser guter Herr Rath hat mir von den Cameos* gesprochen die für Bracelets dienen sollen. Sie können sicher sein daß die Commission aufs beste wird besorgt werden. Den Intaglio der für ein Ptolemej gehalten wird, habe ich von Concolo für 8 Zecchin gekauft, mich gedunkt es nicht zu viel; in Händen eines Freundes* den sie auch kennen hätte wohl 60 Zecchin können bezahlt werden oder gefordert werden, nun hätte ich 2 Stücke von der mir aufgetragnen Commission. Spina grüßt sie herzlich und dankt Ihnen für die Mühe so Sie sich gegeben bewußtes Buch bekannt zu machen. Er kam von seiner Reise zurück nur ein paar Tag vor der Abreise des Herrn Herders nach Neapel, er wünscht sehr diesen würdigen Mann zu kennen. M. Dolomieu und andere Freunde haben mir aufgetragen tausend höfliche Sachen zu sagen, aber das Papier ist schon zu voll. Zucchi empfehlet sich in Ihr gütiges Andenken und ich will hoffen daß Sie sich meiner erinnren. Leben Sie recht vergnügt und wohl mein bester Freund adieu.

10. Brief

Rom den 23 Mai 1789 [Samstag]

Sie werden meinen letzten Brief empfangen haben zur nämlichen Zeit als ich den Ihrigen erhalten habe. Durch unseren guten Rath werden Sie vernommen haben wie sehr Ihr Wohlsein mich erfreut; und wie sehr wir alle wünschen Sie wieder einmal zu sehen. Ich muß bekennen ich war glücklich so lang ich so viele von Ihren Freunden in meiner Nähe hatte; so oft wir beisammen waren wurde von Ihnen gesprochen. Ihr Durchlaucht die Herzogin waren sehr gnädig gegen mich und alle die mit ihr sind, voller Güte. Den 19 dieses sind Ihr Durchlaucht wieder von hier abgereist den Sommer in Neapel zuzubringen. Mir scheint der Genuß so guter Nachbarschaft ein Traum zu sein von dem ich zu früh erwacht. Und lebe wieder in meiner Einsamkeit sehr traurig. – Auch der gute und vortreffliche Herder ist abgereist, wünsche er wär schon bei den Seinigen die ich ehre und liebe. Heute vor 14 Tagen war ich noch mit der respektablen Gesellschaft in Tivoli*, in der Villa d'Este. Unter den großen Zypressen hat Herr Herder uns den überschickten Teil von Ihrem Tasso* vorgelesen mit welchem Vergnügen ich zugehört kann ich Ihnen nicht sagen ich denke es ist unter Ihren schönen Werken eins der schönsten, wer kann ein so vortreffliches Musterstück lesen ohne begierig werden zu dem Ganzen – Herr Herder hat mir die Schrift gelassen. Habe ihm auch recht herzlich dafür gedankt.

Längsten hätte ich Ihnen danken sollen für Ihre Schriften achter Band*, denn längsten hatte ich im Sinn an Sie zu schreiben. Verzögerte aber aus Furcht Sie möchten etwan sagen ich schreibe zu oft. Mein Stillschweigen ist nicht Vergessenheit, wie kann man einen Freund vergessen den man ehret wie ich Sie ehre, und immer ehren werde. Was mein Fleiß anbelangt der ist so wie gewöhnlich. Aber wer ist fleißiger als Sie. Das Untersuchen und Schreiben mag wohl nützlicher sein als Bilden. Es ist schön von allem eine Wissenschaft zu haben, und wer das tun kann tut sehr wohl –

Fahren Sie nur fort zu genießen von allem dem was Sie glücklich machen kann. Ich gratuliere Ihrem jungen Freund* für die ihm gegebne Stelle, bitte mich ihm bestens zu empfehlen. Es macht mir auch viel Freude daß der gute Moritz* in Berlin glücklich ist. Hätte gewünscht ihn besser zu kennen, aber was hilft das, würdige Leute kennen und selbe nur auf Augenblicke genießen zu können. Rom ist in diesem Stück ein fataler Ort. Um ruhig zu leben müßte man den Wert guter Freunden weniger kennen, oder weniger Empfindung haben.

Ich wünschte Ihnen von der Kunst, oder von Künstler oder von etwas anders Angenehmes schreiben zu können, es war auch meine Meinung mein langes Stillschweigen mit einem langen Brief zu ersetzen. Aber der Abschied von so vielen guten Freunden macht mich ganz traurig so daß ich dasmal nur sagen kann, daß ich noch lebe, und hoffe in Ihrem Andenken zu leben, so wie ich auch Sie in meiner Gedächtnus immer behalten und erhalten werde.

A K Z

PS: Zucchi empfehlet sich Ihnen auf das höflichste. Dem Abate Spina sind Sie unvergeßlich. Die Frau Herzogin war ihm sehr günstig. Der Herr Herder hatte ihn auch sehr lieb. Empfehlen Sie mich des Herrn Herders seiner Frauen, die ich liebe und aufs höchste achte. Hoffe bald wieder von Ihnen zu hören. Leben Sie indessen recht wohl.

Dem Herr Rat Reiffenstein hab ich Ihren Brief übergeben er hat mir aufgetragen Ihnen viel Höfliches und Freundliches zu sagen. Wird nächstens selbsten schreiben, und indessen die ihm gegebne Commissionen bestens besorgen.

Der Carl* so bei Ihnen hier in Diensten gewesen, hatte das Glück von Herr Herder aufgenommen zu werden, der ihn vermutlich bis nach Weimar bringen wird, er hat mich gebeten ihn bei Ihnen bestens zu recommandieren – der arme Mann ist von der Malaria auf den Tod krank gewesen. Weiß nicht wie er die Reis aushalten wird. Der Herr Verschaffelt kommt diesen Augenblick zu mir, er empfehlet sich Ihnen auf das höflichste. Alle Ihre Freunde hier befinden sich wohl und wünschen Sie wieder zu sehen. Leben Sie vergnügt und wohl, und behalten Sie mich in gütigem Andenken.

11. Brief

Geehrter Freund!
Für unendlich Vieles habe ich Ihnen zu danken. Und bin ganz
beschämt da ich die Antwort auf Ihr gütiges Schreiben so lang
verzögert. Erstlich danke ich Ihnen für Ihr Andenken. Es ist
angenehm hoffen zu können im Andenken der Abwesenden
die man ehret erhalten zu werden. Der Römische Karneval* ist
mir durch Ihre Beschreibung sehr interessant geworden. Ihre
Freunde hier sind so begierig darauf daß ich das Werk kaum
hab übersehen können und befindet sich dato noch in der
deutschen Akademie bei Rondanini* ——————
Für das dazu gelegte Geschenke danke ich Ihnen auf das freundlichste es ist in seiner Art ein vollkommnes Werk – ich schätze
die Hand die es gemacht hat, und ehre den Freund der mir es
hat zukommen lassen und werde es immer als ein Andenken
aufbehalten.
Sie erhalten Ihre Freunde hier in Hoffnung des Wiedersehens
– die Zeit wird zeigen ob es würklich Ihr Ernst ist. Ich weiß
nicht was ich hoffen oder glauben soll, nur wollte ich daß Weimar näher wäre.

——————

Mir sind durch Ihr Verlangen 80 Scudi bezahlt worden nämlich die bewußte 60 und 20 für ein Ring von dem Ihnen der
Herr Rat wird geschrieben haben, ich dachte Hymenaeus würde Ihnen interessanter sein als der Kopf von Ptolomeo mit
dem ich doch nicht ganz zufrieden, weilen er sich nicht gut
abdrucken läßt, doch sollen Sie mit erster Gelegenheit ein Abdruck davon sehen.
Hätte ich den Hymen gehabt wie Herr Lips bei mir Abschied

genommen, so hätte ich den Ring ihm übergeben mit der Maske die ich Ihnen als ein kleines Andenken von mir bestimmt habe. Herr Rat wird Ihnen gemeldet haben daß ich nur auf Ihren Befehl warte, wie es Ihnen zukommen soll. Gefällt Ihnen hernach der Abdruck von Ptolomei und kommt indessen der Kopf einer Schönen zu Hande, so werde ich Ihren mir gelassenen Auftrag gedenken zu vollziehen.

Nun haben Sie Ihren würdigen Freund wieder bei sich – den würdigen, und guten Herrn Herder. Den ich von mir tausendmal zu grüßen bitte. Daß ich Sie einstens alle beisammen sehen könnte, und die Abendstunden mit Ihnen zubringen, seitdem das Glück mir so schöne Bekanntschaften gönnte wird mir Rom ungemein öde. Gemälder und Statuen sehen ist schön, aber in dem Kreis guter Freunden zu leben ist doch besser. Aber das sind Gedanken mit denen ich mich nicht zu lang verweilen muß, sonst wird meine Ruhe zu sehr gestört. Ich beschäftige mich so viel mir möglich – so gehet die Zeit hin ohnvermerkt bis etwan bessere Zeiten kommen. ————————

Ihr Durchlaucht die Frau Herzogin finden sich wie ich höre sehr vergnügt in Neapel*, ich sorge, ihr Aufenthalt in Rom wird sehr kurz sein, die vergnügten Stunden die ich zurückgelegt in der Zeit da die gnädige Fürstin in meiner Nähe war, werden mir unvergeßlich sein, und bleiben.

Die Madame la Roche* ist mir durch ihre Schriften bekannt, sie war so gütig mir etwas von ihr durch ein Freund zu schicken, ich war aber so unhöflich ihr nicht zu danken, so daß ich nicht weiß was sie von mir denken wird. Ich freue mich doch daß sie nach Rom kommt, und werde suchen mich bestens bei ihr zu entschuldigen und ihr mit all möglicher Höflichkeit begegnen.

Auf Ihren Tasso warte ich mit großem Verlangen und freue mich schon auf ein so schönes Werk – Zucchi empfehlet sich in Ihr gütiges Andenken. Leben Sie indessen wohl und gönnen Sie mir die Freude bald wieder einige Zeilen von Ihnen zu sehen zum Zeugnis daß Sie meiner nicht vergessen. Die Pinie ist in vollem Wachstum. So auch andere Pflanzen die Sie aus dem botanischen Garten mitgebracht haben. Nochmalen empfehle ich mich Ihnen geehrter Freund und bleibe wie allzeit, mit größter Achtung.

A

12. Brief

Rom den 10 Okt: 89 [Samstag]

Abermal sollte ich zu meiner Entschuldigung so vieles sagen daß ich so lang nicht an Sie geschrieben. Ich bekenne mit Reu meinen Fehler und verlasse mich auf Ihre Güte.

Die Bracelets sind beinahe fertig, der Herr Rat hofft Sie Ihnen mit den verlangten ungeschnittnen Muschelstücken von heute über 8 Tag abzuschicken. Ich wünsche daß Sie mit den Sujets, und mit der Ausführung zufrieden sein mögen der Hymen, und die Maske, wird beigelegt werden –

Auch schicke ich Ihnen mit dieser Gelegenheit den Tolomei, sollt er Ihnen nicht gefallen, so bringen Sie den einmal selbsten wieder zurück. Der Stein ist schön, und die Arbeit meisterlich – das ist auch die Meinung der Kenner die den gesehen haben.

Wie sehr freue ich mich auf Ihren Tasso – den Sie mir gütig versprochen haben, und den ich bald zu haben hoffe.

Daß Herr Herder in Weimar bleibt* ist mir sehr lieb. Es muß auch Ihnen viel Vergnügen machen den würdigen Freund in der Nähe genießen zu können. Wie sehr wünsche ich seine Frau zu kennen, daß Weimar doch etwas näher wäre; mit meinem Sinn wandle ich sehr oft zu Ihnen hinüber, und genieße*, aber leider nur in Gedanken die Gesellschaft so werter Freunden die ich doch einstens noch einmal in meinem Leben zu sehen wünsche. Dem gütigen Schicksal sei das überlassen, indessen hoffe ich wenigstens in Gedächtnis erhalten zu werden.

Es wäre besser Sie besuchten mein Studio eh das Bild von Achilles nach Rußland reist, welches so bald doch nicht geschehen kann. Will sich das etwan nicht schicken, so sollen Sie doch die Idee davon haben. Aber alles was ich mache sind lauter Einfältigkeiten, das ist schon bekannt.

Es scheint, die reizende Parthenope* kann die gnädigste Herzogin noch nicht entlassen. Soviel ich höre finden sich selbe in bestem Wohlsein.

Von hier kann ich Ihnen auch von Kunstsachen nichts Neues schreiben. Alles gehet im alten fort.

Aus Ihren werten Briefen sehe ich daß Sie Rom nicht vergessen haben. Folglich hoffe ich daß Sie Ihre Gedanken auch zuweilen auf diese Höhe wenden. Sie wissen schon wie sehr ich wünsche in Ihrem Andenken erhalten zu werden. Meine Hochachtung gegen Sie mein teurer Freund, ist unveränderlich. Leben Sie immer wohl, und vergnügt.

A

Zucchi empfehlet sich Ihnen auf das höflichste.
Von Ihrem jungen Freund dem Hn. von Stein haben Sie mir schon lang nichts mehr gesagt.

Kommentar

Die Quellennachweise beziehen sich auf das Literaturverzeichnis im Anhang. Weitere Erläuterungen finden sich in der Angelica-Kauffmann-Briefausgabe von Waltraud Maierhofer, auf die ich mich dankbar gestützt habe.

1. Brief, 10. Mai 88

Pinienbaum]
Aus Samen, die Goethe im Garten des Hauses am Corso aussäte, ließ er eine Legende wachsen, in der er sich seine eigene römische Gedenkstätte stiftete und Angelica als Priesterin einsetzte. *Unter den vielen Samen, die ich auf diese Weise beobachtete, muß ich einiger noch erwähnen, weil sie zu meinem Andenken kürzer oder länger in dem alten Rom fortwuchsen. Pinienkerne gingen gar merkwürdig auf, sie huben sich wie in einem Ei eingeschlossen empor, warfen aber diese Haube bald ab und zeigten in einem Kranz von grünen Nadeln schon die Anfänge ihrer künftigen Bestimmung.* So heißt es geheimnisvoll in dem Kapitel über *Störende Naturbeobachtungen*, das in der »Italienischen Reise« dem Juli-Bericht 1787 zugeordnet ist (DKV I, 15, 1, S. 403). Die Fortsetzung und Erklärung findet sich dann im April 1788, als Goethe von den Vorbereitungen zur Abreise und der Auflösung seines Haushalts erzählt: *Ich pflanzte den schon einigermaßen erwachsenen Piniensprößling, Vorbildchen eines künftigen Baumes, bei Angelica in den Hausgarten, wo er durch manche Jahre zu einer ansehnlichen Höhe gedieh, wovon mir teilnehmende Reisende zu wechselseitigen Vergnügen, wie auch von meinem Andenken an jenem Platze, gar manches zu erzählen wußten. Leider fand der, nach dem Ableben jener un-*

schätzbaren Freundin eintretende neue Besitzer es unpassend auf
seinen Blumenbeeten ganz unörtlich Pinien hervorwachsen zu
sehen. Späterhin fanden wohlwollende darnach forschende Rei-
sende die Stelle leer und hier wenigstens die Spur eines anmu-
tigen Daseins ausgelöscht. (DKV 1, 15, 1, S. 588)

Aus Angelicas Brief allerdings geht hervor, daß der Maler-
freund Schütz ihr (aus eigenem Antrieb oder auf ihre Bitten
hin) den Pinienschößling zur Pflege brachte und Goethe offenbar nichts davon wußte. Doch seine Autorität war so groß,
daß seine Version übernommen worden ist, sogar von Wal-
traut Maierhofer, die Angelicas Briefe doch immerhin heraus-
gegeben und kommentiert hat. Wohl auch deswegen, weil Angelica etwas später schreibt, daß ihr die Pflanze sehr lieb und
bedeutend sei, *denn sie kommt von lieber Hand.* Das scheint
auf ein Geschenk zu verweisen, soll hier aber bedeuten, daß
Goethe sie bisher aufgezogen hatte.

Muse]
Am 19. Juli schickte Reiffenstein ein Päckchen an Goethe ab,
dem ihr Geschenk beigefügt war. Am 31. August 1789 schrieb
Goethe an Charlotte von Stein: *Von Rom hab ich eine sehr*
schöne Muse in einen Sardonix geschnitten erhalten. (DKV II, 3,
S. 423)

Zeichnung]
Zum 8. Band der Ausgabe von Goethes »Schriften« entwarf
Angelica eine Titelvignette mit der Muse der Tragödie und ein
Titelkupfer, das sie zu einer sehr intimen Hommage an Goe-
the gestaltete. Im Zentrum steht auf einem hohen Postament
Alexander Trippels Büste des Dichters, dem Thalia und Mel-
pomene, die komische und die tragische Muse, huldigen, jede
auf ihre Weise. Thalia lagert auf dem Boden, mit dem Rücken

zum Dichter, und schäkert mit einem geflügelten Amor, der versucht, ihr eine Maske zu entwinden. Die hohe Gestalt der Melpomene, in der sich Angelica selbst gesehen hat, wendet sich der Büste zu, blickt liebend, trauernd zu ihr auf. Den Menschen hatte sie verloren, geblieben war ihr das Bild: des Dichters. Goethe hatte der Freundin einen Abguß der Büste zum Geschenk gemacht.

Mit ihrer Komposition spielt Angelica nicht nur auf die dem Arkadier Goethe verliehene Provinz Melpomenien an, sondern auch auf die Dichterkrönungen im »Tasso«. Zu Beginn des Dramas bekränzen die Prinzessin und ihre Freundin Leonore eine Büste des Ariost, etwas später dann Tasso selbst.

Im Oktober 1788 war die Zeichnung in Goethes Händen, der sie an Caroline Herder zur Ansicht weiterschickte. *Es hat mich recht überrascht,* schrieb sie. *Die hohe Muse wie sie ihn mit innigem Wohlgefallen ansieht und in Betrachtung ist und der Schmerz auf der Bildsäule sind unaussprechlich rührend. Das Ganze ist ein empfunden und gedachtes Denkmal seiner Werke.* (Herder, S. 148)

2. Brief, 17. Mai und 7. Juni 88

yet it is joining new links to the chain]
Der Kette der Freundschaft neue Glieder anfügen (und den Schmerz über den Verlust Goethes damit noch vergrößern).

oben in Ihrem Cabinet]
Wie Goethe im »Zweiten Römischen Aufenthalt« berichtet, zog er gegen Ende seines Aufenthaltes in Rom von Tischbeins Wohnung im ersten Stock mit Kayser in das freigewordene Obergeschoß um, von wo aus man eine *allerliebste Aussicht*

über den Hausgarten und die Gärten der Nachbarschaft hatte. Doch vermutlich fand der Umzug schon früher statt. *Diese neue Wohnung,* so berichtet Goethe weiter, *habe Gelegenheit gegeben, eine Anzahl von Gipsabgüssen, die sich nach und nach um uns gesammelt hatten, in freundlicher Ordnung und gutem Lichte aufzustellen.* Einiges davon verschenkte er, manches gehörte Tischbein, *anderes sollte unangetastet bleiben, und von Bury, der das Quartier nach mir bezog, nach seiner Weise benutzt werden.* (DKV I, 15, 1, S. 584 f.) Angelica wird dort wohl eines der von Bury zum Weiterverkauf erworbenen Bilder betrachtet haben, von denen sie in ihrem Brief vom 21. September berichtet.

die himmlische Musik]
Vielleicht Musik, die Kayser zu Egmonts Vision komponiert hatte?

glücklich angelangt]
Herder an Knebel, am 22. Juni 1788:
Er ist seit dem 18. Abends um zehn Uhr mit dem Vollmonde hier, ist gesund und wohl, und hat uns schon tausend Dinge erzählt. (Grumach, S. 215)
Fritz von Stein: *den folgenden Morgen früh um 6 ließ er mich rufen und da habe ich mich so gefreut ihn wieder zu sehn daß ich ihm kein Wort sagen konnte.* (Grumach, S. 214)
Ein Bekannter beschrieb Goethe als *magrer, aber heiterer* und von der Sonne gebräunt und meinte, alles reiße sich um ihn, er werde in den ersten Wochen nicht viel zu Geschäften kommen.

in einer ganz anderen Lage]

Goethe hatte sich seinen Weimarer Freunden entfremdet, und er war ihnen fremd geworden. Das Verhältnis zu Frau von Stein war unheilbar beschädigt. Nach dem Verlust des *römischen Glückes* habe er *Gleichgültigkeit gegen alles* empfunden, notierte er später, und an anderer Stelle: *Aus Italien, dem formreichen war ich in das gestaltlose Deutschland zurückgewiesen, heiteren Himmel mit einem düsteren zu vertauschen; die Freunde, statt mich zu trösten und wieder an sich zu ziehen, brachten mich zur Verzweiflung. Mein Entzücken über entfernteste, kaum bekannte Gegenstände, mein Leiden, meine Klagen über das Verlorne schien sie zu beleidigen, ich vermisste jede Teilnahme, niemand verstand meine Sprache.* (DKV 1,24, S. 414 f.)

Anfang Juli überreichte ihm im Weimarer Park die 23jährige Christiane Vulpius eine Bittschrift für ihren Bruder; den 12. Juli feierten Goethe und sie als Beginn ihres *Ehstandes.* Frau von Stein erfuhr erst im folgenden Frühjahr von diesem Verhältnis und brach mit Goethe. In ihrem Theaterstück »Dido« zeichnete sie ihn in Gestalt des dichtenden Rates Ogon als politisch und menschlich unzuverlässigen, für Schmeicheleien zugänglichen Frauenliebling und Spieler seiner Existenz: *Echte menschliche Natur ist schlangenartig, eine alte Haut muß sich nach Jahren einmal wieder abwerfen: diese wäre nun bei mir herunter.* (Charlotte von Stein: Dido (1794), III, 2 (http://www.geocities.com/SoHo/Coffeehouse/3112/texte/stein1.htm)

5. Brief, 5. August 1788

Daniel di Voltera]
Eine Kopie von Daniele da Volterras um 1554 entstandenem
Fresko »Grablegung« in der Kirche SS. Trinità dei Monti. In
der »Italienischen Reise« heißt es dazu: *Während meiner Ab-*
wesenheit hatte Tischbein ein Gemälde von Daniel Volterra im
Kloster an der Porta del Populo entdeckt; die Geistlichen wollten
es für 1000 Scudi hergeben, welche Tischbein als Künstler nicht
aufzutreiben wußte. Er machte daher an Madam Angelica durch
Meyer den Vorschlag, in den sie willigte, gedachte Summe aus-
zahlte, das Bild zu sich nahm und später Tischbein die ihm kon-
traktmäßige Hälfte um ein Namhaftes abkaufte. Es war ein vor-
treffliches Bild, die Grablegung vorstellend, mit vielen Figuren.
(DKV 1, 15, 1, S. 376)
Am 29. März 1791 bewunderte es Marianne Kraus anläßlich
eines Hauskonzertes bei Angelica: *Die Musik war beim Anblick*
eines großen Gemäldes doppelt rührend. Der Körper von Christus
ist so nachgiebig gemalt, daß man nichts Wahreres sehen kann.
Die Mutter Gottes in Ohnmacht. Es war so schön beleuchtet. Ich
wünschte alle acht Tage mir so einen Abend verleben zu kön-
nen, dafür wollte ich sieben Male nichts zu Nacht essen. (Kraus,
S. 110)

Mercur ... Venus ... Adonis ... Ganimed ... Apollino]
Abgüsse antiker Statuen.

Portrait für die Lady Harvey]
Das Porträt von Lady Hervey mit ihrer Tochter wurde Ende
Mai abgeschlossen und ging Anfang August nach England ab:
Das Portrait der genannten Dame in ganzer Figur im Freien, und
das ihrer Tochter, einem Mädchen von etwa neun Jahren, die da-

bei ist, der Mutter ein reizendes Kanarienvögelchen, zu geben,
die Dame sitzt unter Bäumen wie in einem Park … Die Gruppe
ist anmutig komponiert, die Landschaft licht, mit Pflanzen und
Blumen geschmückt und das Ganze ergibt ein angenehmes Bild.
(Manners / Williamson, S. 154) Das Gemälde befindet sich heute in Ickworth, Suffolk, National Trust; eine weitere Fassung im
Yale Center for British Art, Connecticut.

Kalmücken]
Ein westmongolisches Volk. Angelica bezieht sich möglicher-
weise auf den Auftrag des russischen Prinzen Yussopov, der die
Porträts von sechs jungen Damen seiner Familie geschickt hat-
te. Angelica sollte sie zusammen auf ein Bild bringen. (Mannes/
Williamson, S. 154)

das Portrait von dem Kardinal Rezzonico]
Angelica Kauffmann malte im September das heute verschol-
lene Gemälde des 1783 verstorbenen Giovanni Battista Rezzonico, eines Bruders des Papstes Clemens XIII., in Lebensgröße.
Goethe hatte in Rom seine Bekanntschaft gemacht.

Virgil]
Laut Werkliste wurde das Gemälde im August fertiggestellt
und einem Bevollmächtigten des Auftraggebers, Stanislaw II.
August Poniatowsky, übermittelt. *Für Seine Majestät, den Kö-*
nig von Polen, ein Gemälde, das Augustus, Octavia und Vergil
darstellt. Vergil liest aus dem sechsten Buch seiner »Aeneis« vor,
wo er von Marcellus spricht. Octavia fällt in Ohnmacht. Augu-
stus kommt ihr zu Hilfe wie auch zwei Frauen, die herbeigeeilt
sind, um der Fürstin zu helfen. Der Dichter steht bewegungslos
und verwundert über die Wirkung, die seine Dichtung auf die
Seele Octavias ausgeübt. (Manners / Williamson, S. 155)

Worum geht es? Marcellus, der strahlende, hoffnungsvolle Sohn von Augustus und Octavia, war erst kürzlich gestorben. Vergil, der im sechsten Buch seines Epos Aeneas an der Seite des Vaters Anchises in die Unterwelt schickt, läßt ihn dessen Tod voraussehen (Verse 860-884). Angelica wird an Goethe gedacht haben, an die erschütternde Wirkung seiner Dichtungen und an seinen Verlust. Das Bild befindet sich heute in der Petersburger Eremitage.

Die zwei aus Shakespear]
Die Werkliste verzeichnet für den Februar 1789 die Fertigstellung von zwei Gemälden mit Szenen aus Shakespeare-Dramen.
»Valentine, Proteus, Sylvia und Julia im Wald« (aus »Die zwei Herren von Verona«) *zeigt Valentine und Proteus mit Sylvia, der Tochter des Herzogs von Mailand und Geliebten Valentines, Giulia, die Geliebte von Proteus, begleitet ohne sein Wissen, als Page verkleidet. Er erkennt sie nicht und sie beobachtet traurig, wie er ihr untreu ist und Sylvia, die Geliebte Valentines, mit seiner Leidenschaft bedrängt. Valentine greift ein und beschimpft ihn zornig.* (Manners / Williamson, S. 155)
Das andere zeigt Troilus und Cressida aus dem gleichnamigen, während des Trojanischen Krieges spielenden Drama, in einer Szene, *wo Cressida, die Frau von Troilus, die sich als Gefangene im Lager der Griechen befindet, im Zelt des hohen Priesters Kalchas mit Diomedes turtelt. Troilus kommt während eines Waffenstillstandes ins Lager, begleitet von Ulysses und einem anderen Krieger. Er sieht, wie seine Frau und Diomedes Zärtlichkeiten austauschen und will ins Zelt stürzen, um sie bei der Tat zu überraschen, aber Ulysses und der andere halten ihn mit Gewalt davor zurück. Die Szene spielt im rötlichen Fackellicht.* (Manners / Williamson, S. 155)

eins für den Herzog von Kurland]

Im Oktober 1788 gab Peter Biron, der Herzog von Kurland, bei Angelica zwei Bilder in Auftrag:

Ein Bild, das Telemach mit Mentor auf der Insel der Calypso zeigt, als die Göttin ihm Essen und Trinken gab, und die Nymphen das Lob des Ulysseus singen, wird Telemach traurig und die Göttin befiehlt ihnen, mit dem Gesang aufzuhören. (Manners/Williamson, S.157)

»Der trauernde Telemach mit Mentor auf der Insel der Kalypso« (im Bündner Kunstmuseum in Chur) ist die Replik eines Gemäldes, dessen erste Fassung 1783 entstand und einen Text aus Fénelons Roman »Die Abenteuer des Telemach« (1699) umsetzt: *Die Nymphen mit zierlich geflochtenem Haar und in weißen Gewändern trugen ein Mahl auf, einfach zwar, aber von ausgezeichnetem Geschmack, ein Wein, süßer als Nektar, floß aus großen silbernen Gefäßen in goldene, mit Blumen bekränzte Schalen, und in zierlichen Körbchen wurden alle Fruchtarten aufgetragen. Zur gleichen Zeit stimmten vier junge Nymphen einen Gesang an. Als Telemachus den Namen seines Vaters hörte, verliehen die Tränen, die unaufhaltsam seine Wangen netzten, seiner Schönheit einen noch höheren Glanz. Kalypso gab den Nymphen ein Zeichen.* (Baumgärtel (1999), S.392 f.)

Das zweite Bild zeigte Adonis und Venus, die den Geliebten bittet, nicht auf die Jagd zu gehen.

für die russische Kaiserin]

Für Ihre Majestät die Kaiserin aller Russen ein großes Bild mit ganzen Figuren, das zeigt, wie Achill in weiblicher Kleidung entdeckt wird, er befindet sich unter den Dienerinnen Deidameias, der Tochter von König Lycomedes. Ulysses und sein Gefährte Diodomedes zeigten der Prinzessin einige wertvolle Besitztümer, unter denen auch ein Helm, ein Schwert und ein Schild waren.

Während die Dienerinnen die kostbaren Gegenstände und Juwelen bewunderten, ergriff der junge Achilles plötzlich den Schild und zückte das Schwert und bedrohte im Spiel die Dienerinnen und wurde auf diese Weise von Ulysses entdeckt, der nach ihm gesucht hatte. Auf dem Bild ist der Augenblick dargestellt, als die halb kniende Prinzessin Deidameia Achilles zurückhält und Ulysses bittet, ihn nicht von ihrem Hof zu nehmen, einige der Dienerinnen sind erschreckt und andere überrascht. (Manners / Williamson, S. 157) Das Gemälde entstand im Dezember 1789 und wurde im Juli des kommenden Jahres nach Rußland expediert. Das Bild ist verschollen, eine Ölbozzetto dazu erhalten.

mein Portrait]
Angelica hatte es für die Sammlung von Künstlerselbstbildnissen in den Uffizien von Florenz gemalt. Laut Werkliste war es Anfang 1788 fertig geworden, Goethe hat es also noch in ihrem Atelier gesehen. Im Juni 1788 sandte sie es mit einem Begleitbrief ab. Als Zeichen seiner Zufriedenheit ließ ihr der toskanische Großherzog Leopold I. eine goldene Medaille mit seinem Bild und der Inschrift *Merentibus [den Verdienstvollen]* zukommen.

Herder sah es auf seiner Rückreise; *unter den von ihnen selbst gemalten Bildnissen aller großen Maler aller Nationen auch meine liebe Angelika, wie ein Engel im weißen Gewande.* (Herder, S. 474)

6. Brief, 13. August 1788

Bracelets]
Zu den zahlreichen Aufträge, die über Goethe an Angelica und Reiffenstein gingen, waren in Muschelschalen geschnittene,

in Gold gefaßte Kameen mit Darstellungen von Minerva und Diana, die zu Armbändern für die Weimarer Herzogin Luise bestimmt waren. Am 1. Oktober schrieb Reiffenstein, er habe sie nach Weimar expediert.

5 Band Ihrer Werken]
Der 5. Band von »Göthe's Schriften« (1788) enthielt »Egmont«, »Claudine von Villa Bella«, »Erwin und Elmire« und »Lila«. – »Egmont« erschien auch mehrmals als Separatdruck, zuerst 1788.

7. Brief, 21. September 1788

Ihren Brief]
Einen Brief, den Goethe noch auf der Heimreise an Herder nach Rom geschrieben hatte, wahrscheinlich am 5. Juni 1788, weil er in der Zeitung die (falsche) Meldung gelesen hatte, Herder und Dalberg seien schon unterwegs nach Rom. Der Brief lautet:

Daß ich von Constanz an Dich nach Rom zu schreiben habe, ist wohl eine seltsame Sache, die mir noch völlig den Kopf verwirren könnte. Gestern Abend lese ich in der Vaterlandschronik, Du seiest würklich mit Dalbergen verreist. Ich glaube es und ergebe mich drein, ob es gleich für mich ein sehr harter Fall ist. Reise glücklich und erbrich den Brief gesund, da wo ich in meinem Leben das erstemal unbedingt glücklich war. Angelika wird Dir ihn geben. Vielleicht erhältst Du zu gleicher Zeit noch einen; denn ich schreibe gleich, wenn ich nach Hause komme, und Ihr haltet Euch wohl auf.
Wenn Ihr einen Antiquar braucht, wie Ihr denn einen braucht, so nehmt einen Deutschen, der H i r t heißt. Er ist ein Pedante,

weiß aber viel und wird jedem Fremden nützlich sein. Er nimmt des Tages mit einem Zechin vorlieb. Wenn Ihr ihm etwas mehr gebt, so wird er dankbar sein. Er ist übrigens ein durchaus redlicher Mensch. Alsdann suche einen jungen Maler B u r y incontro Rondanini, den ich lieb habe, und laß Dir die farbigen Zeichnungen weisen, die er jetzt nach Carrache macht. Er arbeitet sehr brav. Mache, daß sie Dalberg sieht und etwas bestellt. Dieser junge Mensch ist gar brav und gut, und wenn Du etwa das Museum [Pio Clementino] oder sonst eine wichtige Sammlung mit ihm, zum zweitenmal, aber N[ota]B[ene], a l l e i n sehen willst, so wird es Dir Freude machen und Nutzen schaffen. Er ist kein großer Redner, besonders vor mehreren. Meyer, der Schweizer, ist, fürchte ich, schon in Neapel. Wo er auch sei, mußt Du ihn kennen lernen.

Ich weiß nicht, ob ich wache oder träume, da ich Dir dieses schreibe. Es ist eine starke Prüfung, die über mich ergeht. Lebe wohl, genieße, was Dir beschert ist. Einer meiner angelegentlichsten Wünsche ist erfüllt.

Wenn Du nach Castell-Gandolfo kommst, so frage nach einer Pinie, die nicht weit von Herrn Jenkins' Haus, nicht weit vom kleinen Theater steht. Diese hatte ich in den Augen, als ich Dich so sehnlich wünschte. Lebe wohl. Ich gehe zu den Deinigen und will ihnen die Zeit Deiner Abwesenheit verleben helfen.

G.

Wahrscheinlich wird Euch Hofrath Reiffenstein an einige Orte führen. Ich empfehle H i r t e n also zum Supplemente.

Moritzen mußt Du auch sehen. Du wirst noch andre finden: Lips etc. (DKV II, 3, S. 410)

an einem Tage]
Am 28. August, Goethes Geburtstag.

wieder gesehen]

Wahrscheinlich also kam Herder am 20. oder 21. September mit Dalberg zu einem zweiten Besuch in die Strada Felice, auch wenn Herder diesen Besuch erst für den 22. September erwähnte.

Monstrum]

In den morphologischen Notizen aus Italien findet sich der Eintrag *Monstrose Nelke von Angelica, war eine Monatsnelke.* (DKV 1, 15, 2, S. 816)

Pietà]

Von den zweifelhaften Umständen der Erwerbung dieses Gemäldes von Annibale Carracci berichtet Bury Goethe am 1. Juni 1788. Am 5. September schrieb er, Madame Angelica sei mit Reiffenstein und ihrem Mann bei ihm gewesen und habe mit dem Bild viel Zufriedenheit bezeugt, *während sich Herr Zucchi und Rath Reiffenstein mit vielerlei Meisters-Namen beschäftigten, bis endlich ihre Aufmerksamkeit den alten Zucchi an das Bild zogen, und sagte: »Chi dice copia, è una grande bestia.«* Goethes Malerfreunde hatten es Goethe zugedacht, doch der schlug ihnen als finanzkräftigen Käufer Herzog Carl August vor. (Harnack, S. 55)

Portrait von Baroccio]

Bury an Goethe:

Was soll ich Ihnen zu erst sagen? mein Herz ist zu voll Freude Ihnen alles nach und nach zu erzählen! aber zur Sache. Den Stern, welchen Sie einmal gesehen von Rondanini auf das unserige Haus fallen mit einem langen Schweif, ist endlich mir erschienen und bestehet in einem Portrait vorstellend den Herzog Friedrich II. von Urbino, gemahlt von Baroccio in Spanischer Kleidung, eine Hand in der Seite, mit welcher er den Mantel faßt, die andere am

Degen, alles von übertriebener Schönheit; es sind drei Tage, daß ich dasselbe gekauft hab, und viele von den Mahlern halten es für das beste Portrait in Rom. Dies war ein bestimmtes Geschenk vor Ihro Heiligkeit, von dem vergangenen Frühjahr verstorbenen Cardinal Aquaviva und anjetzo – dem Menschen aller Menschen. (Harnack, S. 23) Tatsächlich zeigt das Gemälde wohl Francesco Maria II. della Rovere, Herzog von Urbino. Es hängt im danach benannten Urbino-Zimmer des Goethehauses in Weimar und stammt nicht von Baroccio.

Brustbild]
»Bildnis eines Knaben« von Guido Reni. Bury verkaufte es durch Vermittlung Goethes an Herzog Ernst II. von Sachsen-Gotha.

Madonna mit dem Kind]
Nicht ermittelt.

Beiliegendes]
Nicht ermittelt.

8. Brief, 1. und 8. November 1788

eingeladen]
Angelica Kauffmann kam nie nach Weimar.
Am 27. Dezember 1788 schrieb Luise von Göchhausen an Goethe: *Diese Frau [Angelica] ist eine so schöne Seele wies wenige gibt und durch die Liebe zu ihr, wird man glaube ich selbst besser. Sie hängt sehr an der Herzogin, gestern Abend weinte sie die hellen Tränen bei den Gedanken daß auch die Freude der stillen Abende bei uns für sie einst verloren sein würde. Mit den Gedan-*

*ken uns dereinst alle in Weimar zu sammeln, spielen wir oft, und
trösten uns damit wenn so ein Kobold von Abschiedsgedanken
uns stört. Sie meinte, als sie damals mit Ihnen auf unserer Villa
war, sie auch nicht gehofft hätte die Herzogin so bald und ihr so
nahe zu sehen.* (Göchhausen, S. 81)

Museum … Saale der Musen]
Das Museum Pio-Clementino im Vatikan, eine Sammlung
von Antiken, die 1787 für die Allgemeinheit geöffnet wurde. Im
»Musensaal« stand und steht die berühmte Statue des Apollo
von Belvedere.

Keiser]
Der Komponist Philipp Christoph Kayser war unterwegs im
Unfrieden von der Herzogin und ihrem Gefolge geschieden
und nach Zürich zurückgereist.

Auditor des Mo[n]s[ignore] Maggiordomo]
Eine Art Referendar beim päpstlichen Oberhofmeister (Hof-
marschall).

Castello]
Castel Gandolfo.

Madalena Riggi]
Goethes »schöne Mailänderin« hatte am 7. Juli 1788 Giuseppe
Volpato geheiratet, der eine Porzellanfabrik besaß. Sein Vater,
der venezianische Kupferstecher Giovanni Volpato, war mit
Zucchi gut befreundet und oft bei ihm zu Besuch. Goethe erfuhr durch Maddalenas Bruder von der Hochzeit und schickte
ihr als Hochzeitsgeschenk eine Tischdecke. Roberto Zapperi,
der die Modalitäten dieser Eheschließung detailliert erforscht

hat, macht wahrscheinlich, daß es sich bei dieser Verbindung um eine arrangierte Ehe handelte und Zucchis als Vermittler fungierten. Angelica habe sicher nicht die ganze Wahrheit gesagt, *als sie Goethe schrieb, den Anstoß zur Heirat habe eine Spazierfahrt zur Fabrik Volpatos gegeben, während derer sich die beiden jungen Leute kennengelernt und ineinander verliebt hätten, als wären sie plötzlich von Amors Pfeilen getroffen worden. Sehr wahrscheinlich wurde die Spazierfahrt erst organisiert, nachdem [Maddalenas Bruder] Riggi und Volpato sich über die Modalitäten einig geworden waren und Maddalena diesen zugestimmt hatte. Liebe dürfte dabei keine Rolle gespielt haben, und wenn Angelika von Liebe sprach, so tat sie es wohl nur, um die eigene Rolle bei diesem Handel zu kaschieren. Sie hatte Goethe während seines Aufenthaltes in Rom gut genug kennengelernt, um zu wissen, daß er Zweckehen dieser Art, bei der die Liebe von vornherein nicht vorgesehen war, aus tiefstem Herzen verabscheute.* (Zapperi, S. 189 f.)*

Aus Angelicas Brief läßt sich allerdings auch schließen, daß Maddalena selbst ihre erste Verlobung gelöst hatte, weil sie Anstoß an den *capitoli matrimoniali*, den Klauseln des Ehevertrags, genommen hatte. Das macht die Krankheit aus Liebeskummer, die Goethe suggeriert, unwahrscheinlich.

Lust von mir gemalt zu werden]

Anna Amalia an Goethe: *Bei der Angelica habe ich schon zweimal gesessen es wird ein sehr schönes Tableau wo ich mit prangen kann, als ich das letztemal saß, las Herder Ihre Gedichte uns vor; die gute Angelica wurde so begeistert, daß das Bild immer schöner wurde.* (Herder, S. 246) Das Gemälde wurde im März 1789 fertiggestellt.

Das Original ist verschollen, eine Kopie befindet sich im Römischen Haus (im Weimarer Park).

9. Brief, 24. Januar 1789

Unserem guten Freund Reiffenstein]
Herders Sympathien für Reiffenstein waren inzwischen abge-
kühlt, wohl auch, weil man ihm von dessen kunstpolitischen
Machenschaften berichtet hatte. Im Brief an eine Bekannte
nannte er ihn *den borniertesten, plattesten Ba-Ba den zu kennen
ich die Ehre habe.* (Herder, S. 337)

Cameos]
Am 16. Oktober 1789 schrieb Reiffenstein einen ausführlichen
Brief über die von Goethe bestellten Armbänder mit Kameen
(geschnittene (Edel)Steine mit erhabener figürlicher Darstellung) und ihre Absendung nach Weimar. Angelica hatte der
Sendung drei Ringe für Goethe beigefügt, Reiffenstein eine
kleine, in einen Karneol geschnittene Hieroglyphe.

in Händen eines Freundes]
Graf Fries.

10. Brief, 23. Mai 1789

Tivoli … Tasso]
Während eines gemeinsamen Aufenthalts in Tivoli (vom 3. bis
7. Mai) las Herder den ersten Aufzug des »Tasso« vor, den seine
Frau abgeschrieben und nach Rom geschickt hatte. Am 7. September schrieb Anna Amalia aus Neapel einen Brief an Angelica Kauffmann, in dem sie an diese Lesung erinnert: *Goethe
wird Ihnen seinen Tasso schicken, vielleicht haben Sie ihn schon,
denken Sie wenn Sie ihn lesen an das Plätzchen in der Villa
d' Este, da muß man ihn genießen.* (Zit. in Maierhofer, S. 412)

Der 6. Band von »Göthe's Schriften«, der den »Torquato Tasso« enthielt, erschien im Januar 1790, ebenso ein Separatdruck
des Dramas. Angelica wird es also wohl im Februar in Händen
gehabt haben.

Ihre Schriften achter Band]
Er enthielt »Vermischte Gedichte«, »Das Jahrmarktsfest zu
Plundersweilern«, »Pater Brey«, »Künstlers Erdenwallen«,
»Künstlers Apotheose«, »Die Geheimnisse«.

Ihrem jungen Freund]
Der Kupferstecher Johann Heinrich Lips war 1789 auf Betrei-
ben Goethes als Direktor der Zeichenakademie nach Weimar
berufen worden.

der gute Moritz]
Karl Philipp Moritz war nach seiner Rückkehr zum Professor
für Altertumskunde an die Kunstakademie in Berlin berufen
worden.

Carl]
Goethes Diener Carl Eisfeld, ein ehemaliger Jesuit.

11. Brief, 1. August 1789

Der Römische Karneval]
»Das römische Carneval«. Berlin, gedruckt bei Johann Friedrich Unger. Weimar und Gotha. In Commission bei Carl Wilhelm Ettinger. 1789.
Die anonym veröffentlichte Schrift enthielt 20 Tafeln, gezeichnet von Goethes römischen Hausgenossen Johann Georg

Schütz, radiert und mit der Hand koloriert von Georg Melchior Kraus.

deutschen Akademie bei Rondanini]
Die Maler-Wohngemeinschaft am Corso.

Neapel]
Am 19. Mai 1789 war die Herzogin mit ihrem Gefolge ein zweites Mal nach Neapel gereist, wo sie sich (unterbrochen von Exkursionen nach Ischia und Apulien) bis zum 11. April 1790 aufhielt. Es gefiel ihr ausnehmend gut dort, nicht zuletzt, weil sie sich eng mit dem Erzbischof von Tarent, Giuseppe Capecelatro, befreundet hatte. In Weimar fürchtete man schon, sie werde gar nicht mehr zurückkommen.

Madame la Roche]
Die Schriftstellerin Sophie von La Roche plante eine Reise nach Italien, Goethe hatte sie auf ihre Bitte hin in einem Brief vom 19. Juni an Angelica empfohlen. Doch aus der Reise wurde nichts.

12. Brief, 10. Oktober 1789

in Weimar bleibt]
Noch während seines Aufenthaltes in Italien hatte Herder ein Ruf an die Universität Göttingen erreicht, und er war sehr versucht gewesen, ihn anzunehmen. Auch mit Angelica besprach er das Problem, die offenbar als Echo seiner widerstreitenden Gefühle erst dagegen und dann wieder eher dafür stimmte. Goethe riet Herder dringend, in Weimar zu bleiben, und das tat er nach Verhandlungen mit Herzog Carl August dann auch.

Parthenope]

Ein Synonym für Neapel, dem folgende Geschichte zugrunde liegt: Als Odysseus bei seinen Irrfahrten in die gefährlichen Gewässer vor der Küste des heutigen Neapel gelangte, ließ er sich an den Mastbaum seines Schiffes binden, um dem betörenden Gesang der Sirenen nicht folgen zu müssen. Die drei über ihren Mißerfolg enttäuschten Sirenen sollen sich danach ins Meer gestürzt haben. Eine von ihnen war Parthenope, die dort an Land geschwemmt wurde, wo erst die Stadt Palaeopolis, später die »Neustadt« Neapel gegründet wurde.

Epilog

Tempus fugit

1

Angelica Kauffmann und Goethe blieben in lockerer brieflicher Verbindung, wiedergesehen haben sie einander nie. Daß der Abschied auch ihm nicht leichtgefallen war, bezeugt Schiller, der Goethe Anfang September 1788 kennenlernte. *Die Angelika Kaufmann rühmt er sehr, sowohl von Seiten ihrer Kunst als ihres Herzens. Ihre Umstände sollen äußerst glücklich sein, aber er spricht mit Entzücken von dem edeln Gebrauch, den sie von ihrem Vermögen macht. Bei allem ihrem Wohlstand hat weder ihre Liebe zur Kunst noch ihr Fleiß nachgelassen. Er scheint sehr in diesem Hause gelebt zu haben und die Trennung davon mit Wehmut zu fühlen.*

Lustlos reiste der Dichter im März 1790 nach Venedig, wo er die Herzoginmutter Anna Amalia erwarten und nach Weimar abholen sollte. Er lebte inzwischen mit Christiane Vulpius zusammen und war im Dezember des Vorjahres Vater eines Sohnes, August, geworden. *Die erste Blüte der Neigung und Neugierde ist abgefallen. Dazu kommt meine Neigung zu dem zurückgelaßnen Erotio und dem kleinen Geschöpf in den Windeln,* bekannte er dem Herzog. Die Stadt, die ihn beim ersten Besuch zu Hymnen der Begeisterung hingerissen hatte, hatte wie eine verlassene Geliebte ihren Reiz für ihn verloren. Er sah sich an Gemälden *fast krank* und besuchte Angelicas Schwager, noch einen alten Zucchi, der sich *sehr freundschaftlich* gegen ihn bezeigte, ihm *Vorlesungen über den Adreßkalender hielt* und die *wunderliche* venezianische *Konstitution* erklärte. An einen Abstecher nach Rom scheint er keinen Moment gedacht zu haben.

Nichts ist einfacher als seine jetzige Häuslichkeit, schrieb ein Besucher im November 1791. *Abend sitzt er in einer wohl geheizten*

Stube, eine weiße Fuhrmannsmütze auf dem Kopf, ein Wollen-jäckchen und lange Flauschpantalons an, während sein kleiner Junge auf seinen Knien schaukelt. In einem Winkel sitzt still-schweigend und meditierend der Maler Meyer, auf der anderen die Donna Vulpia mit dem Strickstrumpf. Italien interessierte Goethe nur noch als Paradies der Erinnerung, von dem er sei-nen Gästen vorschwärmte, und als ästhetisches, literarisches, kulturpolitisches Projekt, zu dessen Realisierung er sich als Mitarbeiter, Bundes- und Hausgenossen Johann Heinrich Meyer nach Weimar holte.

Goethes Haus am Frauenplan wurde im antikisierenden italie-nischen Geschmack umgebaut und dekoriert, im Weimarer Park ein Römisches Haus errichtet. Jahrelang plante Goethe mit Meyer ein großes Werk über Italien und seine Kunst, dem eine gemeinsame Studienreise vorausgehen sollte. 1795 schickte der Dichter Meyer schon einmal vor. *Die Angelica ist noch im-mer munter. Sie sieht gesunder, fetter und jünger aus als ehmals und malt noch ebenso gut oder besser als zu unserer Zeit,* meldete der in seiner derben Art nach Weimar.

Wenn Sie überzeugt sind daß die Dankbarkeit für Ihre Güte und Freundschaft in meinem Herzen sich immer gleich blieb, daß die Verehrung Ihres Charakters und Ihres Talentes, lebhaft wie sie war, sich immer bei mir erhalten hat; so werden Sie sich auch die Freude denken können die ich empfinden muß Sie wieder zu se-hen. Wie schön wäre es wenn wir, da ich im Oktober einzutreffen gedenke, uns wieder auf dem Lande der vorigen Zeiten erinnern und jenes selige Glück nochmals genießen könnten, schrieb Goe-the am 6. Juni 1796 an die Freundin und bestellte Grüße an Abate Spina, Herrn Riggi und dessen Schwester, seine schöne Mailänderin. Er war sicher nicht unglücklich darüber, daß Napoleons Einmarsch in Norditalien seine Reise dann verhin-derte.

Johann Heinrich Meyer, Selbstporträt.
Kreide, um 1810

In ihren Schriften zur Kunst sind Goethe und der Kunstmeyer hart mit Angelica umgegangen, sie haben sie geradezu vernichtet. *Das Heitere, Leichte, Gefällige in Formen, Farben, Anlage und Behandlung ist der einzig herrschende Charakter der zahlreichen Werke unserer Künstlerin. Keiner der lebenden Maler hat sie, weder in der Anmut der Darstellungen, noch im Geschmack und Fertigkeit den Pinsel zu handhaben, übertroffen,* beginnt Meyer verharmlosend, aber noch halbwegs freundlich in seinem »Entwurf einer Kunstgeschichte des achtzehnten Jahrhunderts« (obwohl sich schwer nachvollziehen läßt, daß er Angelicas elegische Kunst heiter finden konnte). Dann läßt er das Fallbeil herabsausen: *Dagegen ist ihre Zeichnung schwach und unbestimmt, Gestalten und Züge haben wenig Abwechselndes, der Ausdruck der Leidenschaft keine Kraft. Die Helden sehen wie zarte Knaben, oder verkleidete Mädchen aus, Alten und Greisen fehlt es an Ernst und Würde. Zwar ist der Angelika selten, viel-*

leicht gar niemals Geschmackloses, noch weniger Niedriges ent-
schlüpft, indessen stehen ihre Erfindungen doch eben nicht hoch,
sind im Ganzen genommen weder mehr noch weniger als leichte
liebliche Spiele einer schönen Phantasie, keine derselben ist tief
gegriffen, aus sich selbst heraus entwickelt, lange gepflegt, rund,
gehalt- und bedeutungsvoll.

Überhaupt ließen sich in der bildenden Kunst *ausgezeichnet gut erfundene Werke … von Frauenzimmern* nicht nachweisen, meinte er, was wohl daran liege, daß es Frauen aus Gründen der Schicklichkeit verwehrt sei, männliche Akte am lebenden Modell zu studieren. Letzteres fand er auch gut so, an der Herrschaft und Deutungshoheit der Männer über den weiblichen Körper wollte er nichts geändert wissen.

Doch natürlich gab es genug gemalte und gemeißelte Männerakte, von denen Angelica lernen konnte und gelernt hat, wie ein richtiger Mann ging. Sie hat das geradezu demonstriert, wenn sie Statuen zeichnete wie auf dem Bild des Grafen Fries und auf ihrem Porträt des Bildhauers Canova. Wenn sie Männer trotzdem nicht so zeigte, wie sie gesehen werden wollten,

Angelica Kauffmann, Porträt von
Antonio Canova, um 1795/96

Angelica Kauffmann,
Selbstbildnis an der Staffelei. Bleistift, 1798

fügte sie sich dem Blickverbot auf ihren Körper. Dieser Gehorsam aber war womöglich schlimmer, wirkte subversiv. Männer, von einer Frau nach ihrem Bilde geformt, androgyn, weiblich, weichlich!

Auch Goethe hat die Feminisierung der Kunst als Bedrohung empfunden, nicht nur bei dem Porträt, das Angelica von ihm malte. Als er sich (in »Der Sammler und die Seinigen«) um die Einteilung der Maler in verschiedene Kategorien bemühte, erfand er besonders für Frauen und die römische Freundin die Klasse der *Undulisten. Unter diesem Namen wurden diejenigen bezeichnet, die das weichere und gefällige ohne Charakter und Bedeutung lieben, wodurch denn zuletzt höchstens eine gleichgültige Anmut entsteht. Sie wurden auch S c h l ä n g l e r genannt, und man erinnerte sich der Zeit da man die Schlangenlinie zum*

Vorbild und Symbol der Schönheit genommen und dabei viel ge-
wonnen zu haben glaubte. Diese Schlängelei und Weichheit be-
zieht sich, sowohl beim Künstler als Liebhaber, auf eine gewisse
Schwäche, Schläfrigkeit und, wenn man will, auf eine gewisse
kränkliche Reizbarkeit. Solche Kunstwerke machen bei denen ihr
Glück, die im Bilde nur etwas mehr als nichts sehen wollen, de-
nen eine Seifenblase die bunt in die Luft steigt, schon allenfalls
ein angenehmes Gefühl erregt. Da Kunstwerke dieser Art kaum
einen Körper oder andern reellen Gehalt haben können, so be-
zieht sich ihr Verdienst meist auf die Behandlung, und auf einen
gewissen lieblichen Schein. Es fehlt ihnen Bedeutung und Kraft
und deswegen sind sie im allgemeinen willkommen, so wie die
Nullität in der Gesellschaft.

Auffällig ist der mephistophelische, höhnische Ton von Goethes Attacke. Man könnte fast meinen, daß er damit auch gegen sich selbst wütete. *Eine gewisse kränkliche Reizbarkeit?* War
das nicht der hervortretende Charakterzug seines Tasso?

2

Angelica pflegte das Andenken an Goethe täglich, in Gestalt
einer Pinie, die Goethe aus einem Samen gezogen hatte. Nach
seiner Abreise brachte ihr Johann Georg Schütz das Pflänzchen,
das im Garten einen Ehrenplatz bekam. Die Porträts von Goethe und Herder, *der großen Geister, die höhern Wohlklang* in ihr
Leben gebracht hatten, standen in ihrem Studio der Staffelei
gegenüber. Über die Wirkung, die seine Lesung von Goethes
Gedicht »Der Wanderer« auf sie hatte, berichtete Friedrich
Matthisson: *Das ganze Wesen der stillen, vestalenhaften, in sich*
gewandten Frau ward, wie durch einen gewaltigen elektrischen
Schlag, erhöht und erschüttert. Tränen füllten ihre Augen. Ihr

Schweigen war das Schweigen einer begeisterten Muse. Endlich brach sie, mit schönem Enthusiasmus, in die Worte aus: »*Welche Glut der Empfindung! Welch ein Zauber des Kolorits! Welch eine Tiefe des Kunstsinns! O die Szene, wo der Wanderer das Kind auf den Armen wiegt, und die junge Frau mit der Trinkschale vom Brunnen zurückkommt, will ich versuchen darzustellen! Sie steht so lebendig vor mir da, daß es von meiner Seite nichts weiter bedarf, als einer treuen Kopie.*« *Schwerlich wurde wohl jemals eine Idee mit so glühender Liebe von der gefühlvollen Künstlerin ergriffen, als diese.*

Über Mangel an Aufträgen mußte sie sich nicht beklagen, auch wenn die Französin Elisabeth Vigée-Le Brun als Porträtistin inzwischen gefragter war als sie. Technisch war sie auf der Höhe ihres Könnens. *Die starken, hellen, großartigen Portraits von 1788 bis 1794 stellen einen Gipfel an Sicherheit und Vollkommenheit dar,* rühmt der Kunsthistoriker Anthony M. Clark. Ein Bildnis von Emma Hart, mittlerweile Lady Hamilton, fiel allerdings nicht sehr überzeugend aus. Auf der Durchreise nach England hatten Sir William Hamilton und seine Frau einen Zwischenstop in Rom eingelegt, was Emma Gelegenheit gab, sich, wie längst gewünscht, von *Angelaca* malen zu lassen. Eigenartigerweise stellte die Malerin sie im Kostüm der Komödie dar, obwohl die Lady bei ihren Vorstellungen doch im tragischen Fach glänzte. Auch in Rom trat sie auf, und einmal war die Erbacher Hofdame Marianne Kraus im Publikum, die bei ihrer Vorstellung ganz ungerührt blieb, während die Damen und Herren um sie herum in Tränen zerflossen. *Da sitzt also die hölzige Kraus neben einer Angelica, die so laut schluckte, daß sich Steine hätten bewegen können. Herr Reiffenstein weinte doch noch zierlich, man konnte die langsam herabrollenden antikischen Tränen zählen. … Von Anfang an kostete es mir Mühe, mein Lachen zu verbergen über das Geheul. Angelica war so hingerissen, daß sie der Schönen wohl zwanzigmal die Hand küßte.*

Es war eben wie im Kino. Es tat gut, über Liebesgeschichten und große Gefühle zu weinen, die verständlich und nachvollziehbar waren, während die Welt draußen aus den Fugen geriet. Die Schreckensherrschaft Robespierres erschien wie ein böser Spuk. Krieg brach aus, in dem Frankreich bald gegen die meisten Länder Europas kämpfte. Seine Heere rückten Rom immer näher. Zeitweise kam Angelica an die Zinserträge ihres in England angelegten Geldes nicht mehr heran. Ihre Einsamkeit wuchs. Reiffenstein starb 1793, Ende 1795 nach langer schwerer Krankheit Antonio Zucchi. Er vermachte sein ganzes, nicht unbeträchtliches Vermögen seiner venezianischen Familie. Als eine Art Vergeltung für den Ehevertrag, der ihn von Angelicas Geld ferngehalten hatte? Weil sie ohnehin reich genug war? Als neue männliche Stütze holte Angelica einen Schwarzenberger Vetter zu sich in die Strada Felice.

1798 wurde Rom von den Franzosen besetzt, die die Cisalpinische Republik ausriefen und die Stadt ausraubten. Eine endlose Schlange von Karren, die mit Kunstwerken beladen waren, zog nach Paris. Auch der Papst mußte Rom als Gefangener verlassen und nach Frankreich gehen. Ins Exil begleitete ihn sein Beichtvater, der inzwischen zum Bischof aufgestiegene Abate Spina, der Freund der Zucchis, den Goethe bei ihnen kennen und schätzen gelernt hatte. Neapel wurde Parthenopeische Republik, aber von den Royalisten zurückerobert, die grausame Rache an allen Freiheitsfreunden nahmen, angefeuert von Admiral Nelson und Emma Hamilton. Auch Angelicas Freund, der königliche Leibarzt Domenico Cirillo, fiel ihr zum Opfer. Als Mitbegründer der Repubblica Partenopea wurde er am 21. Oktober 1799 gehenkt.

Der Anblick einer Revolution, die ihr schon von ferne schauderhaft,

274

beugte sie ganz darnieder, als sie solche in der Nähe sah, und die
Übel, welche über Rom hereinbrachen, und noch größere, die zu
drohen schienen, versetzten sie in eine unbeschreibliche Unruhe,
berichtet de Rossi. Daß die Besatzer Künstler zu schätzen wußten, kam Angelica zugute. Durch Fürsprache von Freunden blieb
sie von Einquartierung und Plünderung verschont. *Der Gene-*
ral Espinasse gab ihr deshalben eine schriftliche Versicherung und
die dankbare Malerin machte ihm sein Porträt zum Geschenke.
Trost suchte und fand sie in diesen Jahren immer mehr in der
Religion, was sich auch in der Wahl ihrer Bildgegenstände spiegelt. Eine Lungenkrankheit, an der sie schon lange litt, machte
ihr zunehmend zu schaffen. Im Frühjahr 1802 erkrankte sie
an einem heftigen *Brustkatarrh, welcher für ihr Leben zittern*
machte. Um den Drang ihrer Leiden zu vermehren, oder vielmehr
zu schaffen, wirkte vorzüglich der Zustand von Beängstigung, in
welchen die öffentlichen Drangsale ihr Herz versetzt, und gleich-
sam begraben hatten, mächtig auf sie ein.
Zur Erholung fuhr sie nach Como, einem Kindheitsort. *Du*
fragst mich, Freund! warum mir Como immer im Sinne liege,
schrieb sie nach der Rückkehr (wir wissen nicht an wen) in
einem poetischen, rätselhaften Brief, dessen Entwurf uns als
Fragment überliefert ist. *In Como war es, wo ich in meinem*
zartesten Alter die ersten Freuden des Lebens kostete; da sah ich
reiche Paläste, prächtige Wagen, niedliche Fahrzeuge, ein glän-
zendes Theater; ich glaubte ein Paradies zu sehen. Ja, da sah ich
Amor, im Begriffe seinen Pfeil nach meinem Busen abzudrücken;
noch ein junges Mädchen ergriff ich die Flucht, und der Pfeil traf
nicht. Nach einer langen Reihe von Jahren trieb mich mein Ge-
nius, diese lachenden Gegenden wieder zu sehen. Nun genoß ich
das Vergnügen des reifern Alters, Freunde, und die Annehmlich-
keiten des Sees. Eines Tages ging ich in angenehmer Gesellschaft
auf einem überaus reizenden Landgute spazieren; da sah ich in

Angelica Kauffmann, Zeuxis malt die
schönen Mädchen von Kroton, um 1800

einem schattenreichen Gehölze Amor, welcher schlief; ich näherte
mich ihm, er erwachte, sah mir starr in die Augen, erkannte mich
trotz der nun gebleichten Haare; schnell erhob er sich, griff nach
dem Bogen und verfolgte mich, um sich zu rächen; er schoß einen
Pfeil nach mir ab, und wenig fehlte, daß er nicht traf.

Eine Engländerin, die Angelica 1803 in ihrem Atelier besuchte,
schrieb, sie sei so blaß, *daß man den Eindruck habe, sie sei nie*

in einem anderen Licht gestanden, als in den Silberstrahlen des Mondes. Immer noch wirkte ihr Zauber. Auf die berühmte Schriftstellerin Germaine de Staël etwa, die schrieb, *wenn man in Rom erlesene Geister* und einen *brillanten Salon* kennenlernen wolle, müsse man zu Angelica gehen. Oder auf den jungen schottischen Offizier Robert Dalrymple, der sich *unendlich glücklich* schätzte, ihre Bekanntschaft gemacht zu haben. Ein Bildnis des bayerischen Kronprinzen Ludwig in Lebensgröße war der letzte Auftrag, den Angelica Kauffmann im Herbst 1807 vollenden konnte. Nach längerer Krankheit ist sie am 5. November des gleichen Jahres gestorben. *Auf dem Sekretär zeigte die silberne Standuhr aus England halb drei Uhr. Es war die Stunde der Siesta. In der Sonne des herbstlichen Tages wärmten sich die Bettler an der Mauer von Trinità dei Monti. Auf der Spanischen Treppe spielten die Kinder. Im Hausgarten unter dem Sterbezimmer blühten späte Rosen zwischen den Hecken um Goethes Pinienbaum.*

Christiane Luise Duttenhofer, Angelica Kauffmann vor
einer Büste der Minerva. Scherenschnitt, um 1804

Aus Johann Peter Eckermann, »Gespräche mit Goethe in den letzten Jahren seines Lebens«:

Mittwoch den 8. April 1829

Goethe saß schon am gedeckten Tische, als ich hereintrat; er empfing mich sehr heiter. »Ich habe einen Brief erhalten«, *sagte er,* »woher? – Vo n   R o m! Aber von wem? – Vo m   K ö n i g   v o n   B a y e r n!«

»Ich teile Ihre Freude«, *sagte ich.* »Aber ist es nicht eigen, ich habe mich seit einer Stunde auf einem Spaziergange sehr lebhaft mit dem Könige von Bayern in Gedanken beschäftigt, und nun erfahre ich diese angenehme Nachricht.«

»Es kündigt sich oft etwas in unserem Inneren an,« *sagte Goethe.* »Dort liegt der Brief, nehmen Sie, setzen Sie sich zu mir her und lesen Sie!«

Ich nahm den Brief, Goethe nahm die Zeitung, und so las ich denn ganz ungestört die königlichen Worte. Der Brief war datiert: Rom, den 26. März 1829, und mit einer stattlichen Hand sehr deutlich geschrieben. Der König meldete Goethen, daß er sich in Rom ein Besitztum gekauft und zwar die Villa di Malta mit anliegenden Gärten, in der Nähe der Villa Ludovisi, am nordwestlichen Ende der Stadt, auf einem Hügel gelegen, so daß er das ganze Rom überschauen könne und gegen Nordost einen freien Anblick von Sankt Peter habe. »Es ist eine Aussicht«, *schreibt er,* »welche zu genießen man weit reisen würde, und die ich nun bequem zu jeder Stunde des Tages aus den Fenstern meines Eigentumes habe.« *Er fährt fort sich glücklich zu preisen, nun in Rom auf eine so schöne Weise ansässig zu sein.* »Ich hatte Rom in zwölf Jahren nicht gesehen«, *schreibt er,* »ich sehnte mich danach, wie man sich nach einer Geliebten sehnt; von nun an aber werde ich mit der beruhigten Empfindung zurückkehren, wie man zu ei-*

*ner geliebten Freundin geht.« Von den erhabenen Kunstschätzen
spricht er sodann mit der Begeisterung eines Kenners, dem das
wahrhaft Schöne und dessen Förderung am Herzen liegt, und der
jede Abweichung vom guten Geschmack lebhaft empfindet. Überall war der Brief durchweg so schön und menschlich empfunden
und ausgedrückt, wie man es von so hohen Personen nicht erwartet. Ich äußerte meine Freude darüber gegen Goethe.*

*»Da sehen Sie einen Monarchen«, sagte er, »der neben der könig-
lichen Majestät seine angeborene schöne Menschennatur gerettet
hat. Es ist eine seltene Erscheinung und deshalb um so erfreu-
licher.« Ich sah wieder in den Brief und fand noch einige treffliche
Stellen. »Hier in Rom«, schreibt der König, »erhole ich mich von
den Sorgen des Thrones; die Kunst, die Natur sind meine täglichen Genüsse, Künstler meine Tischgenossen.« Er schreibt auch,
wie er oft an dem Hause vorbeigehe, wo Goethe gewohnt, und
wie er dabei seiner gedenke. Aus den »Römischen Elegien« sind
einige Stellen angeführt, woraus man sieht, daß der König sie gut
im Gedächtnis hat und sie in Rom, an Ort und Stelle, von Zeit zu
Zeit wieder lesen mag.*

*»Ja«, sagte Goethe, »die ›Elegien‹ liebt er besonders; er hat mich
hier viel damit geplagt, ich sollte ihm sagen, was an dem Faktum
sei, weil es in den Gedichten so anmutig erscheint, als wäre wirklich was Rechtes daran gewesen. Man bedenkt aber selten, daß
der Poet meistens aus geringen Anlässen was Gutes zu machen
weiß. ...*

*Indessen freue ich mich, daß der König sich in Rom so hübsch
angekauft hat. Ich kenne die Villa, die Lage ist s e h r schön, und
die deutschen Künstler wohnen alle in der Nähe.*

*Der Bediente wechselte die Teller, und Goethe sagte ihm, daß er
den großen Kupferstich von Rom im Deckenzimmer am Boden
ausbreiten möge. »Ich will Ihnen doch zeigen, an welch einem
schönen Platz der König sich angekauft hat, damit Sie sich die*

*Lokalität gehörig denken mögen.« Ich fühlte mich Goethen sehr
verbunden. ...*
*Wie hatten abgespeist. Friedrich kam und meldete, daß er den
Kupferstich von Rom im Deckenzimmer ausgebreitet habe. Wir
gingen ihn zu betrachten.*
*Das Bild der großen Weltstadt lag vor uns; Goethe fand sehr bald
die Villa Ludovisi und in der Nähe den neuen Besitz des Königs,
die Villa di Malta. »Sehen Sie«, sagte Goethe, »was das für eine
Lage ist! Das ganze Rom streckt sich ausgebreitet vor Ihnen hin, der
Hügel ist so hoch, daß Sie gegen Mittag und Morgen über die Stadt
hinaussehen. Ich bin in dieser Villa gewesen und habe oft den An-
blick aus diesen Fenstern genossen. Hier, wo die Stadt jenseit der
Tiber gegen Nordost spitz ausläuft, liegt Sankt-Peter, und hier der
Vatikan in der Nähe. Sie sehen, der König hat aus den Fenstern
seiner Villa den Fluß herüber eine freie Ansicht dieser Gebäude.
Der lange Weg hier, von Norden herein zur Stadt, kommt aus
Deutschland; das ist die Porta del Popolo; in einer dieser ersten
Straßen zum Tor hinein wohnte ich, in einem Eckhause.«*

Augenbrauen

Von der zur Gedenkstätte gewordenen Casa di Goethe laufe ich
zur Spanischen Treppe, wo sich wie damals die Touristen drän-
gen. Zwischen den beiden Türmen von SS. Trinità dei Monti
sticht der Obelisk in den Himmel, der im April 1789 aufgerichtet wurde. Herder hat das vor seiner Abreise also noch gesehen.
Nur noch eine Turmuhr zeigt die Stunden an, nach mittel-
europäischer Zeit natürlich. Am anderen Turm, wo einst die
italienische Uhr war, ist ein leerer Kreis. Der Palazzo Zuccari,
Reiffensteins Domizil, wo jetzt die Biblioteca Hertziana unter-
gebracht ist, hat immer noch diesen eigenwilligen Loggia-Vor-

bau. Angelicas Haus am Anfang der einstigen Strada Felice und heutigen Via Sistina ist im Luxushotel Hassler aufgegangen.

Ich mußte im Hassler wohnen, ich war größenwahnsinnig gewor-den. Ich blickte schon im ersten Augenblick über die Spagna weg auf Rom und atmete tief ein und hatte das Gefühl, gerettet zu sein. Von hier gehe ich nicht mehr fort, habe ich mir in diesem er-sten Augenblick gedacht. Ich stand am offenen Fenster und sagte, hier bin ich, hier bleibe ich, von hier bringt mich nichts mehr weg.

So Franz-Josef Murau in Thomas Bernhards Romans »Auslö-schung«. Wußte Bernhard, daß ebendieser Ort einst Goethe nicht losgelassen hatte, den Dichter, gegen den sein Held eine mehrseitige Invektive losläßt? *Sie, die Deutschen, nehmen Goe-the ein wie eine Medizin und glauben an ihre Wirkung, an ihre Heilkraft; Goethe ist im Grunde nichts anderes, als der Heilprak-tiker der Deutschen, der erste deutsche Geisteshomöopath ... Aber Goethe ist ein Scharlatan, wie die Heilpraktiker Scharlatane sind, und die Goethesche Dichtung und Philosophie ist die größ-te Scharlatanerie der Deutschen. ... Goethe, der größenwahn-sinnige Frankfurter und Weimarianer, der größenwahnsinnige Großbürger auf dem Frauenplan ...*

Das schreibt der Mann, der so größenwahnsinnig war, sich erst einmal im Hassler einzuquartieren! Vielleicht wollte er mit sei-nen Ausfällen ja gerade seine Fixierung auf Goethe verbergen, der sich, wie Murau von Wolffsegg, von Weimar nach Rom ge-rettet hatte? Noch einer, der in Haßliebe von ihm nicht loskam? *Rom ist die Stadt für den Kopf, für den Kopf des Altertums ist Rom die ideale Stadt gewesen, für den heutigen Kopf ist es wieder die ideale Stadt und unter den chaotischen politischen Verhält-nisse, die heute hier herrschen, gerade für den heutigen Kopf.*

Angelicas Goethe-Porträt, das er selbst nicht leiden konnte und haben wollte, kaufte später seine Schwiegertochter Ottilie.

Es hängt jetzt in der Residenz des Dichterfürsten am Frauenplan, unter vielen römischen, italienischen Erinnerungsstük-
ken. Da ist der Gipsabguß der Juno Ludovisi, Goethes erste
römische Liebe; die Medusa Rondanini; eine Teilkopie von Tizians »Himmlischer und irdischer Liebe« von Fritz Bury (nur
die »Irdische Liebe«); da ist Trippels Büste, die beim Transport
von Rom nach Weimar zu Bruch gegangen und wieder zu-
sammengeleimt worden war. Weitere auf der Reise gesammelte Schätze kann man im Museum nebenan besichtigen, auch
die Ausgabe von Goethes »Schriften« mit Lips' Stichen nach
Angelica und ihre Zeichnung zur »Iphigenie«. Im »Römischen
Haus« im Park findet sich eine Kopie ihres verschollenen Gemäldes von der Herzoginmutter Anna Amalia.
Im Schloßmuseum hängen zwei ihrer Historienbilder, harmo-
nische Kompositionen aus »undulierenden« Linien, sanft flie-
ßenden Stoffen, exquisit aufeinander abgestimmten Farbtönen.
Eines davon ist eine frühere Fassung des einzigen Gemäldes,

Angelica Kauffmann, Selbstbildnis mit Büste der Minerva.
Öl auf Leinwand, 1781/85

Emil Brunner, Aus der »Bergkinder-Serie«,
Lubrein 1944/45

dem Goethe in der »Italienischen Reise« ein Lob gönnte. Ob
sein Wohlwollen etwas mit dem Sujet zu tun hatte? *Daß Kinder*
der schönste Schmuck der Frauen seien, lehrt folgende Geschich-
te: Es befand sich einst eine Kampanische Matrone als Gast bei
Kornelia, der Mutter der Gracchen, und zeigte derselben ihren
gesamten Schmuck, welcher für die damaligen Zeiten bedeutend
war. Nun spann Kornelia dieses Gespräch so lange fort, bis ihre
Kinder aus der Schule kamen, und rief dann aus: »das ist mein
Schmuck!«

In einem Andenkenladen in Weimar kaufte ich eine Postkarte:
Goethe im Kreis und Kranz seiner *Freundinnen*, oben Christiane
Vulpius, unten Charlotte von Stein. Angelica ist auch dabei.
Noch mehr Karten im Bündner Kunstmuseum in Chur. Ange-
licas »Selbstbildnis mit der Büste der Minerva«, eine Fotokarte

aus der Serie »Bergkinder« von Emil Brunner, das Bild eines namenlosen, sehr ernsten, entschlossen wirkenden Zopfmädchens.

Schwarzenberg im Bregenzer Wald ist ein Bilderbuchdorf mit vielen stattlichen holzgeschindelten Bauernhäusern und der barocken Pfarrkirche, die die junge Angelica Kauffmann mit würdigen Aposteln schmückte. Am Dorfbrunnen drängten sich braune Bergkühe. Es war Almabtrieb, schon den ganzen Tag lang waren die Hirten mit ihren nach stundenlanger, mühseliger Wanderung oft völlig erschöpften Tieren angekommen. Die Speisekarte des zum Romantikhotel avancierten »Hirschen« zeigte auf dem Deckblatt Angelicas »Selbstbildnis in Bregenzer Tracht«. Der Gasthof hatte schon zu ihrer Zeit bestanden, damals ihrem Verwandten und Vermögensverwalter Josef Anton Metzler gehört und war immer noch im Besitz der Familie. Im Angelika-Kauffmann-Saal, in dem sommers Konzerte der Schubertiade stattfinden, wurden Vorbereitungen zur Wahl und Prämierung des besten Bergkäses der Saison getroffen.

Im gepflegten, liebevoll betreuten Heimatmuseum, dessen einer Teil Angelica gewidmet ist, war ich die einzige Besucherin und konnte in aller Ruhe Angelica-Kitsch betrachten. Schon 1780 stellte man in Meißen Tassen mit der verlassenen Ariadne, Teller mit dem Urteil des Paris her, und in den folgenden Jahrzehnten wurde mit Angelica-Motiven dekoriertes Kunsthandwerk in England und deutschen Landen Mode, vor allem Porzellan, aber auch Fächer, Wandschirme, Schmuck, Taschenuhren. So wurden ihre farblich subtilen Kompositionen zu dekorativen bunten Bildchen trivialisiert, ein rufschädigender Beweis ihrer Popularität.

»Sie müssen unbedingt mit Herrn B. sprechen«, sagte mir die freundliche Museumsleiterin. »Der weiß alles über Angelica. Er ist Restaurator von Beruf, inzwischen pensioniert.« Am Telefon war er zurückhaltend, er glaube eigentlich nicht, daß er mir helfen könne, »aber wenn Sie wollen, heute abend so gegen sieben?« Das Haus im Dorfzentrum lag nicht weit weg vom historischen Anwesen der Familie Kauffmann. Eine schummrige Stiege führte hinauf zur Diele im ersten Stock. Auf dem hölzernen Fußboden lag hingestreckt ein großer schwarzer Hund, dem eine Halskrause verpaßt worden war. »Dem armen Kerl geht es nicht gut. Er ist heute operiert worden«, sagte Herr B. und öffnete die Tür zu einem großen Raum, halb Bauernstube, halb Malerwerkstatt. Auf der Bank, die sich über Eck an zwei Wänden entlangzog, stapelten sich Kunstbücher und Ausstellungskataloge und lehnte ein Ölbild.

Herr B. richtete eine Lampe darauf. Die Farben leuchteten und schimmerten, Gewänder in starkem, tiefem Rot, Gelb, Blau, gedämpftem Braun, sanfte helle Hauttöne … die *Süße und Kraft* von Angelicas Gesang. Eine eigenhändige Kopie der Malerin nach Correggios »Verlobung der heiligen Katharina«, sagte Herr B.

Er schlug einen Angelica-Bildband auf. Wir betrachteten die Abbildungen. Manchmal sagte er von einem Bild, es sei eine Fälschung, so plump und grob habe Angelica nie gemalt, oder er stellte fest, solche schwarzen Schatten an den Händen kämen sonst nirgendwo bei ihr vor, er glaube nicht, daß dieses berühmte Porträt von ihr stamme, stehe aber mit dieser Ansicht in der Forschung ziemlich allein. »Flink war sie«, sagte er. »Flink und fleißig.«

Seine Enkelkinder kamen in ihren Pyjamas in die Stube gesprungen, zum Gutenachtsagen und um den Gast zu beäugen, zwei kleine Buben und ein dunkellockiges Mädchen von etwa zehn Jahren, ein Bild des blühenden Lebens. Ich fragte Herrn B. nach den Frauen des Bregenzerwaldes. Gab es einen bestimmten Typus, vielleicht charakteristische physiognomische Merkmale, die Angelica mit ihnen gemeinsam hatte? Er überlegte eine Weile und sagte dann »die Augenbrauen«.

Anhang

Philipp Christoph Kaysers Widmungsbrief
an Angelica Kauffmann

Römische Nebenstunden
für Singstimmen beyderley Geschlechts
mit
vermischten Instrumentalbegleitungen
der
Frau Angelica Kauffmann genannt Zucchi
gewidmet.

Ich habe, verehrte Angelica, unserm Publikum durch den Weg dieser Zuschrift nur wenig über das Wesen einiger meiner vor kurzem in Rom verlebten Stunden zu sagen, die Spitze derselben aber gern mit einem Nahmen zieren mögen, dem jener Sitz der Herrschaft der Künste und jeder geschmackvolle Ausländer mit derjenigen ausgezeichneten Achtung zu begegnen gewohnt sind, die dem anerkannten Verdienste gebühret, und dem ich die meinige um so ungeheuchelter durch diesen zusammengebundenenen Strauß einzelner vaterländischer Blumen öffentlich zu bezeigen wagen darf.

Zwar hat Sie die Muse der Mahlerey schon völlig zu sich hinübergezogen, doch gönnen Sie noch immer der verschwisterten Kunst nicht nur Aufmerksamkeit, sondern nehmen auch näheren Antheil an ihr: in einem Grade Antheil, der mich Ihnen diejenigen Stücke dieser Sammlung, die Sie noch nicht kennen, um so mehr mit den übrigen verbunden überreichen macht, als Sie jene durch Ihren Beyfall gleichsam mit dem Recht belohnt haben, sich desto freymüthiger, wenn gleich nicht ohne vorher der Grazie der Bescheidenheit einige Tropfen des Opfers ausgegossen zu haben, vor den Augen des Publikums zu zeigen. Gedenken Sie auch des Verfasser dieser Ihnen noch unbekannten Stücke, deren Entwurf sich doch mehr oder minder schon unter seinen Römischen Nebenstudien befand, mit derjenigen Milde und Aufmunterungsgabe, die Sie so vorzüglich charakterisirt; des, dem die stille Würde Ihrer Züge, die ruhige Seele und das helle Auge der allgemein verehrten vorsitzenden Künstlerin des um Sie sich versammelnden geschmackvollen Cirkels nicht unbemerkt geblieben sind; der durch fortgesetztes Studium und erhaltende willige Aufmerksamkeit in sei-

nem Fache noch des Winkes der Göttinnen würdig zu werden trachtet,
die Ihnen den nähern Zutritt zum Altar bereits bewilliget haben. Die
meisten beyfolgenden Stücke sind wie Sie wissen, auf Veranlassungen
entstanden: daher die Localfarben, mit welchen sie hin und wieder in
den Überschriften, in den Begleitungen und in der ganzen Behandlung
tingiert sind; wobey, wie überhaupt in musikalischen Dingen dieser
Art, dem verständigen Sänger und Instrumentalisten im angemessenen
Vortrage, in Unterlegung der Texte, in Übertragung der Begleitung auf
mehrere Instrumente, in schicklichen Variationen, u.s.w. eins und das
andere ab- oder anzugeben überlassen bleibt. Auch sind einige eigent-
lich für männliche Charaktere gedichtete Gesänge der öfters schönen
Altstimme Ihres Geschlechts zu Gefallen in diesem Schlüssel niederge-
schrieben, um damit gleichsam mehreren brauchbar zu werden ohne
sie ihre Eigenthümlichkeit verlieren zu machen.
Die Gesänge zum Egmont habe ich als Einzelheiten aus dem Ihnen
bekannten Versuche einer Composition aller zu diesem Schauspiele ge-
hörigen musikalischen Theile ausgehoben, um bey Einsammlung der
Stimmen unseres Landes zu vernehmen, ob ich die letzte Hand an diese
mir ausgezeichnet werthe Arbeit legen, oder sie einem geübtern Meister
überlassen soll. Da übrigens in dem ersten dieser Gesänge die zweyte
oder die männliche Stimme von dem Dichter selbst nur als secundie-
rend charakterisirt ward, so wünschte ich die Behandlung derselben
dieser Vorschrift zu Folge beurtheilt zu wissen.

Im Goethe- und Schiller-Archiv Weimar wird dieser Brief (wohl
eine Abschrift) zusammen mit einigen Blättern aufbewahrt, die als
Erläuterungen Kaysers zu den »Römischen Nebenstunden« archi-
viert sind. Doch da sie sich mit der Form des Ritornells und der
Entstehung und Etymologie der Tarantella beschäftigen, haben sie
vermutlich nichts mit den »Römischen Nebenstunden« zu tun, sondern mit Goethes etwas gewagten Exkursionen in die Musikwissen-
schaft.
Unter den »Auszügen aus einem Reisejournal«, die der Dichter nach
seiner Rückkehr aus Italien in Wielands »Teutschem Merkur« veröffentlichte, finden sich in der Nummer vom März 1789 auch Betrachtungen über italienischen »Volksgesang«. Zumindest das, was
er dort über römische *Ritornelli* und die neapolitanische *Tarantella*

behauptete, forderte den sehr begründeten Widerspruch Kaysers heraus. Ritornelle seien eine Art von *Canto fermo, Rezitation oder Deklamation, wie man will*, hatte Goethe geschrieben. *Keine melodische Bewegung zeichnet ihn aus, die Intervalle der Töne lassen sich durch unsere Art die Noten zu schreiben nicht ausdrucken.* Kaum breche die Dämmerung ein, gehe das laute, unmelodiöse Geschrei der Fuhrmänner, Arbeiter, Knaben auch schon los, die diesen Unmelodien alle Worte unterlegten, die ihnen einfielen.

Der wahre Zweck des Ritornells ist, sich in Anspielungen auf diesen oder jenen, auf eine Stadtneuigkeit, oder sonst auf ein Ding, das allgemein bekannt ist, durch ein solches Ritornell herzusingen, womit sich selbst geistreiche Frauenzimmer zuzeiten abgeben, beginnt Kayser seinen Unterricht. *Ich werde Ihnen Beispiele geben, und Sie werden in der Musik (wie ich fast überflüssig halte, anzumerken) mehr dumpfe, zärtliche Melodie finden, als Sie aus dem Geblöke der Flegel, die des Abends die Straßen von Rom durchkreuzen, hätten vermuten sollen.*

Auch Goethes Behauptung, der Name Tarantella für den Tanz habe nichts mit der Tarantula genannten Spinne zu tun, vielmehr handele es sich in beiden Fällen lediglich um die Herkunftsbezeichnung aus dem Tarentinischen, fand Kaysers Widerspruch: *Musik zum Tanz gegen den Stich der Tarantel, von Athan. Kircher in seiner Musurgiae Romae. 1650. Fol. unter der Überschrift: Magia musorgico-latrica, sive medicina curave morborum per musicam sanadorum verzeichnet.*

Was haben diese doch offenbar an Goethes Adresse gerichteten Ausführungen in einem Brief an Angelica Kauffmann zu suchen? Verhält es sich möglicherweise umgekehrt, und war Kaysers Widmungsbrief an Angelica tatsächlich die Beilage zu einem Schreiben des Komponisten an Goethe?

Editorische Notiz

Die Orthographie der historischen Zitate wurde modernisiert, Lautstand, Zeichensetzung sowie Eigentümlichkeiten in der Schreibung von Namen sind erhalten geblieben. Auslassungen sind um der besseren Lesbarkeit willen in der Regel nicht markiert, aus dem gleichen Grund wurden Abkürzungen meist aufgelöst. Dem Abdruck von Angelica Kauffmanns Briefen (deren Orthographie im Original ziemlich abenteuerlich ist) liegt die nach den Handschriften herausgegebene Ausgabe von Waltraud Maierhofer zugrunde.

Literaturverzeichnis

Angegeben sind hier nur Quellen, aus denen zitiert wurde, außerdem einige Werke, die mir besonders hilfreich waren.

Um das Finden der Nachweise aus der »Italienischen Reise« in anderen Ausgaben zu erleichtern, sind jeweils die Daten der Einträge vermerkt, die meist nicht mit den Daten der zugrundeliegenden Briefe übereinstimmen.

Anna Amalia von Sachsen-Weimar-Eisenach: Briefe über Italien. Nach den Handschriften mit einem Nachwort hrsg. von Heide Hollmer. St. Ingbert 1999.

Archenholtz, Johann Wilhelm von: England und Italien. 3 Tle. Leipzig. Leipzig 1785.

Baumgärtel, Bettina: Angelika Kauffmann (1741-1807). Bedingungen weiblicher Kreativität in der Malerei des 18. Jahrhunderts. Weinheim und Basel 1990.

Baumgärtel, Bettina (Hrsg.): Angelika Kauffmann. 1741-1807. Retrospektive. Katalog der Ausstellungen in Düsseldorf, München und Chur 1999. Ostfildern-Ruit 1999.

Bernhard, Thomas: Auslöschung. 2. Auflage. Frankfurt am Main 1986.

Boyle, Nicholas: Goethe. Ein Dichter in seiner Zeit, 1749-1790. Frankfurt am Main 2004 (zuerst München 1995).

Brandes, Georg: Goethe. 7.-16. Tausend. Berlin 1922.

de Brosses, Charles: Lettres historiques et critiques sur L'Italie. Tome Second. Paris, An VII.

Vertrauliche Briefe = de Brosses, Charles: Des Präsidenten des Brosses vertrauliche Briefe aus Italien an seine Freunde in Dijon. 1739-1740. Übersetzt von Werner und Maja Schwartzkopf. 2 Bde. München 1918 u. 1922.

Clark, Anthony M.: Roma mi è sempre in pensiero. In: Sandner (1968).

Claussen, Horst: »Kein Ort der ältern Völker lag so schlecht als Rom ...«. Rom und der Campo Marzo am Ende des 18. Jahrhunderts. In: »... endlich in dieser Hauptstadt der Welt angelangt!« Goethe in Rom. 2 Bde. Mainz 1997.

Cotté, Sabine: Clérisseau à Rome. In: Charles-Louis Clérisseau (1721-1820). Dessins du Musèe de l'Ermitage de Saint-Pétersbourg. Paris und St. Petersburg 1995.

DKV = Johann Wolfgang Goethe. Sämtliche Tagebücher, Briefe und Gespräche. Vierzig Bände. Deutscher Klassiker Verlag. Frankfurt am Main 1985-1999.

Bd. 1,1 = Gedichte. 1756-1799. Hrsg. von Karl Eibl. 1987. – Bd. 1,5 = Dramen 1778-1790. Unter Mitarbeit von Peter Huber hrsg. von Dieter Borchmeyer. 1995. – Bd. 1,14 = Aus meinem Leben. Dichtung und Wahrheit. Hrsg. von Klaus-Detlef Müller. 1986. – Bd. 15,1/2 = Johann Wolfgang Goethe: Italienische Reise. 2 Teile. Hrsg. von Christoph Michel und Hans-Georg Dewitz. 1993. – Bd. 1,18 = Ästhetische Schriften. 1771 – 1805. Hrsg. von Friedmar Apel. 1998. – Bd. 1,19 = Ästhetische Schriften. 1806-1815. Hrsg. von Friedmar Apel. 1998. – Bd. 1,23, 1 = Zur Farbenlehre. Hrsg. von Manfred Wenzel. 1991. – Bd. 1,24 Schriften zur Morphologie. Hrsg. von Dorothea Kuhn. 1987. – Bd. II,3 = Italien – im Schatten der Revolution. Briefe, Tagebücher und Gespräche vom 3. September 1787-12. Juni 1794. Hrsg. von Karl Eibl. 1991.

Eckermann, Johann Peter: Gespräche mit Goethe in den letzten Jahren seines Lebens. Mit einer Einleitung, erläuternden Anmerkungen und Register hrsg. von Ludwig Geiger. Leipzig o. J.

Fischer, Urs, Lütteken, Anett: Der Komponist und Goethefreund Philipp Christoph Kayser. 1755-1823. Goethe Museum Düsseldorf. (Anmerkung 88. – 19. Februar bis 17. April 2006).

Frank, Wolfram: »Angelica« zarte Seele«. Chur 1999.

Frauenzimmer-Lexikon. Leipzig 1715. Reprint Frankfurt am Main 1980.

Füssli, Johann Rudolf: Allgemeines Künstlerlexikon. Erstes Supplement. Zürich 1767; Drittes Supplement. Zürich 1777.

Gernhardt, Robert: Versuche in einer neuen Manier. Goethe und die schwierige Kunst des Zeichnens. In: Literaturkritik.de. Nr. 10. 1. Jg. Oktober 1999.

Gessner, Salomon: Salomon Geßner's Briefwechsel mit seinem Sohne, während dem Aufenthalte des Letztern in Dresden und Rom 1784-85 und 1787-88. Bern und Zürich 1801 (1802).

Göchhausen, Luise von: Die Göchhausen. Briefe einer Hofdame aus dem klassischen Weimar. Hrsg. von Werner Deetjen. Berlin 1923.

Goethe-Handbuch. Bd. 3. Prosaschriften. Hrsg. von Bernd Witte, Peter Schmidt, Gernot Böhme. Stuttgart, Weimar 1997, 350.

Goodden, Angelica: Miss Angel. The Art and World of Angelica Kauffman. London 2005.

GW = Goethes Werke. Hrsg. im Auftrage der Großherzogin Sophie von Sachsen. Briefe. IV. Abt. Bd. 11. Weimar 1892. – Bd. 12. Weimar 1893.

Gross, Hanns: Rome in the Age of Enlightenment. Cambridge University Press 2002 (zuerst 1990).

Grumach, Renate (Hrsg.): Goethe. Begegnungen und Gespräche. Bd. III. Berlin, New York 1977.

Gundolf, Friedrich: Goethe. Achte unveränderte Auflage. Berlin 1920.

HA = Briefe an Goethe. Hamburger Ausgabe in 2 Bänden. Hrsg. von Karl Robert Mandelkow. Hamburg 1965.

Hagen, August: Johann Friedrich Reiffenstein. In: Altpreußische Monatsschrift. Königsberg 1865.

Hakenjos, Bernd, Tuchscherer, Thilo (Hrsg.): Verrückt nach Angelika. Porzellan und anderes Kunsthandwerk nach Angelika Kauffmann. Ausstellungskatalog Düsseldorf, München, Chur. Hetjens Museum, Düsseldorf 1999.

Harnack, Otto (Hrsg.): Zur Nachgeschichte der italienischen Reise. Goethes Briefwechsel mit Freunden und Kunstgenossen in Italien 1788-1790. Weimar 1890 (= Schriften der Goethe-Gesellschaft. Bd. 5).

Hartcup, Adeline: Angelica. The portrait of an eighteenth century artist. Melbourne, London, Toronto 1954.

Hawthorne, Nathaniel: The French and Italian Notebooks. Ed. by Thomas Woodson. Ohio State University Press 1980.

Ders.: The Marble Faun. New York 1961 (Signet Classics).

Hecker, Max: Goethes Briefwechsel mit Heinrich Meyer. Bd. 1. Weimar 1917.

Helbok, Claudia: Miss Angel. Angelika Kauffmann – Eine Biographie. Wien 1968.

Herder = Johann Gottfried Herder: Italienische Reise. Briefe und Tagebuchaufzeichnungen 1788-1789. Hrsg., kommentiert und mit einem Nachwort versehen von Albert Meier und Heide Hollmer. München 1989.

Hibbert, Christoph: Rom. Biographie einer Stadt. München 1987.

Hofmannsthal, Hugo von: Über Charaktere im Roman und im Drama. In H. v. H.: Gesammelte Werke in zehn Einzelbänden. Erzählungen. Erfundene Gespräche. Briefe. Reisen. Frankfurt am Main 1979.

Italien = Goethe in Italien. Eine Ausstellung des Goethe-Museums Düsseldorf. Katalog. Mainz 1986.

Ittershagen, Ulrike: Lady Hamiltons Attituden. Mainz 1999.

Justi, Carl: Winckelmann und seine Zeitgenossen. Bd. 3. Winckelmann in Rom. 3. Auflage. Leipzig 1925.

Kauffmann, Angelica = Maierhofer, Waltraud (Hrsg.): Angelica Kauffmann. »Mir träumte vor ein paar Nächten, ich hätte Briefe von Ihnen empfangen«. Gesammelte Briefe in den Originalsprachen. Lengwil am Bodensee 2005.

Kovalevski, Bärbel (Hrsg.): Zwischen Ideal und Wirklichkeit. Künstlerinnen der Goethe-Zeit zwischen 1750 und 1850. Ausstellungskatalog Gotha und Konstanz 1999. Ostfildern-Ruit 1999.

Kraus, Marianne: Für mich gemerkt auf meiner Reise nach Italien 1791. Reisetagebuch der Malerin und Erbacher Hofdame. Hrsg. von Helmut Brosch. Buchen 1996.

Lessing, Gotthold Ephraim: Laokoon oder über die Grenzen der Malerei und Poesie. Hrsg. und mit einem Nachwort versehen von Kurt Wölfel. Frankfurt am Main 1988.

Manners, Victoria und Williamson, G. C.: Angelica Kauffman, R.A. Her Life and Her Works. London 1924.

Maisak, Petra (Hrsg.): Johann Wolfgang Goethe. Zeichnungen. Stuttgart 2001.

McCormick, Thomas J.: Charles-Louis Clérisseau and the Genesis of Neo-Classicism. Cambridge, Mass., London, England 1990.

Meyer, Friedrich Johann Lorenz: Darstellungen aus Italien. Berlin 1792.

Meyer, Johann Heinrich: Entwurf einer Kunstgeschichte des achtzehnten Jahrhunderts. In: DKV I, 18. Frankfurt 1998.

Mildenberger, Hermann: Cornelia und Julia als Vorbilder. Zur ikonographischen Deutung der Pendants von Angelika Kauffmann. S. 19-27. In: Angelika Kauffmann: Julia, die Gattin des Pompeius fällt in Ohnmacht. – Cornelia, die Mutter der Gracchen. Hrsg.

von der Kulturstiftung der Länder in Verbindung mit der Kunstsammlung zu Weimar. Weimar 1996.

Miller, Norbert: Der Wanderer. Goethe in Italien. München 2002.

Münter = Aus den Tagebüchern Friedrich Münters. Wander- und Lehrjahre eines dänischen Gelehrten. Hrsg. von Øjvind Andreasen. 2 Teile. Kopenhagen und Leipzig 1937.

NA = Schiller, Friedrich: Schillers Werke. Nationalausgabe. Bd. 22. Hrsg. von Herbert Meyer. Weimar 1958. Darin: Über Egmont. Trauerspiel von Goethe (1788). – Bd. 25. Briefe 1788-1790. Hrsg. von Eberhard Haufe. Weimar 1979.

Noack, Friedrich: Das deutsche Rom. Rom 1912.

Prosperi, Gioacchino: Gli ultimi 26 anni di Angelica Kauffman in Roma. In: Strenna dei Romanisti. Rom 1966. S. 75-79.

Rosenthal, Angela: Angelika Kauffmann. Bildnismalerei im 18. Jahrhundert. Berlin 1996.

de Rossi, Giovanni Ghepardi: Vita di Angelica Kauffmann Pittrice. Firenze 1810.

de Rossi / Weinhart = Weinhart, Alois, Leben der berühmten Malerin Angelica Kauffmann. Bregenz 1814 (Übersetzung).

Sandner, Oscar (Hrsg.): Angelica Kauffmann und ihre Zeitgenossen. Katalog der Ausstellungen Bregenz 1968, Wien 1969.

Ders.: Hommage an Angelika Kauffmann. Ausstellungskatalog Vaduz 1992, Mailand 1992/1993, Milano 1992.

Ders.: Angelica Kauffmann und Rom. Ausstellungskatalog. Rom 1998.

Schmidt, Erich (Hrsg.): Tagebücher und Briefe Goethes aus Italien an Frau von Stein und Herder. Schriften der Goethe-Gesellschaft Bd. 2. Weimar 1886.

Sontag, Susan: Der Liebhaber des Vulkans. Aus dem Amerikanischen von Isabell Lorenz. Frankfurt am Main 2004 (= Fischer tb, 4. Auflage; zuerst New York 1992).

Steiger, Robert (Hrsg.): Goethe von Tag zu Tag. Eine dokumentarische Chronik. Zürich und München. Bd. 2 (1776-1788). 1983. – Bd. 3 (1789-1798). 1984.

Thurnher = Angelika Kauffmann und die deutsche Dichtung. Hrsg. und eingeleitet von Eugen Thurnher. Bregenz 1966.

Tischbein, Johann Heinrich Wilhelm: Aus meinem Leben. Hrsg. von Lothar Brieger. Berlin 1922.

Vasari, Giorgio: Künstler der Renaissance. Lebensbeschreibungen der ausgezeichnetsten italienischen Baumeister, Maler und Bildhauer. Hrsg. von Herbert Siebenhüner. Leipzig 1940.

Vogel, Julius: Aus Goethes römischen Tagen. Kultur- und kunstgeschichtliche Studien zur Lebensgeschichte des Dichters. Leipzig 1905.

Vogler, C. H.: Der Bildhauer Alexander Trippel aus Schaffhausen. Schaffhausen 1892.

Volckmann, Johann Jacob: Historisch-kritische Nachrichten von Italien. 3 Bde. Leipzig 1770/71.

Winckelmann, Johann Joachim: Geschichte der Kunst des Altertums. Hrsg. von Ludwig Goldscheider. Wien 1934.

The Letters of Virginia Woolf. Vol. 1. 1888-1912. Ed. by Nigel Nicolson und Joanne Trautmann. New York, London 1977.

Zapperi, Roberto: Das Inkognito. Goethes ganz andere Existenz in Rom. München 2002 (zuerst München 1999).

Zucchi, Giuseppe Carlo: Memorie istoriche di Maria Angelica Kauffmann Zucchi riguardanti l'arte della pittura da lei professata scritta da G. C. Z. (Giuseppe Carlo Zucchi). Venezia 1788. Hrsg., transkribiert, übertragen und kommentiert von Helmut Swozilek. Im Eigenverlag des Vorarlberger Landesmuseums. Bregenz 1999.

Quellennachweise

Die Ankunft eines Fremden

1 Sichtbar unsichtbar

15 *Nachdem]* Frauenzimmer-Lexikon.
gebeugten Nackens] Sandner, S. 46.
16 *Ihr Abschied]* Kauffmann, S. 98.
Mir traumte] ebd.
17 *sich selber]* Thurnher, S. 23.
Für eine Frau] Goodden, S. 22.

2 Chamäleon

19 *Er ist beinahe]* Herder, S. 51 (18. August 1788).
21 *Mit einer]* Schmidt, S. XXIII f.
seien nicht] Eckermann, S. 287 (10. April 1829).
22 *da Tischbein]* DKV 115,1, S. 440 (Oktober-Bericht).
Angelica war] ebd., S. 445 (8.-12. Oktober 1788).
Goethe besaß] Thurnher, S. XXV.
Er lebt zusammen] Brandes, S. 353.
Als solche Freunde] Gundolf, S. 388.

3 Maler Möller

23 *Innerhalb des Hauses]* DKV 1,14, S. 12.
25 *Das poetische Talent]* Eckermann, S. 248 (10. Februar 1829).
26 *gewiß ich hoffe]* DKV II,3, S. 13 (5. Sept. 1786).
klug ohne Anstrengung] ebd., S. 108 (6. Okt. 1786).
Wie glücklich] ebd., S. 12 (5. Sept. 1786).
27 *Vergleichungs Kreis]* ebd., S. 59 (17. Sept. 1786).
In einem Lande] ebd., S. 60 (17. Sept. 1786).
Da ich ohne] ebd., S. 12 (3. Sept. 1786).
Wenn nur] ebd., S. 54 (16. Sept. 1786).
eine freie Art Humanität] ebd., S. 74 (25. Sept. 1786).
28 *der Kirchen]* ebd., S. 75 (25. Sept. 1786).
Jeder denkt] ebd., S. 75f. (25. Sept. 1786).
wunderbare] ebd., S. 82 (28. Sept. 1786).
29 *Meine Geliebte]* ebd., S. 89 (30. Sept. 1786).

Eine unsägliche] ebd., S. 131 (19. Sept. 1786).
Wie verwöhnt] ebd., S. 146 (27. Okt. 1786).
30 *Nie habe ich]* Grumach, S. 87 (14. Mai 1821).
31 *ein redliches, altes]* DKV II,3, S. 152 (1. Nov. 1786).
32 *Billig sollte]* Volckmann, Bd. 2, S. 315.
    Ich bitte] DKV II,3, S. 151 (1. Nov. 1786).

4 Rom, Ansichten
34 *Denken Sie]* de Brosses, Bd. 1, S. 245 f.
    Eine der] Meyer, S. 182.
35 *Der Papst befiehlt]* zit. in Gross, S. 41f.
    In Rom gibt] zit. in Claussen, S. 111.
36f. *in einer engen … Kirche]* Meyer, S. 222 ff.
37 *Es ist unglaublich]* Archenholtz, Bd. 2, S. 192 f.
    höchst angenehm] Vertrauliche Briefe, Bd. 1, S. 365.
38 *Bewohnt ist nur]* ebd., Bd. 2, S. 11.
39 *Die Funktion]* DKV I,15,1, S. 136 (3. Nov. 1786).

5 Strada Felice
40 *Wo man geht]* DKV, II,3, S. 162 (7.-11. Nov. 1786)
    Es ist alles] ebd., S. 151 (1. Nov. 1786)
    Rom ist] ebd., S. 161 (7.-11. Nov. 1786)
    Anstrengung] ebd., S. 163 (17. Nov. 1786)
41 *muß solid werden]* ebd., S. 162 (7.-11. Nov. 1786).
42 *Es sind 17]* Volckmann Bd. 2, S. 367.
43 *Kauffmann]* Thurnher, S. 81.
44 *Außer ihren]* zit. in Helbok, S. 210.
    Es kommen] Kauffmann, S. 162 (18. Juni 1791).
45 *auserlesenen Sammlung]* Thurnher, S. 187.
46 *Bei Angelika Kauffmann]* DKV II,3, S. 157 (7. Nov. 1786)

6 Dichtkunst, die Malerei umarmend
48 *darstellend die Dichtkunst]* zit. in Manners / Williamson, S. 143.
    Dame von Welt] zit. in Boyle, S. 300.
49 *Freilich gehört]* Gessner, S. 247.
50 *eine Anzahl]* Volckmann, Bd. 1, S. 45.
    Aus dem Umgang] Thurnher, S. 83. Zit. in Hartcup, S. 2.

51   *Das unendlich]* Kauffmann, S. 21 (29. Mai 1769).
     einen Köcher] zit. in Kauffmann, S. 328.
52   *Es gehört]* Thurnher, S. 170.

                    7 Winckelmanns Schatten
52   *zum ersten Mal]* zit. in Vogel, S. 164.
     Wunder] Winckelmann, zit. in Vogel, S. 162.
     Diese Sammlung] DKV I,19, S. 196 f.
53   *Ich bin]* Winckelmann, S. 393.
54   *Mein Bildnis]* zit. in Baumgärtel (1999), S. 129.
55   *Sein Andenken]* Hagen, S. 506.
     ehrerbietigst] ebd., S. 507.
     Bei dem Anblick] ebd., S. 512.
56   *bei seinem überströmenden]* ebd., S. 513.
57   *Der ehrliche Reiffenstein]* zit. ebd., S. 516.
     Wir waren je länger] zit. in Hagen, S. 517.
     inoffizieller Konsul] Zapperi, S. 56.
58   *Die Angelika]* zit. in Vogler, S. 31.
     Santa Famiglia] zit. in Zapperi, S. 119.
     den Abschluß von Aufträgen] ebd., S. 122.
     Winckelmanns] DKV II,3, S. 181 (2./9. Dez. 1786).
59   *Heute früh]* DKV II,3, S. 187 (13. Dez. 1786).

                           8 Löwe
59   *Meine Übung]* DKV II,3, S. 158f. (10./11. Nov. 1786).
60   *Mit was für]* Grumach, S. 100 (9. Dez. 1788).
     Auf denen] ebd., S. 99.
     Ein Originalmensch] Münter, Bd. 1, S. 373.
61   *O belebe mich]* HA Bd. 1, S. 22 (7. Jan. 1776).
62   *Er ist ein]* DKV II,3, S. 188 (13. Dez. 1786).
     Denke Dir] ebd., S. 230 (17.-20. Jan. 1787).
63   *zähle]* ebd., S. 181 f. (2./9. Dez. 1786).
     Der Herr Göde] Grumach, S. 90 (9. Dez. 1786).
64   *Mit dem frühen]* de Rossi / Weinhart, S. 130 f.
     bedeutendsten Leute] Prosperi, S. 77.
65   *Eine antike]* Grumach, S. 168 f.

9 Auch ich in Arcadia

67   *Die Anzahl]* Archenholtz, S. 275 f.

68   *Diese Gesellschaft]* ebd., S. 276 f.
      zu einer] DKV II,3, S. 211 (6. Jan. 1787).
      per causa] ebd., S. 209 (4. Jan. 1787).

69   *zum Pastore]* ebd., S. 208 (4. Jan. 1787).

70   *Die Ursache]* Grumach, S. 113 f.
      Die Sache] Zapperi, S. 76.

71   *Inclito ed Erudito]* DKV I,15,1, S. 517.
      De Rossi] DKV I,15,2, S. 786.

10 Die Ohnmacht des Blauen

72   *Er ist hoch]* DKV II,3, S. 236 (25.-27. Jan. 1787).

74   *Wenn man eintritt]* zit. in McCormick, S. 103.

75   *Es dringt]* DKV II,3, S. 227 (17.-20. Jan. 1787).
      an welchem Orte] ebd., S. 223 (13. Jan. 1787).

76   *Er besitzt]* ebd., S. 225 f. (13.-20. Jan. 1787).
      und die bringe ich] ebd., S. 233 (25.-27. Jan. 1787).

77   *Von interessanten]* ebd., S. 248 (3. Febr. 1787).
      Mich hat] ebd., S. 365 (29. Dez. 1787).

78   *Alles, alles]* zit. in Astrid Seele: Johann Wolfgang von Goethe und
      Charlotte von Stein. S. 6 (http://www.deutsche-liebeslyrik.
      de/anderes/g_cs.htm
      gar liebenswürdig] ebd., S. 237 (25.-27. Jan. 1787).

79   *Alles]* ebd., S. 258 (13. Febr. 1787).
      Heute hab ich] ebd., S. 252 (Anfang Febr. 1787).

80   *Lust mit Farben]* ebd., S. 257 (13.-17. Febr. 1787).
      Die Farbe] zit. in Baumgärtel (1999), S. 195.

81   *So gut es ... Kunst]* DKV I,23, 1, S. 970.
      Poesie] ebd., S. 971 ff.

11 Iphigenie

83   *Hier mein lieber]* DKV II,3, S. 215 (13. Jan. 1787).

84   *Seid ihr]* DKV I,5, S. 593 (III,3).

85f. *Ich las]* DKV II,3, S. 193 (13.-16. Dez. 1787).

86   *Gestern Abend]* ebd., S. 230 (17.-20. Jan. 1787).
      Wenn ich nur erst] ebd., S. 230 (19.-21. Febr. 1787).

87   *und da sollte ich]* DKV I,15,1, S. 176 (22. Jan. 1787).
      Vor meiner Abreise] ebd., S. 180 f. (15. Febr. 1787).
88   *Nie zuvor]* Miller, S. 194.
      Auch war das] Grumach, S. 110 (10. Febr. 1817).
      Und als wir] Grumach, S. 110 (14. Mai 1821).
      aus welchem] Lessing, S. 107.
89   *Angelika hat]* DKV I,15,1, S. 221 (13. März 1781).
      Madam Angelica] DKV II,3, S. 315 (15. Aug. 1787).

                    12 Viermal Emma
90   *Stell Leidenschaft dar]* Sontag, S. 194.
      lebende Diashow] ebd., S. 193.
      Es war ein] ebd., S. 193 ff.
91   *Der Ritter Hamilton]* DKV I,15,1, S. 225 (16. März 1787).
92   *There is two painters]* zit. in Ittershagen, S. 209.
      Ich malte damals] Tischbein, S. 245 f.
94   *Es ist]* Italien, S. 245.

                    13 Nausikaa
95   *Die Tabatiere]* Kauffmann, S. 93 (30. Mai 1787).
      Er schreibt mir] ebd.
96   *die Produkte]* DKV I,15,1, S. 353 (27. Mai 1787).
      die gelungensten] Gernhardt, S. 2.
97   *Die Klarheit des Himmels]* DKV I,15,1, S. 319 f. (5. Juli 1787).
98   *Es ist mir]* ebd., S. 320.
      der einem] DKV I,5, S. 626.
      erhöhen sich] ebd., S. 321.
      Ulyß] ebd.
99   *Er konnte töten]* Hofmannsthal, S. 493.
      aus eignen Erfahrungen] DKV I,15,1, S. 321.
100   *Der Eindruck]* Meyer (1792), S. 138 f.

                    14 Der falsche Graf
102   *er halte]* de Rossi / Weinhart, S. 19.
103   *einfacher]* Zucchi, S. 94.
104   *Ich fürchte]* Kauffmann, S. 17 f. (10. Okt. 1766).
      hatte vielleicht] de Rossi / Weinhart, S. 48.

Es war in London ... Worten] de Rossi / Weinhart, S. 60 f.

106 *Daß etwas]* Goodden, S. 105.

107 *Die Stein]* Herder, S. 404 (2. April 1789).

15 Zucchi

109 *der für die]* de Rossi / Weinhart, S. 91.

110 *Mittlerweile]* Zucchi, S. 111 f.

111 *Was Sie]* zit. in Goodden, S. 180.

113 *Giuseppe Carlo]* zit. in Cotté, S. 39 (= G. Moschini: Dell' incisi-
one in Venezia. Venezia 1924).

Feuer] de Rossi, S. 51.

16 Brummeltippe

114 *Der berühmten]* Kraus, S. 53.

115 *Trippel spricht]* ebd., S. 110.

Bury spielte] ebd., S. 100.

Zu allen] ebd., S. 68.

O Signor Antonio] ebd., S. 60.

Ich kann mirs] ebd., S. 55.

Eine unbedeutende Prise] Münter I, S. 370.

116 *Er war]* DKV I,15,1, S. 181.

[Seine] Methode] DKV I,15,2, S. 771.

17 Konzert für Angelica

117 *Ich finde hier]* DKV II,3, S. 309 (14. Juli 1787).

Kein Ehebruch] Andreas Zielcke: Voyeurismus der Versagung.
Wong Kae-Wais »In the Mood for Love«. In SZ Nr. 18 (23. Jan.
2007), S. 11.

118 *Mit einem]* DKV II,3, S. 361 (29. Dez. 1797).

Die Erleuchtung] DKV I,15,1, S. 378 (30. Juni 1787).

119 *Das Volk]* DKV II,3, S. 307 (30. Juni 1787).

Ogni uomo] DKV I,15,2, S. 888.

Non dico] ebd.

und zwar] zit. in Miller, S. 353 f.

120 *Die Sache]* DKV I,15,1, S. 404-406.

18 Farnesina

122 *wohlbesetzten]* DKV I,15,1, S. 418 (August-Bericht).
eisigen Dämon] Hawthorne, S. 242.
Es war] DKV I,15, S. 418 (August-Bericht)
Mit Angelica] ebd., S. 397 (22. Juli).
daß sie] DKV I,15,1, S. 556 (22. Februar 1788).
123 *Ein Bild]* Hawthorne, S. 242.
Art rouses] Woolf, S. 207.
ein kleines] Münter 2, S. 197.
124 *Unter andern]* DKV I,15,1, S. 393 (9. Juli 1787).
Ein wundersames Werk] ebd., S. 586 (April-Bericht)
125 *war sehr zur Zärtlichkeit]* Vasari, S. 366.
126 *Malerei und Dichtung]* ebd., S. 367.
das Schönste] DKV I,15,1, S. 394 (16. Juli 1787).
Vor wenigen Tagen] GW IV,12, S. 16 (18. Jan. 1797).

19 Porträt des Dichters als junger Mann

127 *Mit der]* DKV I,15,1, S. 412 (18. Aug. 1787).
128 *Mein Reichtum]* Kauffmann, S. 90 (9. Dez. 1786).
130 *mein Porträt]* DKV I,15,1, S. 378 (27. Juni 1787).
in einen] DKV II,3, S. 201 (29. Dezember 1786).
131 *Meine Büste]* ebd., S. 425 (12. Sept. 1787).
als die gültige] Italien, S. 231.
132 *Goethes Bild]* Herder, S. 360 (27. Feb. 1789).
Angelica malt] DKV I,15,1, S. 415 (28. Aug. 1787).
133 *besonders arbeiten]* ebd., S. 445 (8. Okt. 1787).
Sie arbeitet] ebd., S. 476 (7. Dez. 1787).
Sie hat ein] ebd., S. 412 (18. Aug. 1787).

20 Egmont

133 *Ich kenne]* W. von Humboldt, zit. in DKV 1,19, S. 190.
134 *Ich bin]* DKV II,3, S. 328 (28. Sept. 1787).
den traditionell] Boyle, S. 412.
135 *Angelika]* Grumach, S. 172.
Hinter Egmonts Lager] DKV I,5, S. 549 f.
136 *Salto mortale]* NA 22, S. 208.
Gewiß auch] DKV II,3, S. 402 (28. März 1788).

137   *Schon die]* DKV I,15,1, S. 491 (Dezember-Bericht 1787).
      Ich kenn] DKV I,5, S. 549.
138   *nur auf]* DKV I,15,1, S. 492 (Dezember-Bericht 1787).
      Sonntags kam ich] ebd.
139   *Laß mich schweigen]* DKV I,5, S. 509.
140   *das wenigstens]* DKV I,15,1, S. 463 (3. Nov. 1787).
      Dieser fünfte] NA 22, S. 199.
      unnachahmlich] ebd., S. 208.

                21 Das Mädchen aus dem Volke
141   *Acht Jahre älter]* Boyle, S. 564.
142   *Ich erwärmte mich]* Thurnher, S. 179.
      Angelika Kauffmann] ebd.
144   *Ein sanftes]* Münter, Bd. 1, S. 370.
145   *Mir traumte]* Kauffmann, S. 112.

          22 Angelica und die schöne Mailänderin (1)
145   *Die »Himmlische]* Kessler, S. 249.
146   *Die Zeit]* DKV II,3, S. 330 (1. Okt. 1787).
      Die Beschäftigung] DKV I,15,1, S. 436 (September-Bericht).
      Abends werden] ebd., S. 428 (28. Sept. 1787).
      und sogar] DKV II,3, S. 328 (28. Sept. 1787).
147f. *Wir leben hier]* ebd., S. 444 (den 8./12. Oktober 1787),
148   *Eine Mailänderin]* ebd., S. 445.
      Blitzschnell] ebd., S. 453 ff. (Oktober 1787).
151   *Die Gesellschaft]* ebd., S. 455.
152   *Die Sonne]* ebd., S. 456.
153   *unter gewissen]* ebd., S. 448 (27. Oktober 1787).
      Hab' ich doch] DKV I,1, S. 352.

              23 Die schöne Mailänderin (2)
155   *welches für]* DKV I,15,1, S. 490 (Dezember-Bericht 1787).
      Auf dem] ebd., S. 558 (Februar-Bericht 1788).
156f. *Man wird es]* ebd., S. 593 ff. (April-Bericht 1788).

24 Menschen wie sie Gott erschaffen hat

158   *Der Madam]* DKV II,3, S. 340 (27. Okt. 1787).
160   *Vorerst gingen]* DKV I,15,1, S. 466 (November-Bericht).
      als das] Fischer / Lütteken, S. 9.
162   *Wenn es]* DKV I,15,1, S. 510 (10. Jan. 1788).
      Poesie, Kunst und Altertum] DKV I,15,1, S. 403 (Juli-Bericht
         »Störende Naturbetrachtungen«).
      Männern vom Fach] ebd., S. 403 (Juli-Bericht 1787, »Störende
         Naturbetrachtungen«).
      Man kann] DKV I,15,2, S. 836.
      Je mehr die] ebd., S. 832.
      Monstrose] ebd., S. 816.
163   *Ich hatte derselben]* DKV I,15,1, S. 403 (Juli-Bericht 1787, »Stö-
         rende Naturbetrachtungen«).
      Nun hat mich] ebd., S. 413 (23. Aug. 1787).
      Die menschliche] DKV II,3, S. 321 (23. Aug. 1787).
      Ich begab mich] ebd., S. 375 (25. Jan. 1788).
164   *wer sich in]* Gernhardt, S. 3.
      Es scheint] DKV II,3, S. 392 (Februar 1788?).
165   *Zwei Männerakte]* Gernhardt, S. 3.

25 Der Sieg des Barbaren

166   *Cupido]* DKV I,15,1, S. 512 (Januar-Bericht).
      könnten sich] de Brosses 1, S. 28.
167   *von einigen]* DKV II,3, S. 388 (16. Februar 1788).
      Und der Barbare] DKV I,1, S. 400.
      Alexander] ebd., S. 412.
168   *Eines ist mir]* ebd., S. 428, S. 430.
      Keiner Freundin] ebd., S. 436.
169   *Sie erfreut sich]* ebd., S. 497.

26 Abfahrender Liebhaber

169   *Die Hauptabsicht]* DKV II,3, S. 374 (25. Januar 1788).
      wohlfeiler] ebd., S. 377.
      jene fürstliche] DKV II,3, S. 395 (17./18. März 1788).
170   *Ich kann]* DKV I,15,1, S. 566 (14. März 1788).
      Signal] DKV II,3, S. 524 (»Der römische Carneval«).

Wir haben] DKV II,3, S. 390 (16. Februar 1788).

171   *Nun wird es]* DKV I,15,1, S. 549 f. (»Der römische Carneval«).

172   *Ihren freundlichen]* DKV II,3, S. 393 (17. März 1788).

     Die Kapellmusik] DKV I,15, S. 568 f. (22. März 1788).

     Reisen heißt] Sontag, S. 205.

     was von Musik] DKV I,15,1, S. 569 (22. März 1788).

     Ein wahrhaft] ebd., S. 589 (April 1788).

173   *Der abgebrochene]* DKV I,15,2, S. 1153.

     Sie hatte] ebd., S. 1154.

174   *Wie aber]* DKV I,15,1, S. 592 f. (April 1788).

175   *mit Macht]* DKV II,3, S. 401 (24. März 1788).

176   *Mein Abschied]* DKV I,15,1, S. 568 (14. März 1788).

     Er scheide] DKV I,5, S. 786 ff. (III,2).

»Ich hasse die Pendants«. Herder, Angelica und Goethe

1 Herders Prüfungen

181   *Wenn man]* DKV II,3, S. 347 (10. Nov. 1787).

     Die Herzogin] ebd., S. 373 (25. Jan. 1788).

     Der Koch] zit. in Anna Amalia, S. 87.

182   *Reisen]* Herder, S. 12 (22. Juni 1788).

184f. *Denn es ist]* zit. in Herder, S. 23.

186   *Bedenke]* Herder, S. 105 (11. Sept. 1788).

     Da sind wir] ebd., S. 121 (20. Sept. 1789).

     Deinen letzten] ebd., S. 122.

     Freitag abend] ebd., S. 140 (1. Okt. 1788).

2 Schwarzer Rock

187   *Als ich]* Herder, S. 231 f. (23. Nov. 1788).

188   *Auch die]* ebd., S. 163 (15. Okt. 1788).

189   *Goethe hat]* ebd., S. 156 (11. Okt. 1788).

190   *Sei gegrüßet]* zit. in Herder, S. 225 f.

     Sie singt] ebd., S. 224 (15. Nov. 1788).

3 Sehr unschuldig

190   *an diesen]* Herder, S. 272 (13. Dez. 1788).

191   *Der Hermaphrodit]* ebd., S. 602 f.

192 *alla Piazza]* ebd., S. 227 (22. Nov. 1788).
Er gefällt] zit. in Herder, S. 246 (29. Nov. 1788).
193 *Wir kamen]* ebd., S. 285 (25. Dez. 1788).
Bei Büri] ebd., S. 253 (3. Dez. 1788).
194 *Bisher sind]* ebd., S. 268 f.
Sie liegt] ebd., S. 268 (13. Dez. 1788).

4 German Schwärm

194 *Seit gestern]* Herder, S. 348 (21. Febr. 1789).
195 *Ich reiste]* zit. in Herder, S. 362 f.
daß als] Herder, S. 361 (27. Febr./1. März 1789).
O wie ist] ebd., S. 311 (19. Jan. 1789).
196 *wir wollen]* ebd., S. 360 (27. Febr./1. März 1789).
O der leidigen] Herder, S. 362 (27. Febr./1. März 1789).
zum Pendant] ebd., S. 260.
197 *Ich hoffe]* ebd., S. 388 (16. März 1789).
Je mehr] ebd., S. 395 (21. März 1789).
198 *Ich habe]* ebd., S. 404 (3. April 1789).
Was mich] ebd., S. 401 (28. März 1789).
Nochmals] ebd., S. 405.
Sie ist wie] ebd., S. 414 (4. April 1789).
199 *O wie danke]* ebd., S. 421 (13. April 1789).
Die gute Angelica] ebd., S. 424 (15. April 1789).
200 *Liebes Herz]* ebd., S. 438 (24. April 1789).
Hier ist] ebd., S. 434 f. (22. April 1789).
201 *It is impossible]* Hartcup, S. 179.
Hole der Henker] Herder, S. 369 f. (7. März 1789).
202 *Wo alles]* ebd., S. 334 (10. Febr. 1789).
wir sind ja] Herder, S. 333 (10. Febr. 1789).
Um sie] Hawthorne, S. 225.
203 *Du malest]* Herder, S. 557.
Die Geschichte] ebd., S. 435 (22. April 1789).
204 *Zuerst wünschte ich]* zit. in Herder, S. 502 f. (an Alexander Trippel (15. Juni 1789).

5 Tasso in Tivoli

207 *Ich bitte Dich]* Herder, S. 354 (20. Febr. 1789).
     Er kann nicht] ebd., S. 376 (9. 1789).
208 *Sein Auge]* DKV I,5, S. 737.
     Vorgestern Nacht] Herder, S. 459 (9. Mai 1789).
209 *Mit welchem]* Kauffmann, S. 129.

Epilog

Tempus fugit

267 *Die Angelika]* NA 25, S. 107.
     Die erste Blüte] DKV II,3, S. 523 (3. April 1790).
     sehr freundschaftlich] DKV II, 3 (4.-7. Mai 1790), S. 533.
     Nichts ist] Steiger, Bd. 3., S. 146.
268 *Die Angelica]* Hecker, S. 155 (22.-24. November 1795).
     Wenn Sie] GW IV, 11, S. 91 (13. Juni 1796).
269 *Das Heitere]* J. H. Meyer, S. 116 f.
270 *ausgezeichnet]* ebd., S. 115.
271 *Undulisten]* DKV I,18, S. 729 f.
272 *Das ganze Wesen]* Thurnher, S. 170 f.
273 *Die starken]* Clark, S. 15.
     Da sitzt] Kraus, S. 97.
274f. *Der Anblick]* de Rossi / Weinhart, S. 149.
275 *Der General]* ebd., S. 150.
     Brustkatarrh] ebd., S. 154.
     Du fragst mich] ebd., S. 157 f.
276f. *daß man]* zit. in Helbok, S. 223.
277 *wenn man]* ebd.
     Auf dem] ebd., S. 242.
278 *Goethe saß]* Eckermann, S. 279-282.

Augenbrauen

281 *Ich mußte]* Bernhard, S. 206.
     Sie, die Deutschen] ebd., S. 576 f.
     Rom ist] ebd., S. 207.
283 *Daß Kinder]* zit. bei Mildenberger, S. 20.
289 Ph. Ch. Kaysers Widmungsbrief GSA 28/474

Personenverzeichnis

Bildnachweis